国家社会科学基金重大项目
"语用逻辑的深度拓展与应用研究"（编号：19ZDA042）
子课题"语用逻辑的中国古代论证应用研究"
阶段性成果

孟子话语的
论证刻画
研究

闫林琼／著

南京大学出版社

图书在版编目(CIP)数据

孟子话语的论证刻画研究／闫林琼著. — 南京：
南京大学出版社，2022.12
ISBN 978－7－305－26189－3

Ⅰ. ①孟… Ⅱ. ①闫… Ⅲ. ①孟轲(约前 372－前
289)－哲学思想－研究 Ⅳ. ①B222.55

中国版本图书馆 CIP 数据核字(2022)第 183554 号

出版发行　南京大学出版社
社　　　址　南京市汉口路 22 号　　　　　邮　编　210093
出 版 人　金鑫荣
书　　　名　孟子话语的论证刻画研究
著　　　者　闫林琼
责任编辑　谭　天

照　　　排　南京南琳图文制作有限公司
印　　　刷　南京鸿图印务有限公司
开　　　本　718 mm×960 mm　1/16 开　印张 15.75　字数 225 千
版　　　次　2022 年 12 月第 1 版　2022 年 12 月第 1 次印刷
ISBN 978－7－305－26189－3
定　　　价　68.00 元

网　　　址　http://www.njupco.com
官方微博　http://weibo.com/njupco
官方微信　njupress
销售热线　(025) 83594756

前　言

在《孟子话语的论证刻画研究》即将出版之际，有必要对书外的一些背景略做交代，如此，方能安心。

从论证的视角研究孟子话语，这一想法首先来自恩师熊明辉教授的独具慧眼，后来又得到弗朗斯·范爱默伦教授（Frans H. van Eemeren）在方法论方面的指导，以及尼山世界儒学中心孟子研究院特聘专家、《孟子》研究专家杨海文教授的鼎力相助。在此，对三位恩师的提携与帮助，我表示衷心的感谢！

2017年赴中山大学哲学系、逻辑与认知研究所读博之前，在同事吴鹏博士的全力支持、热情鼓励和耐心指导下，我已经初步开展了一些论辩话语方面的研究，并接触到国际论证研究领域知名的语用论辩理论，还与该理论的主要创始人范爱默伦教授有过数次面对面求教的经历。每次见面，我总是有很多问题向教授请教，教授也总是给予耐心细致的解答；于是，不知不觉之间，就成了教授印象中的"那位总是能问很多问题的中国女士"，这一点也是后来访学期间从教授那里得知的。熊老师早年在阿姆斯特丹大学做访问学者期间，就已经认识范爱默伦教授了，后来也一直与范爱默伦教授保持着学术上的联系。据熊老师后来讲，我是范爱默伦教授向他推荐的学生。 读博初期，熊老师就将我介绍给哲学系的杨海文教授，此后，有关《孟子》文本解读方面的困惑，我都能直接向杨老师请教了。 有"一导"熊明辉教授在逻辑推理与论证研究方面为我"把关"，又有"二导"杨海文教授在《孟子》解读上为我"保驾护航"，我终于可以放心大胆地开始孟子话语的论证研究了。

听从熊老师的建议，我尝试运用语用论辩学的分析框架，研究以"好辩""善辩"著称的孟子的论辩性话语，并于读博第二年，成功申请到"中山大学博士生国外访学与合作研究项目"的经费资助，赴荷兰阿姆斯特丹大学访学一年，得以向"外导"范爱默伦教授系统学习论证研究的语用论辩方法，为博士论文写作奠定了坚实的方法论基础。 该博士论文后来有幸被评为"中山大学优秀博士学位论文"，离不开三位导师的悉心指导。 本书正是对博士论文进行修订完善后的产物，也是参与导师熊明辉教授国家社会科学基金重大项目之子课题四的阶段性研究成果。

鉴古以知今，继往以开来。 两千多年前，孟老夫子的那声喟叹"人之所以异于禽兽者几希"，道尽世间百态，时至今日，读之仍觉振聋发聩，由此而来的人性善思想，也奠定了儒家道德形上学的基础；王道仁政的治国理念和"推恩"思想，可为一国的长治久安乃至人类命运共同体的建设，提供德行伦理理性基础上的最好注解；经权相济下的执中思想，则为身处理想与现实之间的个人、组织乃至社会、国家，提供实践伦理理性基础上的切实指导。 重读《孟子》，梳理孟子思想话语背后一以贯之的论证逻辑，为系统解读孟子思想话语，进而深度理解厚植于中国社会的儒家文化根脉，实现儒家优秀传统文化在当今时代的传承与发展，提供不一样的思考维度与观察视角，成为本书写作的初衷和出版的目的。 鉴于作者水平所限，书中难免有考虑不周详之处，敬请方家批评指正！

于江苏镇江·琼林苑

2022 年 10 月

目　录

绪　论

孟子（约公元前 372 年—公元前 289 年）以"知言"自称，以"好辩""善辩"著称。

孟子"知言"，指的是孟子认为自己善于分析、理解、评判别人或偏颇（"诐辞"）、或夸张（"淫辞"）、或邪谈怪论（"邪辞"）、或闪烁其词的话（"遁辞"）。这四种言辞正是孟子辩驳的对象，因为这四种言辞，只要生在心里，就必然影响政治，而只要用在政治上，就必然影响事情的处理（3·2[1]）。

孟子"好辩"，这是其所处时代的人们对他的评价。其"好辩"的原因与目的正如孟子自己所说，意在"正人心，息邪说，距诐行，放淫辞，以承三圣者"（6·9），即端正人心，破除邪说，抵制偏颇的行为，批驳错误夸张的言论，来继承大禹、周公和孔子三位圣人。[2]

孟子"善辩"，则是后人对孟子言论技巧的评价。[3] 关于孟子"辩

1　《孟子》全著作分为 7 篇，每篇分为 2 卷，共 14 卷，每卷由若干章节组成。对《孟子》文本中各章节的编号，本书沿用杨伯峻先生的编码方式，比如 3·2 指的是《孟子》文本中第 3 卷《公孙丑章句上》中的第 2 章。参见杨伯峻译注：《孟子译注（简体字本）》，中华书局，2019 年（第 2 版）。

2　参见杨海文：《滕文公篇》，陈来、王志民主编：《〈孟子〉七篇解读》，齐鲁书社，2018 年，第 408 页；杨伯峻译注：《孟子译注（简体字本）》，中华书局，2019 年（第 2 版），第 117 页。

3　参见王中江：《离娄篇》，陈来、王志民主编：《〈孟子〉七篇解读》，齐鲁书社，2018 年，第 459 页。

了什么", 海内外相关研究大多已从哲学思想层面进行了广泛探讨, 其中尤以探讨孟子性善论的著作最多见。 例如: 葛瑞汉 (Angus C. Graham) 从形而上的哲学层面, 探讨了孟子与告子之间有关人性的辩论; [1] 傅伟勋从儒家心性论的视角、采用创造的解释学的方法, 建构出了孟子性善论中的十大论辩, 包括道德感的论辩、四端自发的论辩、仁恕论辩等; [2] 袁保新以海德格尔的基本存有论为参照, 对孟子有关人性的论述进行了诠释; [3] 杨泽波对孟子性善论的涵义和方法进行了创新性的研究; [4] 杨海文从哲学和思想史的角度, 对稷下学宫里孟告之间的四场辩论进行了较详尽的阐述, 等等。 [5] 专门探讨王霸关系的论著, 目前仅发现邵秋艳对包括孟子在内的早期儒家所论述的王道与霸政, 从主要内容、思想主题和逻辑架构等方面进行了较全面的理论探讨, [6] 而其他有关孟子的性善论、王霸观、经权观等的思想研究, 则散见于中国哲学与哲学史领域的大量期刊文章中。 关于孟子"怎么辩", 现有研究主要从逻辑学视角, 包括传统逻辑视角、现代形式逻辑视角、广义逻辑视角等, 对《孟子》文本中的局部话语进行了初步探讨。 例如: 温公颐从正名的视角, 探讨了孟子"辩"的语言背后的逻辑思想; [7] 张晓芒对孟子"知言""知类"的论辩思想和类推论辩的方法技巧进行了描述与分类; [8] 甘筱青等人运用西方公理化的结构方式, 从基本假设、定义和公理三个方面, 对《孟子》文本中有关性善、养气、民本、仁政和王道等主题的话语进行了公理化的逻辑学诠释; [9] 曾昭式从广义逻辑的视角, 将先秦逻辑 (包括孟子的逻辑思想话

1　参见 Angus C. Graham, *Disputers of the TAO*: *Philosophical Argument in Ancient China*, Illinois: Open Court Publishing Company, 1989, pp. 117–123。

2　参见傅伟勋:《从西方哲学到禅佛教》,生活·读书·新知三联书店,1989 年,第 243—260 页。

3　参见袁保新:《从海德格尔、老子、孟子到当代新儒学》,武汉大学出版社,2011 年,第 39—71 页。

4　参见杨泽波:《孟子性善论研究(再修订版)》,上海人民出版社,2016 年。

5　参见杨海文:《我善养吾浩然之气:孟子的世界》,齐鲁书社,2017 年,第 104—121 页。

6　参见邵秋艳:《早期儒家王霸之辨理论研究》,中华书局,2018 年。

7　参见温公颐:《先秦逻辑史》,上海人民出版社,1983 年,第 202—237 页。

8　参见张晓芒:《先秦诸子的论辩思想与方法》,人民出版社,2011 年,第 99—115 页。

9　参见甘筱青等:《〈孟子〉的公理化诠释》,江西人民出版社,2014 年。

语）中所采用的逻辑论证结构归纳为"正名-用名"的论证类型，等等。[1]

　　在考查并借鉴前人有关孟子的思想话语所业已展开的哲学义理分析（主要体现为对孟子思想的深层次挖掘）与逻辑视角下的研究（主要体现为《孟子》文本中局部话语在内容上的逻辑联系或者逻辑推理形式）基础上，本书尝试运用一种新的研究方法——语用论辩方法，从论证的视角，融合逻辑与语用的双重维度，参照哲学和思想史视角研究得出的孟子的主要思想，即道德形上学、王道政治学和实践伦理学[2]，及其所分别对应的人性、政治和实践三大讨论领域，对《孟子》文本中孟子有关"人禽之辩""王霸之辩"以及"经权之辩"[3]三大主题所展开讨论的论辩性话语，进行系统融贯性的论证刻画，从而在现有孟子话语研究的基础上，对孟子的论辩性话语开展新的研究视角与研究方法下的拓展性研究。　根据语用论辩方法下的分析框架，孟子有关三大主题所展开讨论的"论辩性话语"，涉及与消除相应意见分歧有关的所有语步，既包括孟子与他人（如梁惠王、齐宣王、滕文公、公都子、公孙丑、万章等）之间所进行的论辩性对话交流，也包含孟子"独白式"的论辩叙述；其中，对《孟子》文本的版本选取与内容解读，本书以杨伯峻（2019）注解的《孟子译注（简体字本）》为蓝本，结合陈来和王志民（2018）主编的《〈孟子〉七篇解读》，辅以参考南宋朱熹（2018）的《四书章句集注·孟子集注》。

　　基于前述研究对象与研究目标，本书所探讨的研究问题如下：（1）孟子论辩性话语合理性的哲学基础是什么？（2）孟子是如何构建其有关"人禽之辩""王霸之辩"以及"经权之辩"三大主题的论证的?（3）孟子在其有关"人禽之辩""王霸之辩"以及"经权之辩"的论证

1　参见曾昭式：《先秦逻辑新论(国家哲学社会科学成果文库)》,科学出版社,2018 年,前言,第v—vii 页。

2　参见杨海文：《我善养吾浩然之气:孟子的世界》,齐鲁书社,2017 年,第 103 页。

3　传统上人们使用的是"人禽之辩",但本书着力于孟子有关人禽之间差异辨析("辨")基础上的论证("辩"),故而使用的是"人禽之辩"。文中"王霸之辩""经权之辩""义利之辩"等表达,强调的也是此论证视角。

中，采用了哪些策略性设计？

为了回答以上研究问题，通过运用当前国际论证研究领域中富有影响力的语用论辩方法，本书首先提炼出孟子论辩性话语合理性[1]的哲学基础，然后分别对孟子有关"人禽之辩""王霸之辩"和"经权之辩"三大主题的论辩性话语进行分析性重构，最后，在重构的基础上进一步归纳分析孟子在其论证过程中所采用的策略性设计。本书具体的研究框架如下：

第 1 章是研究方法论部分，介绍的是本书研究所采用的理论框架，即国际论证研究领域中一种系统的论证理论——语用论辩理论，包括该理论的发展历程，哲学层面的论证合理观，理论层面的元理论、标准理论、拓展理论和一些核心理论概念，如论证、立场、意见分歧、未表达前提、论证型式、论辩结构、谬误、批判性讨论、批判性讨论理想模型、策略操控等，以及分析层面的论证识别与重构、策略性设计分析等。此外，本章还将对语用论辩理论框架为何以及如何应用于孟子论辩性话语的论证刻画研究进行简要说明。

第 2 章是本书研究所涉及的哲学基础部分。通过语用论辩理论模型——"批判性讨论理想模型"中为合理消除意见分歧而划分的四个讨论阶段，即冲突、开始、论辩和结论阶段，分析孟子论辩性话语所采用的分离策略在各个讨论阶段中的使用，再结合传统上从哲学和思想史角度研究得出的孟子思想的主要内容，逐步提炼出孟子论辩性话语合理性的哲学基础。该哲学基础由"一体两面"所构成，即以"人性善"作为孟子论辩性话语合理性的道德形上学基础（"一体"），以"仁义"和"经权相济下的执中"（"两面"）分别为合理性的德行伦理理性基础与实践伦理理性基础。

第 3 章到第 5 章是本书研究的论证分析部分，对应于第 2 章孟子论辩

---

[1] "合理性"（reasonableness）指的是以适宜于交际与互动情境的方式运用某人的理性机能，其中的"理性"（reason）与"情感"（emotion）相对。参见 Frans H. van Eemeren, *Argumentation Theory: A Pragma-Dialectical Perspective*, Switzerland: Springer International Publishing AG, 2018, p. 3。

性话语合理性哲学基础中的"一体两面",分别是:孟子有关"人性善"的人性论证,即"人禽之辩";有关"人性善"的内在体现之"仁义"在治国理政方面发挥作用的政治论证,即"王霸之辩";以及有关儒家仁义中道准则之"经权相济下的执中"在实践应用方面的权变论证,即"经权之辩"。 其中,第 3 章是对孟子有关人禽之辩的论证刻画,依据的是语用论辩理论框架下批判性讨论理想模型的启发性与分析性功能,对孟子人禽之辩的相关话语进行分析性重构以及策略操控三个方面——即潜在论题的选择、受众需求的适应和表达技巧的使用——的分析。 第 4 章和第 5 章分别是对孟子王霸之辩和经权之辩相关话语的论证刻画,其中论证重构与分析的思路与第 3 章类似。

在第 3 章、第 4 章和第 5 章分别对"人禽之辩""王霸之辩"和"经权之辩"三大主题相关的孟子论辩性话语进行论证重构与分析的基础上,第 6 章综合考虑孟子在三大主题相关的论辩性语步中所采用的系统融贯的策略性设计,归纳总结出孟子运用的一些典型的论辩策略。

最后一章是结语部分,包括对本书第 1 章到第 6 章内容的总结,以及对后续研究的展望。

第 1 章

论证研究的语用论辩方法

1.1　概述

本书对孟子话语的论证刻画研究采用的是语用论辩学（Pragma-Dialectics）的分析框架。"语用论辩学"这一术语既可以指代"语用论辩方法"，也可以指代"语用论辩理论"。[1] 语用论辩学是国际论证研究领域富有影响力的一种系统的论证理论，由荷兰论证理论学家弗朗斯·范爱默伦（Frans H. van Eemeren，1946— ）及其合作者罗布·荷罗顿道斯特（Rob Grootendorst，1944—2000）创立于 20 世纪 70 年代，并于 20 世纪 90 年代末，由范爱默伦及其学生与合作者彼得·豪特罗森（Peter

---

[1] 国内目前对 pragma-dialectics 一词有三种版本的翻译，即"语用辩证法""语用论辩术"和"语用论辩学"。笔者在 2018 年 12 月至 2019 年 12 月于荷兰阿姆斯特丹大学访学期间，每周一次同范爱默伦教授就 pragma-dialectics 的相关著作进行讨论。2019 年 11 月 18 日，笔者就 pragma-dialectics 一词在中文中的不同翻译版本同范爱默伦教授进行了交流。范爱默伦教授对源语言中的 pragma-dialectics 做了如下解释：pragma-dialectics 是简写形式，既可以指代 the pragma-dialectical approach to argumentation（论证的语用论辩方法），也可以指代 the pragma-dialectical theory（语用论辩理论）；其中，"语用论辩方法"包含了论证研究领域中的五大层面（即哲学、理论、经验、分析和实践层面），而"语用论辩理论"的说法涉及理论层面以及与理论层面密不可分的其他四个层面。为了避免与马克思、黑格尔意义上的"辩证法"（dialectics）相混淆，同时充分考虑源语言中 pragma-dialectics 一词所涵摄的五大层面的内容，笔者对 pragma-dialectics 一词采用的是"语用论辩学"这一中文翻译，并且根据叙述内容所处情境的需要，穿插使用"语用论辩方法"和"语用论辩理论"两种说法。

Houtlosser, 1956—2008）一起进行了拓展。 语用论辩理论关注的是日常语言中所进行的论辩性交流与互动，其主要思想来源于巴斯（Else M. Barth）和克拉比（Erik C. W. Krabbe）的形式论辩理论、波普尔（Karl R. Popper）和阿尔伯特（Hans Albert）的批判理性主义、奥斯丁（John L. Austin）和塞尔（John R. Searle）的言语行为理论以及格赖斯（Paul Grice）的理性言语交流理论。[1] 该理论将"论证"（argumentation）[2] 定义为："交际性与互动性的言语行为组合，旨在通过提出一组命题，消除与受众之间的意见分歧，而为了使得拟争论的立场能够被合理进行评判的理性裁判所接受，论证者需要为其所提出的命题负责。"[3] 根据言语行为理论，"交际"的目的在于获得"理解"这一"言外的"效果，而"互动"的目的在于获得"接受"这一"言后的"效果。 日常话语中所进行的"论证"这一复杂言语行为，正是以从听众或者读者那里得到言语或非言语形式的回应为目标，这种回应表明的是"理解"之外的"接受"。与形式论辩理论不同，语用论辩学综合了论证的"语用"和"论辩"两个维度；其中，"语用"维度借用的是语用学的描述性与交际性视角，以日常语言哲学家奥斯丁和塞尔等人所发展的言语行为理论为基础，将"论证"视为以目标为导向的言语活动，将批判性讨论中的论辩性语步描述为

1　参见 Frans H. van Eemeren and Rob Grootendorst, *A Systematic Theory of Argumentation*：*The Pragma-Dialectical Approach*, Cambridge：Cambridge University Press, 2004, p. 51。

2　根据《在线词源辞典》，argumentation 具有"形式论证的呈现""引出证明或得出结论的行为""来回的论证"等含义，argument 具有"支持命题或对有疑问事项产生信念的陈述与推理""推理，意见""逻辑论据；证据，根据，支持，证明"等含义（Douglas Harper, *Online Etymology Dictionary*, https：//www. etymonline. com, 2020 年 2 月 10 日），而根据《在线汉语大辞典》，"论证"具有"引用证据来证明论题的真实性的论述过程""论述并证明""立论的根据"等含义（张新主：《汉语大辞典》，http：//www. hydcd. com, 2020 年 2 月 10 日），再结合 argumentation 和 argument 在语用论辩学相关著作中的使用，综合考虑源语言和目标语言中相关用词的功能对等，笔者对语用论辩学相关著作中的 argument 都翻译为"论证"，仅对 argumentation 作为语用论辩学的核心概念进行定义时以及在 argumentation theory 中，将 argumentation 也翻译为"论证"，而对于 argumentation structure、argumentative discourse、argumentative style 等，分别翻译为"论辩结构""论辩性话语""论辩风格"等。

3　参见 Frans H. van Eemeren, *Argumentation Theory*：*A Pragma-Dialectical Perspective*, Switzerland：Springer International Publishing AG, 2018, p. 3。

言语行为，[1] 而"论辩"维度融合了逻辑的，尤其是新论辩学的有关有效性、一致性以及其他决定理性的要素的规范性与批判性视角，将"论证"视为旨在消除意见分歧的、批判性交流的一部分。[2]

语用论辩学发展至今，经历了六个阶段（其中或有交叉）：（1）概念化阶段，致力于奠定语用论辩学的哲学基础与理论基础，同时打造完善的研究方案；（2）有效化阶段，重点在于检测该理论用于排除谬误的能力；（3）实证化阶段，包括定性研究与实验研究，旨在确定该理论中一些主要的理论概念与标准的实证基础；（4）外显化阶段，即通过开发用于对论辩性话语进行重构分析所需要的分析工具，使得意见分歧的消除过程中所涉及的、各方明示的或者隐含的承诺得以外显化；（5）工具化阶段，致力于处理论证实践，将修辞维度融入语用论辩学的标准理论框架中，以便解释论辩性话语维护合理性的同时追求有效性这一复杂特征；（6）语境化阶段，旨在通过考查论辩性话语的产生过程与产品受论证实践的制度性前提条件（institutional preconditions）的影响方式，逐步将论证现实中的复杂因素考虑进来。[3]

语用论辩学涵盖论证研究领域的五大组成部分，即哲学层面、理论层面、分析层面、经验层面和实践层面，[4] 而理论层面与其他四个层面相互

1　相比于论证研究中所采用的其他理论视角,语用论辩学家认为,采用言语行为视角的决定性优势,在于其能够全面覆盖论辩性话语中所做出的所有语步,以及能够系统地考虑通过日常语言的使用来进行的论证。参见 Frans H. van Eemeren，"Viewing the Study of Argumentation as Normative Pragmatics"，in Frans H. van Eemeren，eds.，*Reasonableness and Effectiveness in Argumentative Discourse：Fifty Contributions to the Development of Pragma-Dialectics*，Switzerland：Springer International Publishing AG，2015，p. 276。

2　参见 Frans H. van Eemeren and Rob Grootendorst，*Argumentation，Communication，and Fallacies：A Pragma-Dialectical Perspective*，New Jersey：Lawrence Erlbaum Associates，Inc.，1992，pp. 9 – 10。

3　参见 Frans H. van Eemeren，*Argumentation Theory：A Pragma-Dialectical Perspective*，Switzerland：Springer International Publishing AG，2018，pp. 10 – 12，33 – 34。

4　参见 Frans H. van Eemeren，"Argumentation Studies' Five Estates"，in Frans H. van Eemeren，eds.，*Reasonableness and Effectiveness in Argumentative Discourse：Fifty Contributions to the Development of Pragma-Dialectics*，Switzerland：Springer International Publishing AG，2015，pp. 106 – 107。

关联、密不可分。 其中，哲学层面旨在阐明论辩性话语合理性的哲学基础，即批判理性主义的合理观；理论层面是在批判理性主义的合理观基础上，为论证研究发展出可用作概念与术语框架的论辩性话语模型，即语用论辩学标准理论中的"批判性讨论理想模型"，以及拓展理论中的"策略操控"理念；分析层面旨在提出一系列的分析工具，以便依据理论模型对论辩性话语进行分析性重构，其融合了论证研究的描述性维度与规范性维度；经验层面着重关注理论模型视角相关的各个元素，考察实际论辩性话语的生成、阐释与评价；实践层面关注的是在各种具体的论证实践中论辩性话语的实施，以便确定论证者充分参与不同程度的制度化语境（institutional context）下的论证实践所需要的论辩性话语的生成能力、分析能力和评价能力。

运用语用论辩学的分析框架对孟子的话语进行论证刻画研究，尤其需要对以上五大层面中的哲学层面（涉及论证合理观）、理论层面（包括元理论、标准理论和拓展理论）以及分析层面（本书主要涉及分析性重构与策略性设计分析）有较清晰的了解。 下面将首先对语用论辩学框架中主要的理论概念与要点进行概要性介绍，然后对如何将该分析框架应用于孟子话语的论证刻画研究进行说明。

1.2　哲学层面

论证研究领域在哲学层面涉及的主要是辨析论证合理性的哲学基础，也就是选择何种合理观的问题。 选择论证合理观是构建一种论证理论的前提与基础。

1.2.1　合理观简述

图尔敏（Stephen Toulmin）大致区分了合理性的三种视角，即（形式的）"几何学"（geometrical）合理观、（经验的）"人类学"

（anthropological）合理观以及（先验的）"批判性"（critical）合理观，[1]大致分别对应于论证研究的逻辑学路径、修辞学路径与论辩学路径。[2]

合理性的"几何学"观点实际上遵循的是演证传统，即演证者试图证明的是其主张可以经由某个毋庸置疑的确定性的演证得出。根据语用论辩学对"论证"的定义，"几何学"合理观实际上是反论证的。合理性的几何学方法主要为以产品为导向（product-oriented）的逻辑学家所采纳，但逻辑学家并不是简单地将论证可靠性等同于论证中的推理有效性，比如有些逻辑学家就强调论证也必须与所维护的立场相关。然而，由于逻辑学家们的形式化导向，他们主要关注的是论证中前提的真在多大程度上对论证的有效性产生结构上的影响。也就是说，只要排除前提为真而结论为假这种情况，其他形式的论证都是逻辑有效的，包括前提为真而结论也为真、前提为假而结论也为假，乃至前提为假而结论为真的情况。

"人类学"合理观的核心在于，认为理性与合理性的概念具有文化相对性，即认为理性与合理性都不是客观、静态与普遍的，而是主体间的、动态的以及文化相对的，是相对于特定历史情境下的特定人群的，因而这种合理观又被称为合理性的"人类学的相对主义视角"，主要为以过程为导向（process-oriented）的修辞学家所认同。其中，"理性"（rationality）主要用以指推理能力的使用，而"合理性"（reasonableness）指的是在相关情境下推理能力的恰当使用，后者包含有规范性维度，并且与人际推理的语境相关；同时，理性是合理性的必要条件，但不一定是充分条件，因为在某些情况下，论证中的合理性可能既涉及言语因素，也涉及视觉因素，甚至还可能涉及情感因素。合理性的"人类学观"意味着人类知识只是通过遵循特定社团内部所达成的共识基础上的某些共享程序而产生

1　参见 Stephen Toulmin, *Knowing and Acting: An Invitation to Philosophy*, New York: Macmillan, 1976。

2　参见 Frans H. van Eemeren and Rob Grootendorst, *Argumentation, Communication, and Fallacies: A Pragma-Dialectical Perspective*, New Jersey: Lawrence Erlbaum Associates, Inc., 1992, p. 6, footnote。

的；因此，论证的有效性也只依赖于这种社团内部成员之间所形成的共识，也就是建立在纯粹经验性的基础之上。

合理性的"批判观"对任何事物都采取讨论的态度，使得一方的主张能够接受另一方的批判性质疑，从而明确地引出论证，而该论证又可以继续接受挑战，直到双方之间的意见分歧能够以双方都能接受的方式得到消除。如此一来，所有的论证都被视为在愿意遵循所约定的讨论程序的条件下，相关各方之间所进行的批判性讨论，因而主要为以程序为导向（procedure-oriented）的论辩学家所青睐。合理性的批判性视角，同时关注论证的形式化属性和为了获得一致意见而必须共享的知识，从而将论证视作主体间可接受的、功能性的、形式的论辩性程序的一部分。采取合理性的批判性方法，不仅需要考查论辩程序的有效性，还需要对持有不同观点的相关各方遵循该论辩程序时的优势与劣势进行反思。包括图尔敏在内的论证研究者认为，采用合理性的"批判观"，可以避免合理性的"几何观"和合理性的"人类学观"所导致的僵局，因为几何观（以演证为导向）最终会导致怀疑主义，它也是证明主义（justificationism）的一种形式，即波普尔和阿尔伯特所称的"知性主义"或者"笛卡尔理性主义"，而人类学观（以共识为导向）最终会导致"相对主义"或"经验性证明主义"，也即"英国经验主义"。[1]

1.2.2　批判理性主义合理观

一般认为，合理性的"几何观"和"人类学观"存在的根本问题在于，二者都以证明主义为基础，并且假定合理性只是涉及以确定的方式使立场合法化。然而，任何类型的证明主义都逃不掉"明希豪森三重困境"（Münchhausen trilemma）：陷入提出新证明的无限循环，陷入论证

1　参见 Frans H. van Eemeren，"Argumentation Studies' Five Estates"，in Frans H. van Eemeren，eds.，*Reasonableness and Effectiveness in Argumentative Discourse：Fifty Contributions to the Development of Pragma-Dialectics*，Switzerland：Springer International Publishing AG，2015，pp. 86 - 89。

相互支撑的循环，以及在任意点中断证明。[1]　需要指出的是：合理性的批判视角并非完全排斥几何学视角与人类学视角，而是融合了这两种视角下的一些洞见。　例如，为合理参与讨论的理性讨论者制定讨论程序时，就需要采用几何学视角下的形式化手段，将该讨论程序形式化为可用于消除讨论各方之间意见分歧——"问题有效性"（problem validity）的一套自成体系的有序规则。　这就表明，合理性并非是最终的、绝对的，而是一个渐进的概念，其相对于某个讨论规则的合理性程度，取决于该规则作为批判性讨论程序的"问题有效性"。　合理性的批判性视角也吸收了人类学视角下的"主体间有效性"（intersubjective validity）概念。　批判性讨论程序可能不止一种，而一种讨论程序可能比另一种讨论程序更合理，或者不及另一种讨论程序合理，这一事实就已经表明，在某些方面合理性可能并不具有普遍性。　主体间有效性标准可以适当处理这一困境。　与几何学视角下的主张相反，根据主体间有效性标准，合理性受到人为判断的限制，或者说与某个时刻、某个地点的某群人有关。　主体间有效性标准与通常的逻辑有效性的问题导向标准相结合，具有一个重要的优势，即经由听众与读者的可接受性，可以确保与日常思维甚至是自然思维之间建立联系。

　　为了避免证明主义下的三重困境，语用论辩学采用的是合理性的批判观，辅以理性主义者的洞见，合称为"批判理性主义合理观"。　该视角下的合理观认为，所有人类的思想具有根本的易错性，所以，解决问题的出发原则，就是需要对人类思想与活动的所有领域进行系统的批判性考查。　进行批判性讨论就是采取批判理性主义合理观的开始，这也同时意味着采用一种论辩学路径。　论辩学路径下的"论证"，被视为通过批判性讨论的方式，消除一个或多个立场的可接受性方面意见分歧的部分程

1　参见 Frans H. van Eemeren and Rob Grootendorst, *A Systematic Theory of Argumentation：The Pragma-Dialectical Approach*, Cambridge：Cambridge University Press, 2004, pp.127 - 128, 131；Frans H. van Eemeren, *Strategic Maneuvering in Argumentative Discourse：Extending the Pragma-Dialectical Theory of Argumentation*, Amsterdam / Philadelphia：John Benjamins Publishing Company, 2010, p.31。

序；该论辩程序同时采纳了论辩学的批判性洞见、逻辑学的几何学洞见以及修辞学的人类学洞见。[1] 在基于"批判理性主义合理观"的语用论辩学中，论辩性讨论程序具有双重合理性标准——问题有效性（即合理消除意见分歧）与主体间有效性（或者规约有效性，即为理性讨论的各方所接受）；后者主要是以论辩性讨论程序的工具性，也即该程序所指向的目标——消除意见分歧为基础的。从哲学上看，接受语用论辩程序的根本依据是实用性，或者更确切地说，是功利性，因为语用论辩学家所提倡的批判性态度与"消极功利主义"（negative utilitarianism）相一致，即所追求的并不是最大化认同，而是最小化分歧，也不是哈贝马斯（Jürgen Habermas）所提出的理想的"共识"（consensus），而是日益进步的观点的不断迸发。[2] 从这个意义上来说，语用论辩学所采用的"批判理性主义合理观"，实则融合了批判理性主义的认识论洞见与功利主义的伦理学洞见。此外，语用论辩程序的双重合理性标准，可以借由研究对象的功能化、论辩化、外显化与社会化得以实现，从而可以将日常的论辩性话语置于标准化的批判性讨论范畴中。

1.3　理论层面

论证研究的语用论辩方法，在理论层面涉及的有元理论、标准理论、拓展理论，以及相应的一些核心理论概念，比如论证、立场、意见分歧、未表达前提、论证型式、论辩结构、谬误、批判性讨论、策略操控等。

1　参见 Frans H. van Eemeren, "Argumentation Studies' Five Estates", in Frans H. van Eemeren, eds., *Reasonableness and Effectiveness in Argumentative Discourse*：*Fifty Contributions to the Development of Pragma-Dialectics*, Switzerland：Springer International Publishing AG, 2015, pp. 86 – 89。

2　参见 Frans H. van Eemeren, *Strategic Maneuvering in Argumentative Discourse*：*Extending the Pragma-Dialectical Theory of Argumentation*, Amsterdam / Philadelphia：John Benjamins Publishing Company, 2010, p. 34。

1.3.1 元理论

为了对论证进行理论化，在构建充分的论证理论的过程中，需要考虑一些元理论原则。这些原则涉及理论化的基本特征，比如拟构建的理论的性质以及构建理论的方式，同时，它们还决定着论证理论必须满足的一些方法论方面的要求。因此，这些元理论原则就构成了理论化产生方式的方法论出发点。

20世纪70年代，语用论辩学的理论创始人范爱默伦及其合作者荷罗顿道斯特对当时已知的论证理论与方法进行了考察，并对论证的理论化进行反思，从而确立了语用论辩方法的元理论原则。每一条元理论原则都是为了避免其他已被考查的论证方法的某些不足而提出的。范爱默伦和荷罗顿道斯特所考查的方法有：除亚里士多德以及其他古代哲学家的论辩、三段论逻辑与经典的修辞学方法之外，还有现代形式逻辑、现代修辞与美国学术辩论、纳斯（Arne Naess）用于明晰各种讨论的分析性工具、图尔敏的程式化论证模型、佩雷尔曼（Chaïm Perelman）与奥尔布莱茨-泰特卡（Lucie Olbrechts-Tyteca）的新修辞学以及巴斯和克拉比的形式论辩学。确定语用论辩学的方法论出发点的元理论原则是：功能化、社会化、外显化和论辩化。

"功能化"是将每一个语言活动当作一种有目的的言语行为，主要与"论证"作为一种交际行为组合的属性相关，关注的是如何运用扩充版的言语行为理论，在言语交际中使用各种交际工具实现消除意见分歧这一论证功能。例如，当话语的功能不明晰时，可以通过对相应言语行为的适切条件（包括身份条件与正确性条件）[1] 的分析来确定这些话语在消除意见分歧方面所起到的交际与互动的作用，比如对某一立场的接受、质疑、拒绝、辩护还是攻击等。

"社会化"主要与"论证"作为一种互动行为组合的属性相关，确定的是在消除意见分歧的过程中作为正方与作为反方的互动性角色定位。在语用论辩学中，"论辩性话语"从根本上被视为社会活动，而"论证"被认为不仅仅涉及某个独立评价的表达，而且是在不同的人或团体之间相互交流思想，以便消除某种意见分歧而从事的交际过程的一部分。 通过对论辩性交流中不同的人在互动过程中所起到的不同作用（正方或者反方）进行辨别，并将该交流中所施行的各种言语行为当作两方之间所进行的论辩性对话，从而达到社会化的目的。

"外显化"意味着只瞄准通过某些语言活动的实施可以衍推出来的那些公开承诺，主要与识别论证者所能负责的内容相关，关注的不是参与论辩性话语的各方"可能持有的动机与态度"，而是从论证者在言语事件中做出的论辩性语步及其相应的承诺来揭示与说明论证者"应负责任的"内容。 在语用论辩学中，可以通过考查在论辩性话语的某一个具体语境下，以明示或者隐含的方式，施行某些言语行为所产生的确切的义务来达到承诺的"外显化"。 例如："接受"就可以被外显化为对相关命题做出正面承诺的一种表达；"不同意"也可以被外显化为由持有相对的并且看似不可调和的言语承诺的两方所产生的一种表达，而"被说服"则可以被外显化为由起初反对某一个言语行为的一方，转而接受与该言语行为相应的正面承诺而产生的表达。

"论辩化"与确定理性裁判进行合理裁断的论证可接受性有关，意味

1　1962 年，奥斯丁提出言语行为的"适切条件"（felicity conditions）。1984 年，范爱默伦和荷罗顿道斯特在"适切条件"的基础上进一步区分了言语行为的"身份条件"（identity conditions）与"正确性条件"（correctness conditions）；其中，"身份条件"包括命题内容条件和基本条件，而"正确性条件"包括准备条件和负责任条件。参见 Frans H. van Eemeren and Rob Grootendorst, *Argumentation, Communication, and Fallacies: A Pragma-Dialectical Perspective*, New Jersey: Lawrence Erlbaum Associates, Inc., 1992, pp. 30 – 31。

着从旨在合理消除意见分歧的"批判性讨论理想模型"的视角来看待论辩性话语，即将论辩性交际中的言语行为，视为以消除意见分歧为目的而进行批判性讨论的过程中所施行的言语行为。[1] 批判性讨论应遵循的各条规则是针对论辩性话语条理性的规范，它们共同构成了论辩性讨论程序，而该讨论程序系统性地表明消除意见分歧的过程结构，并明确了在消除意见分歧的各个阶段所发挥作用的各种言语行为。

正是语用论辩学的这些元理论原则，将语用论辩方法与其他论证方法区分开来。 例如：不同于论证研究的各种形式的与非形式的方法，语用论辩学着重关注的是，论证实践中为了达到交际性与互动性的目标而使用或者应该使用语言的方式，此时涉及的是论辩性话语的功能化与社会化原则。

1.3.2　标准理论

语用论辩学的标准理论发展于第一阶段，即概念化阶段。 在此阶段，语用论辩学所引入的基本理论概念包括"立场""意见分歧""未表达前提""论证型式""论辩结构"和"谬误"。 以这些概念为基础，语用论辩学在标准理论的发展时期，还提出了便于系统地完善论辩性话语的分析、评价与生成质量的分析性工具，包括"批判性讨论"和"批判性讨论理想模型"。

"立场"（standpoint）指的是论辩性话语中各方所争论的内容。 说话人或者写作者提出一个立场，就是对某一命题采取肯定或者否定的态度，并且，提出立场的一方在其立场遭受挑战时，有义务为其立场辩护。 采用不同理论视角的学者会使用不同的术语来表达与"立场"相同的概念，比如：图尔敏及其追随者使用"主张"，逻辑学家使用"结论"，接受亚里士多德《论题篇》传统的论辩学家使用"论点"，对美国的学术辩

1　参见 Frans H. van Eemeren, *Argumentation Theory：A Pragma-Dialectical Perspective*, Switzerland：Springer International Publishing AG, 2018, pp. 20 – 29。

论感兴趣的、传播研究领域的学者使用"辩论命题"等。 还有一些与"立场"既相关又有所不同的心理学概念，比如：在认知研究和认识论中所使用的"信念"，会话分析中使用的"观点"，社会心理学和认知研究中使用的"态度"等。

"意见分歧"（difference of opinion）是关于相同命题而出现的不同看法。 当一方的立场遭遇另一方的质疑与反对时，就会出现"意见分歧"。 范爱默伦、荷罗顿道斯特和弗朗西斯卡·史努克-亨克曼斯（A. Francisca Snoeck Henkemans）区分了四种类型的"意见分歧"，即单一非混合型意见分歧（只涉及一个命题，并且正反双方对该命题只持有一种立场或者对该立场的质疑）、单一混合型意见分歧（只涉及一个命题，并且正反双方对该命题持有不同的立场）、多重非混合型意见分歧（涉及多个命题，并且正反双方对各个命题只持有一种立场或者对该立场的质疑），以及多重混合型意见分歧（涉及多个命题，并且正反双方对各个命题持有不同的立场）；还区分了"主要的意见分歧"和"次要的意见分歧"，后者出现于对主要意见分歧展开讨论的过程中。[1]

"未表达前提"（unexpressed premise）是在所提出的论证中没有明示表达出来的元素，而在将论证中前提的可接受性传递到该论证所支撑的立场方面，该未明示表达的部分是至关重要的。 因此，有必要识别出论证中的未表达前提。 对未表达前提的识别，可以借助一些语境线索，包括相关言语事件所涉及的语言语境、情景语境、制度性语境和互文语境，还可以借助一些额外的语用线索，包括可能的语用推理（比如会话含义）和一般的或者具体的背景信息。[2]

"论证型式"（argument scheme）刻画的是理由与立场之间的证成关系，这种关系理应可以将所提出理由的可接受性传递到所辩护的立场上去。 在语用论辩学的框架中，可以使用的论证型式以及对所使用论证型

1　参见 Frans H. van Eemeren and A. Francisca Snoeck Henkemans, *Argumentation：Analysis and Evaluation*, 2ⁿᵈ ed., New York and London：Routledge, 2017, pp. 6 - 8。

2　参见 Frans H. van Eemeren, *Argumentation Theory：A Pragma-Dialectical Perspective*, Switzerland：Springer International Publishing AG, 2018, pp. 6 - 7。

式的评价，原则上是论辩各方为某一立场进行理性论证之前所持有的部分
共同出发点。　语用论辩学区分了三类主要的论证型式，即"征兆关系型
论证""比较型或类比关系型论证"和"因果关系型论证"。　其中，在
基于征兆关系的论证型式中，通过在论证中引入该立场中所声称的某种迹
象、征兆或者辨识性的标记，来实现对立场的辩护；在基于比较关系或类
比关系的论证型式中，通过表明立场中所指称的某物与论证中所引用的某
物具有相似性，并且基于该相似性就应该接受该立场来实现对立场的辩
护；在基于因果关系的论证型式中，则是通过使论证与立场之间具有某种
因果联系，从而使得基于这种联系而应该接受该立场来实现对立场的辩
护。[1]　语用论辩学对论证型式进行分类的理据，具有语用的维度和论辩
的维度。　语用维度与论证型式中将理由的可接受性传递到立场时所采用
的证成原则相关，该原则是基于人类经验的语用原则，即以日常论辩性话
语中论证者实际的证成经验为基础。　同时，论证型式的分类理据还具有
论辩维度，即与所使用的论证型式相关的对话性评价程序相关，也就是与
为了使论证型式的使用合法化而需要回答的批判性问题相关。[2]

　　"论辩结构"（argumentation structure）展现的是所提出的各个理由
是如何相互关联以便支撑立场的。　依据各条论证对质疑或者批评的回应
方式，语用论辩学区分了一种简单的论辩结构以及三种复杂的论辩结构，
即"单一型""并列型""多重型"和"从属型"论辩结构。　其中，在
单一型论辩结构中，只有一条论证用于支撑立场；在并列型论辩结构中，
各条论证相互依赖、共同支撑同一个立场，而依据各条论证之间不同的依
赖关系，史努克-亨克曼斯进一步区分了"累积性并列型论辩结构"与
"补充性并列型论辩结构"，前者通过增加更多的证据来加强初始论证，

1　参见 Frans H. van Eemeren and A. Francisca Snoeck Henkemans，*Argumentation：Analysis and Evaluation*，2nd ed.，New York and London：Routledge，2017，pp. 84 – 88。

2　参见 Frans H. van Eemeren，"Argument Schemes：Extending the Pragma-Dialectical Approach"，in Frans H. van Eemeren and Bart Garssen，eds.，*From Argument Schemes to Argumentative Relations in the Wild：A Variety of Contributions to Argumentation Theory*，Switzerland：Springer International Publishing AG，2020，p. 14。

后者中所补充的论证没有改变最初的论证与立场之间的关系，而是对反方所提出的具体反对意见的应对；[1] 在多重型论辩结构中，针对同一个立场有多个可供选择的辩护，这些辩护在支撑立场方面并非相互依赖，而是理论上可以独自支撑立场，并被认为在为立场进行辩护时，本身就是充分的；在从属型论辩结构中，对初始立场的辩护是逐层推进的，也就是说，用于支撑初始立场的论证不能独自支撑该立场，而是该论证本身也需要另一条论证来支撑，如此类推，直到对初始立场的辩护看起来是确定的。[2]

关于"谬误"（fallacy），在论证理论研究领域，人们曾提出了各种谬误观以及区分与识别谬误的不同方法。 亚里士多德开启了对谬误的研究；他将谬误置于对话中，其中一方攻击某个论点，另一方为之进行辩护，而谬误就是那些看似有效、实则无效的推理。 亚里士多德的谬误观在相当长一段时间内都为人们所认可，后世的人们只是在亚氏谬误观的基础上进行了些微的增添与改动，比如洛克（John Locke）在亚氏谬误列表的基础上增加了"诉诸型谬误"。 很多的逻辑教科书将亚氏对谬误的论辩性视角转化为独白式的视角，从而将谬误视为推理中的错误，而非一方为了智胜另一方而采取的欺骗性操控。 直到 20 世纪 70 年代，汉布林（Charles L. Hamblin）猛烈抨击了逻辑学教科书中将"谬误"视为"看似有效、实则无效的论证"这一"标准的处理方法"。 在此之后，人们开始采用其他视角与方法来研究谬误。 例如：伍兹（John Woods）和沃尔顿（Douglas N. Walton）采用现代形式逻辑的方法对各种谬误逐一进行处理；巴斯和克拉比采用一种形式论辩的方法，将谬误视为不能由理性论证的生成规则而产生的论辩性语步；沃尔顿和克拉比综合了前两种形式化的视角，并结合论辩性话语所出现的对话类型，对各种谬误进行理论化。在语用论辩学的标准理论中，根据语用论辩学对论证的定义，那些阻碍合

---

1 参见 A. Francisca Snoeck Henkemans, *Analyzing Complex Argumentation：The Reconstruction of Multiple and Coordinatively Compound Argumentation in a Critical Discussion*, 2nd ed., Amsterdam：SICSAT-International Society for the Study of Argumentation ISSA, 1997, pp. 96 – 99。

2 参见 Frans H. van Eemeren and A. Francisca Snoeck Henkemans, *Argumentation：Analysis and Evaluation*, 2nd ed., New York and London：Routledge, 2017, pp. 58 – 59。

理消除意见分歧的论辩性语步都被视为"谬误"；语用论辩学的拓展理论，在标准理论的基础上，将"谬误"进一步描述为"脱轨的策略操控"。[1]

"批判性讨论"（critical discussion）指的是正反双方就某个议题所采取的特定立场而展开的讨论，讨论的目的在于确定正方的立场在面对反方批判性反应时是否是可被辩护的。[2] 批判性讨论是一个理论概念，用于识别实现某种分析性目标的问题有效性程序中必要的构成元素，而"批判性讨论理想模型"就是基于"客位的"分析性考虑而建构的、用于表征理想化的论辩性话语的理论模型，以便阐明借由论辩性话语来合理消除意见分歧所涉及的内容。 其中，"合理消除意见分歧"也是建立语用论辩学的一个关键概念。 需要注意的是：合理"消除"立场可接受性方面的意见分歧，并不等同于"解决"某个冲突。 可能会出现这样的情况，即冲突得以"解决"，但是相关各方之间并未基于论辩性话语来"消除"相互间的意见分歧，因为结束一个意见分歧，也许可以通过第三方裁断或者通过投票、抽签等方式来达到，而只有在依据规范化的、未受损害的论证与批判性回应交流的基础上，各方就相关立场的可接受性问题达成一致结论的情况下，各方之间的意见分歧才算得以"消除"。

"批判性讨论理想模型"明确提出了消除意见分歧的过程中需要区分的不同阶段，以及在每个阶段有助于意见分歧消除的言语行为类型。 该模型将合理消除意见分歧的过程划分为四个阶段，每一个阶段代表的都是一个具体的、与消除意见分歧这一目标相关的程序，它们在推动论辩进展方面具有各自的功能。 这四个阶段分别是：冲突阶段（明确论辩双方之间的意见分歧）、开始阶段（识别程序性与实质性出发点，以及明确正反双方的角色）、论辩阶段（提出论证，以及对相关质疑或者批判性问题做

1　参见 Frans H. van Eemeren，*Argumentation Theory：A Pragma-Dialectical Perspective*，Switzerland：Springer International Publishing AG，2018，pp. 9 – 10。

2　参见 Frans H. van Eemeren and Rob Grootendorst，*Speech Acts in Argumentative Discussions：A Theoretical Model for the Analysis of Discussions Directed towards Solving Conflicts of Opinion*，Dordrecht-Holland / Cinnaminson-U. S. A.：Foris Publications，1984，p.17。

出回应），以及结论阶段（得到讨论结果）。 批判性讨论理想模型建立在作为语用论辩学的方法论出发点的四个元理论原则基础之上，是用于规范批判性讨论的论辩程序模板，旨在系统地合理消除意见分歧，使得处于意见分歧中的各方能对立场的可接受性做出决定，在讨论结束时明晰是否能够继续合理地维护该立场或者坚持对该立场的批判性质疑。 批判性讨论程序包含各个讨论阶段中讨论者为合理消除意见分歧而应遵循的十五条规则（后被精简为"十大戒律"）。[1] 需要注意的是：遵循这些规则，并非意味着意见分歧一定能够得到合理地消除，因为这些规则并不是消除意见分歧的充分条件，但它们是合理消除意见分歧所必须遵守的必要条件。

"批判性讨论理想模型"代表的并非一种"乌托邦"，而是一种理论驱动的理想化状况，而批判性讨论本身所反映的就是苏格拉底式的理想，也就是将人们所相信的每一件事物都进行论辩性检视。 按照波普尔的假定，即所有的人类思想和行为都是容易出错的，那么批判性检视的原则就是起主导作用的方法论原则。 语用论辩学中的"批判性讨论理想模型"，就是为了清晰完整地刻画所有那些借助论辩性话语来合理消除意见分歧的论辩性语步而构建出来的。 因此，在重构论辩性话语的过程中，明晰各种言语行为的论证功能，确定这些言语行为是否与意见分歧的消除相关，以及使论证者建设性地参与到论辩性话语中，该模型都发挥着启发性与分析性的功能。 换言之，语用论辩学视角下的分析性重构，并非理所当然地自动将任何话语都视作批判性讨论，而是通过批判性讨论模型下的分析，判断实际论辩话语在合理消除意见分歧方面达到了何种程度。[2] 此外，批判性讨论理想模型还提供了一套连贯的标准，用以确定论辩性话语中的各个语步在多大程度上偏离了合理消除意见分歧的轨道，因此，该

---

[1]　参见 Frans H. van Eemeren and Rob Grootendorst, *A Systematic Theory of Argumentation*：*The Pragma-Dialectical Approach*, Cambridge：Cambridge University Press, 2004, pp. 136 – 157, 190 – 196。

[2]　参见 Frans H. van Eemeren and Rob Grootendorst, "Analyzing Argumentative Discourse", in Frans H. van Eermeren, eds., *Reasonableness and Effectiveness in Argumentative Discourse*：*Fifty Contributions to the Development of Pragma-Dialectics*, Switzerland：Springer International Publishing AG, 2015, p. 500。

模型还起到批判性的作用。[1]

1.3.3　拓展理论

在对与消除意见分歧相关的现实论辩性话语进行以论辩合理性为主的分析性重构与规范性评价方面，语用论辩学的标准理论为分析者提供了理论依据。然而，在很多情况下，论证研究者会发现，对于更全面地分析现实中的论辩性话语，语用论辩学的标准理论可能是不够的。在对论辩性话语的策略性设计做出解释时，需要适当地处理这样一种现象，即"论辩困境"（argumentative predicament）：现实生活中的论辩性话语总是同时涉及维持合理性与追求有效性（即有效说服受众）的需要，而由于同时追求这两种目标会不可避免地造成某种紧张，语用论辩学的出发点认为，做出论辩性语步的论证者总是必须进行策略性地操控，以便在同时追求以消除意见分歧为导向的论辩合理性目标和以接受为导向的修辞有效性目标时能够维持平衡。因此，在标准理论（由批判性讨论理想模型和合理的论辩性话语所应遵循的行为准则构成）的基础上，范爱默伦和他的学生及合作者豪特罗森一起，于20世纪90年代末首次引入"策略操控"理念，从而扩充了语用论辩学的标准理论，形成语用论辩学的"拓展理论"。"策略操控"指的是，论证者在为其立场进行辩护或者对对方的立场提出疑问或反对的过程中，会在保证论辩合理性与实现修辞有效性两方面进行策略性权衡，这种权衡在处理论辩困境方面发挥着至关重要的作用，因而也是语用论辩学用于解释论辩性话语中策略性设计的核心工具。"策略操控"概念的引入，属于语用论辩学的第五大发展阶段，即工具化阶段。

尽管亚里士多德对论辩性话语的论辩性和修辞性视角都表现出浓厚的兴趣，并且在亚里士多德之后很长一段时间内，两种视角下的研究存在着密切的联系，但是，自17世纪早期开始至今，论辩性维度的论证研究与

1　参见 Frans H. van Eemeren, *Argumentation Theory*: *A Pragma-Dialectical Perspective*, Switzerland: Springer International Publishing AG, 2018, pp. 34 - 35。

修辞性维度的论证研究就已经完全分离开来。然而，语用论辩学认为，论辩视角与修辞视角并非完全互不相容，相反，二者在很多方面还是可以互补的，因为从批判性的观点来看，只有被置于论辩合理性的范畴之内，关注修辞有效性才是有价值的，而从实践的观点来看，只有在同时关注获得有效性的修辞工具的情况下，设置论辩合理性标准才是有意义的。因此，在研究将论辩性话语作为消除意见分歧的一种方式的过程中，语用论辩学将修辞视角功能性地融入论辩视角中。[1] 在此基础上，范爱默伦进一步明确了批判性讨论理想模型中四个讨论阶段各自的论辩性目标与修辞性目标，对应于论证实践的就是，与批判性讨论各个阶段相对应的所有论辩性语步都涉及论证者在合理性与有效性两个维度上的策略性操控。这种策略性操控体现在三个方面："潜在论题的选择"，比如选择特定的共同出发点作为消除意见分歧的起点，以及选择特定的论证类型等；"受众需求的适应"，比如将受众很可能会同意的某些事实或者标准作为消除意见分歧的实质性或者程序性出发点，以及使用目标受众更有可能认同的举例论证而非权威论证等；"表达技巧的使用"，比如以完全明示的方式或者基本隐含的方式来呈现意见分歧，以及在呈现消除意见分歧所需要的出发点时，只是通过修辞性问句来间接地提及这些出发点，而不是以直接明示的方式对这些最重要的出发点进行重点表述等。在论证实践中，策略操控的这三个方面总是同时出现在同一个（口头或书面的）论辩性语步中，只是在具体的语步中，某一个或几个方面可能会表现得更加突出。

此外，论辩性话语所属的交际活动类型，也会对策略操控的使用产生一定的外在限制。因此，在分析与评价策略操控时，有必要将论辩性话语所发生的规约化的交际活动类型考虑进去。通过使用恰当的交际活动体裁，比如法律领域中的裁断、政治领域中的审议、学术领域中的争论等，相应的交际活动类型被用于实现其制度性要旨，也即该交际活动类型形成的目的，比如在议会辩论中达成有关某项政策议案的、经过深思熟虑

1　参见 Frans H. van Eemeren, *Argumentation Theory: A Pragma-Dialectical Perspective*, Switzerland: Springer International Publishing AG, 2018, pp. 111 - 115。

的意见。 规约化交际活动类型，以便形成其制度性要旨的方式，可能是明示的、高度形式化的制度性与规范性规则，比如法律领域中用于裁断的各条规则，也可能是部分隐含的、形式化程度较低的某种松散的规范，比如政治领域中的审议规则，甚至还可能是非正式的一些惯例，比如人际领域中寻求交流的一些习惯做法。 特定交际活动类型的制度性要旨和规约化，决定着在该交际活动类型下进行策略操控的制度性前提条件。 语用论辩学中区分了"主要的"制度性前提条件与"次要的"制度性前提条件；其中，前者通常是官方的、正式的和程序性的，比如在很多议会中，按照规定说话人应该向主席表示要发言，而后者通常是非官方的、非正式的以及实质性的，比如"欧盟困境"，即欧洲议会成员们需要同时促进欧洲共同体的利益和议会成员们所属国家的利益。[1]

1.4　分析层面

论证研究的分析层面，将哲学层面和理论层面同经验层面和实践层面合理地连接起来。 语用论辩学的分析层面，主要涉及的是通过批判性讨论理想模型对论辩性话语进行系统的分析性重构，形成有关该论辩性话语的"分析概览"（analytic overview），并在分析概览的基础上，识别出论证者所选择的论辩轮廓与论辩模式，分析论辩性话语在策略操控三个方面（即潜在论题的选择、受众需求的适应和表达技巧的使用）的策略性设计，以及概括得出体现在分析概览、论辩模式（argumentative pattern）和策略性设计这三大部分的论辩风格。

1　参见 Frans H. van Eemeren，"Argumentative Patterns Viewed from a Pragma-Dialectical Perspective"，in Frans H. van Eemeren，eds.，*Prototypical Argumentative Patterns*，Amsterdam / Philadelphia：John Benjamins Publishing Company，2017，pp. 14 - 15。

1.4.1　分析性重构

对论辩性话语进行重构，首先需要识别其中的论证与立场，也就是辨析话语中是否有被论证的立场以及用于支撑该立场的前提。需要注意的是：在论证实践中，对应于语用论辩学中批判性讨论框架下四个阶段的话语，都属于我们这里所说的"论辩性话语"（argumentative discourse）。换言之，在语用论辩学的框架下，论辩性话语是以合理消除意见分歧为目标的话语，其中包括在论证实践中与批判性讨论四个阶段（冲突—开始—论辩—结论）相对应的所有话语，而并非仅仅对应于其中论辩阶段的话语。

在言语交际中，有不同类型的线索可用于识别论证与立场，而识别用于证成或者反驳某件事的立场，是识别论证的第一步。在识别说话人（包括写作者）是否提出了某种立场方面，范爱默伦和史努克-亨克曼斯列举了一些表达立场的指示词，如"在我看来""我认为""总而言之""我希望我已经表明"等。在识别说话人是否对已提出的某种立场进行论证方面，有时候会有一些诸如"我对此的论证如下"或者"我已经完成了我的辩护"这种明示的表达，但是，在日常交际中，话语的意向性功能并非总是如前所述的那样坦白直接。除明示性的表达之外，说话人或者写作者还会借助一些论证指示词，比如"因此""结果""所以""当然""因为""既然""假如"等。一般来说，论证指示词也是表达立场的指示词，所以，在寻找立场的时候，能够很方便地识别出论证指示词。有时，论证指示词指代的是先前已被陈述过的立场，比如"因为""既然"等，这种指示词被称为"追溯式表达"；也有一些论证指示词，表明后面即将出现的是立场，比如"结果""正因如此""因此"等，这种指示词被称为"渐进式表达"；还有其他一些不是那么明显的论证指示词，比如"一方面……另一方面……""这是……的证据""基于……理由""首先……其次……""由于……的原因""应当""应该""总之""简而言之"等。[1]

除上述言语表达层面的指示词之外，识别立场与论证还可以借助一些语境线索，尤其对于隐含的立场和论证的识别更是如此。 这里的语境线索，可能是话语所处的"语言语境"，也可能是其他语言外语境（extra-linguistic context），如"情景语境""制度性语境"和"互文性语境"等维度的语境信息，以及其他"相关背景信息"。 其中，"语言语境"（或称"微观语境"），指的是话语所处的上下文环境；"情景语境"（或称"中观语境"），指的是话语产生时的周边环境；"制度性语境"（或称"宏观语境"），指的是相关类型的话语所具有的常见的组织方式；"互文性语境"，指的是涉及相同或者类似事项的其他言语交流或者资料等；"相关背景信息"包括一般的背景信息与具体的背景信息，其中，前者指的是原则上可以为某一个交际共同体中的所有成员获得的信息，比如某个社团中所有成员都需遵守的一般规则与规范，而后者指的是只能为某一个交际共同体中的某些人（如专家、亚文化群中的成员、目击者等）所获得的信息，比如内部信息、民族志信息和与论辩性话语相关的专门信息等。[2]

在识别出一段话语属于论辩性话语之后，我们需要理解的是：通常情况下，实际的论辩性话语都是隐含又不完整的、冗长又重复的、间接又充满歧义的或者无序而杂乱的，但是，这些并不意味着实际的论辩性话语不能够用于合理地消除意见分歧，因为从语用学的视角来看，这些现象可能正好就是现实论证实践中论辩性话语的呈现方式。 例如：通过省略或者隐含那些显而易见的部分来实现话语的效率，通过反复强调至关重要的部分来体现话语的清晰性，通过隐藏不礼貌的或者威胁到面子的内容来确保

1　参见 Frans H. van Eemeren and A. Francisca Snoeck Henkemans，*Argumentation：Analysis and Evaluation*，2nd ed.，New York and London：Routledge，2017，pp. 20，32 - 34；笔者的前期研究也涉及论证识别方面的介绍，参见《基于语用论辩学的批判性阅读模式研究》，《外国语文（双月刊）》，2016 年第 1 期。

2　参见 Frans H. van Eemeren and A. Francisca Snoeck Henkemans，*Argumentation：Analysis and Evaluation*，2nd ed.，New York and London：Routledge，2017，pp. 35 - 36。

话语的流畅性，以及通过恰逢其时地处理相关事项来体现话语的自然性，等等。 当然，论辩话语中与消除意见分歧相关的某些必不可少的部分，或者没有被表达出来，或者以冗长啰唆的、隐蔽的、无序的方式出现，可能不仅仅是因为它们显而易见，或者是因为其他值得称道的原因，也有可能是因为粗心、不负责任或者不合理。 无论何种原因，以上这些情况都意味着，为了恰当地处理论辩性话语，需要将话语中所有与合理消除意见分歧相关的元素都明示出来。

采用语用论辩方法对论辩性话语进行重构，需要以批判性讨论理想模型为指导，并运用该理论框架下的各种概念性工具，对话语进行系统的解读。 因此，语用论辩学下的话语重构是分析性的。 论辩性话语的分析性重构，属于论证理论研究项目中的分析层面，处于语用论辩学发展的第四大阶段，即外显化阶段。 需要指出的是：对话语进行"分析"，不同于对其进行单纯的"解读"。 二者之间的差异主要体现在以下四个方面：首先，原则上，"分析"比"解读"更加重点突出，其着重关注话语的某个方面，比如论证方面，而不是报告多少有些主观的、对话语的一般印象；第二，"分析"总是从某个具体的学科角度来进行的，比如语用论辩学对论辩性话语的分析是从论证理论的角度，而不是从心理学、逻辑学、语言学或者历史学的角度来进行；第三，"分析"中所做出的观察都是被置于某个理论视角下的概念与术语框架之中，比如此处语用论辩学的视角，而不是形式论辩学或者古典修辞学的视角；第四，尽管"解读"可以被处理为"只是我个人的解读"，但是"分析"在本质上是与可说明性内在关联的，也就是说，分析者必须能够合理地说明所做出的观察，比如说明为何某个言语行为被认为是所论证的立场，而另一个言语行为则被认为是为某立场进行辩护的理由。

对论辩性话语进行分析性重构还需要满足一些前提条件。 其中，至关重要的一个条件就是：被分析的口头或者书面的话语的确是论辩性的，也就是说，是旨在通过合理的话语交流而在双方之间所进行的，以及是为了检测相关立场的可接受性以便消除双方之间的意见分歧的。 这一点可以通过是否实施了"论证"这一言语行为来进行判断。 另一个前提条件是：运用合理的论辩性话语以合理消除意见分歧的高阶条件[1]没有未得到满足的，比如因为一方的心态使得其缺乏达成任何共识的意愿，或者因为相关情境使得明确表达观点会导致针对论证一方的消极制裁等。还有一些更笼统的前提条件，包括话语相关各方应该对合理消除意见分歧抱持严肃认真的合作态度，以及在讨论过程中应该努力维持一种工作共识，等等。

对论辩性话语进行以合理消除意见分歧为导向的重构，需要执行四种分析性操作，称为"重构转换"，即删除（不考虑无助于合理消除意见分歧的内容）、重排（按照讨论四个阶段的顺序，对属于消除意见分歧的内容进行重新排列）、添加（将与合理消除意见分歧直接相关的，但是被隐含的内容，外显化并增添到论辩结构中）、替换（将与合理消除意见分歧相关的，但是表述不清晰或者有歧义的内容，用清晰的表述进行替换）。

分析性重构会产生有关论辩性话语的一个"分析概览"，其中涵盖了批判性讨论的四个阶段以及话语中与合理消除意见分歧相关的所有论证层面，包括处于意见分歧中的论辩各方所持有的立场、构成论辩起点的程序性与实质性出发点、由论辩各方以明示或隐含的方式提出的各种论证、在构成整个论辩的各个论证中用于证成相应立场的论证型式、各方为维护立场所提出的论辩结构，以及各方所声称的讨论结果。[2] 需要注意的是：对论辩性话语进行充分的分析性重构，需要考虑在批判性讨论各个阶段相对应的话语中，论证者在策略操控三个方面的运用情况，即潜在论题的选择、受众需求的适应和表达技巧的使用；其次，为了避免出现对话语中未明示表达的内容进行过度解读，分析者需要明晰语言使用的各项规则、语

1　范爱默伦和荷罗顿道斯特区分了在应用批判性讨论规则(一阶条件)时,合理的论辩性话语需要满足的二阶条件(涉及讨论中各方所持的态度)与三阶条件(涉及意见分歧的消除所发生的环境)。参见 Frans H. van Eemeren and Rob Grootendorst, "Rationale for a Pragma-Dialectical Perspective", *Argumentation*, vol. 2, no. 2 (May 1988), pp. 271 – 291。

2　参见 Frans H. van Eemeren, *Argumentation Theory：A Pragma-Dialectical Perspective*, Switzerland：Springer International Publishing AG, 2018, pp. 90 – 97。

言呈现的细节，以及内在于相关言语事件中的各种语境限制，换言之，应该可以通过后三个方面对所做出的重构进行验证；此外，重构得到的分析概览，需要尽最大的可能满足经济性、功效性、融贯性、现实性以及理据性等方面的要求。[1]

1.4.2　策略性设计

在实施论证的过程中，原则上，正方都会在论辩性话语所处宏观语境下为其立场提供最强的可能辩护。基于这一假定，我们有必要探讨论辩性话语在执行过程中所运用的策略性理据。充分利用论辩性话语进行论证，就意味着论证者所做出的每一个论辩性语步都会努力确保该语步不仅被认为是合理的，而且在获得目标受众的认同方面也是有效的。由于同时追求合理性和有效性目标会遭遇不可避免的紧张，论证者在做出论辩性语步时总是会不得不进行策略性的操控，以便在保持合理性的同时也能获得有效性。论证者所使用的策略操控会在三个不同而又相互关联的方面，即"潜在论题的选择""受众需求的适应"和"表达技巧的使用"，同时体现在每一个论辩性语步中，而论证者做出的所有论辩性语步，也都可以被认为是以有利于论证者自身的方式来实现论辩合理性和修辞有效性目标的。根据语用论辩学的拓展理论，以合理消除意见分歧为导向的批判性讨论：在冲突阶段的论辩性目标是明晰意见分歧与各方所持立场，而修辞性目标是界定最有利于相关方的意见分歧；在开始阶段的论辩性目标是明确讨论的程序性与实质性的出发点，而修辞性目标是建立最有利于相关方的程序性与实质性的出发点；在论辩阶段的论辩性目标是保证正方对相关立场进行清晰的论证辩护，或者反方对这些立场与论证进行清晰的质疑，而修辞性目标是正方为相关立场建立最佳的论证辩护，或者反方对相

1　参见 Frans H. van Eemeren，"The Pragma-Dialectical Method of Analysis and Evaluation"，in Frans H. van Eemeren，eds.，*Reasonableness and Effectiveness in Argumentative Discourse：Fifty Contributions to the Development of Pragma-Dialectics*，Switzerland：Springer International Publishing AG，2015，pp. 522 – 523。

关立场与论证建立最佳的批判性质疑与攻击；在结论阶段的论辩性目标是明确批判性讨论程序的结果，即正方是否维持其立场或者反方是否维持其质疑，而修辞性目标是以最有利于相关方的方式确定批判性讨论程序的结果，即维护立场或者坚持质疑。[1]

因此，论证者在话语中所执行的各种策略性操控，可以被认为是以最有助于实现其目标的方式而尽可能相互协调在一起的。如果这种协调实现的方式有助于实现论证者所追求的论辩性和修辞性目标的话，相关论辩性语步就可以被认为是一种"论辩策略"（argumentative strategy）。有些论辩策略只适用于消除意见分歧的某个阶段。例如："冲突阶段的策略"，旨在影响在批判性讨论的冲突阶段对意见分歧的界定，比如从可能的争议空间里任意选取有助于自身的立场作为意欲讨论的立场；"开始阶段的策略"，旨在影响在批判性讨论的开始阶段对论辩性交流出发点的选择，比如为了模糊协议区间的界限，以及转移对方注意力，增加不相干的出发点而采用的策略；"论辩阶段的策略"，旨在于论辩阶段创造可以决定意见分歧的消除过程或方向的、用于辩护或反驳的线路，比如采用因果型的实用论证来表明执行某个行动就能最终自动地解决相关问题的策略；"结论阶段的策略"，旨在于结论阶段将确定论辩性交流的结果引向某个特定的方向，比如使对方不得不接受某个讨论结果的策略。还有一些论辩策略是一般性的，旨在通过在整个讨论过程中协调使用各种类似的策略性操控语步来实现论证者意欲达到的、总的论辩性和修辞性目标，这些论辩策略被称为"讨论策略"（discussion strategy），比如在所有讨论阶段都使用"打击对手"的论辩策略，包括在冲突阶段没有真正承认对方对立场的质疑、在开始阶段忽视部分出发点、在论辩阶段诋毁对方的反对意见，以及在结论阶段忽略可能得出的其他偏离意愿的结论等。

在语用论辩学的分析框架下，论辩策略被用于展现论证者在论辩性话

1　参见 Frans H. van Eemeren, *Strategic Maneuvering in Argumentative Discourse*: *Extending the Pragma-Dialectical Theory of Argumentation*, Amsterdam / Philadelphia: John Benjamins Publishing Company, 2010, pp. 22, 43, 45, 93 - 94。

语中所使用的策略性设计，而策略性设计反过来也可以用来解释日常论辩性话语是如何同时追求修辞有效性和论辩合理性目标的。 换言之，论辩性话语中所使用的策略性设计，具体表现在策略操控的三个方面（潜在论题的选择、受众需求的适应和表达技巧的使用）在分析性重构所得到的分析概览中的使用，包括各种论辩策略的使用。[1]

1.5　语用论辩方法与孟子话语的论证刻画研究

孟子所处的战国中期，属于一个被称为"百家争鸣"的时代，其间涌现出各种思想流派，形成诸子百家彼此诘难、互相争鸣的学术盛况。《孟子》文本中以对话（包括孟子与其学生、孟子与其所访游诸侯国的君主，以及孟子与其他学派的士人等进行的直接对话）或者独白（以"孟子曰"开篇）的形式，记录有孟子与他人之间就某些问题所展开的、或明示或隐含的讨论。 在《孟子·滕文公章句下》第9章（6·9）中，公都子就以"外人皆称夫子好辩"为题，直接向他的老师孟子询问外人如此说法的原因，于是，孟子发表了他"不得已"而"辩"的缘由以及所意图达到的目的。 由此看来，6·9实际上就暗示说明，《孟子》文本中必定包含有孟子通过"辩"的方式所意图传达的或者明确表达的观点，以及为其观点所提供的理由。 由于《孟子》文本涉及7篇、14卷、总计260章，[2]而这些章节表面上看起来并不是逻辑编码的，而是采用了一种古典风格的编码方式，也就是说，《孟子》文本中的话语，既没有按照相关事件发生的时间或者空间顺序来排列，也没有按照孟子思想发展的先后排序。 因

1　参见 Frans H. van Eemeren, "Argumentative Style：A Complex Notion", *Argumentation*, vol. 33, no. 2（Jun. 2019）, pp. 161 – 163。

2　关于《孟子》文本，公认的有四个经典版本，其中关于章节总数的统计略有不同。例如：东汉赵岐注、北宋孙奭疏的《孟子注疏》（后收入《十三经注疏》）中总计有259章，南宋朱熹所注《孟子集注》（收入《四书章句集注》）中有260章，清代焦循所注《孟子正义》总计有261章，以及现代杨伯峻译注《孟子译注》为260章。本书中对于《孟子》文本中的章节总数以及编号，均以杨伯峻先生的《孟子译注》为准，即认定《孟子》全书共7篇、14卷、260章。

此，为了更清晰地理解孟子的思想，有必要从这些看似零散的话语中，抽取出孟子为其观点进行论证所提出的相关理由，勾勒出这些理由之间、理由与观点之间的相互关系，以及明晰孟子为其观点进行论证的、话语背后的合理性依据。

本书对孟子话语的论证刻画研究，采用的是语用论辩学的分析框架。虽然《孟子》成书于两千多年前的古代中国，而语用论辩理论创建于 20世纪 70 年代，但是，由于《孟子》文本中孟子的话语属于自然话语且具有论辩性，即其中存在孟子与其明示或隐含反方之间就某立场的意见分歧，围绕意见分歧所提出的论证，以及对反方所持质疑与反对的批判性回应，而语用论辩学所研究的正是日常论辩性话语，以其中的论证识别、重构、分析与评价为目标，并且不会受到论辩性话语所处文化语境与时代的限制。因此，以当代论证研究领域中的语用论辩方法来研究中国古代的论辩性话语，包括孟子的论辩性话语，是可行的。当然，以语用论辩学的理论框架为指导，会遵从语用论辩学的元理论出发点，即外显化、功能化、社会化与论辩化，而这四个元理论出发点也正是本书研究方法论的一部分。换言之，在对孟子话语进行论证刻画研究时，本书不会涉及明示的或者隐含的、论证者所"意图表达的"意思，而只会关注其"明确说出的"话语，或者根据相关背景信息、各种语境知识、逻辑的与语用的推论知识等，"可以推断出来的"未表达前提和未表达的立场等（外显化）；此外，本书所关注的孟子话语也只是与相关意见分歧的消除有关的论辩性话语（功能化、社会化和论辩化）。具体而言，本书将对孟子话语依次进行如下方面的论证刻画：

首先，根据孟子论辩性话语合理性的哲学基础，划分孟子论辩性话语中的论证主题。本书运用语用论辩学标准理论中的"批判性讨论理想模型"，对《孟子》文本中涉及具体意见分歧所展开讨论的话语，分析其中使用了分离策略的那部分话语所处的讨论阶段、论证功能，以及分离前后的"实质"层面与"表象"层面，明晰"形散而神不散"的孟子话语实际上所要传达的内容，即"实质"层面，进而获悉孟子话语背后合理性的哲学基础；然后，依据所得到的合理性哲学基础，将孟子话语中的论证划分为相应的讨论领域和论辩主题。

其次，识别与重构孟子论辩性话语中的论证。 对孟子话语中各主题下的论证进行识别，可以依据明示的论证指示词和隐含的语境线索。 例如：《孟子》文本中的"故""故曰""是故""是以"等词，明确表明其后紧接着的就是说话人就相关事项所持有的立场，而在这些词之前的部分就是用以论证支撑相应立场所提出的理由了。 对于没有明示表达出来的立场和前提，则需要借助包括语境线索在内的语用推理、逻辑推理以及相关背景信息进行重构。 语用论辩学的批判性讨论理想模型，可以用来对孟子的论辩性话语进行启发性与分析性的重构刻画，即根据该模型，将孟子话语中以消除某个意见分歧为目的的论辩性话语，划分为冲突阶段（明确意见分歧）、开始阶段（确定共同出发点）、论辩阶段（明确论证与批评）和结论阶段（确定讨论结果）。 对孟子话语进行分析性重构，会得到孟子及其反方之间就某个意见分歧所展开讨论的分析概览，从中可以明确双方有关某个意见分歧各自所持有的立场，双方就该意见分歧展开讨论之前所认同的共同出发点，孟子为其立场所提出的、或明示或隐含的各条论证，孟子为其立场进行辩护所采用的论证型式与论辩结构，以及双方之间就该意见分歧展开讨论所达成的结果；其中，论证型式与论辩结构能够体现出为相关立场进行论证所提出的各个前提之间以及前提与立场之间的相互关系。

最后，分析孟子论辩性话语中所运用的策略性设计。 本书对孟子论辩性话语的论证刻画，涉及孟子及其反方就"人禽之辩""王霸之辩"和"经权之辩"三大主题所展开的论证，而其中有关每一个主题的论证，又都分别涉及两到三场讨论。 因此，我们会得到有关各场讨论的各个分析概览。 对所得到的分析概览进行充分的论证分析，需要考虑孟子话语中所采取的策略性设计，也就是综合分析论证者在"潜在论题的选择""受众需求的适应"和"表达技巧的使用"三方面所执行的、有助于实现论辩合理性和修辞有效性目标的策略性考虑，进而归纳出论证者在批判性讨论的特定阶段乃至整个讨论过程中所使用的典型的论辩策略。

　　从下一章开始，我们将分别对孟子论辩性话语中合理性的哲学基础、孟子论辩性话语的分析性论证重构以及其中所运用的策略性设计逐一进行探讨。

第 2 章

孟子论辩性话语合理性的哲学基础

2.1　概述

哲学反思对于任何学科都是不可或缺的，因为其关涉到一些基本问题，比如理论化、研究话题的选择、研究的方式，以及研究结果实践化的模式，等等。 对孟子的论辩性话语进行论证刻画研究，首先需要回答的一个哲学问题就是：孟子论辩性话语的合理性依据是什么？ 之所以提出这一问题，是因为在《孟子》全书 7 篇、14 卷、260 章中，记录孟子同一思想的章节并不是按照相关言论产生的时间先后顺序出现的，也不是连续出现的，而是散布在《孟子》文本的不同篇章之中。 尽管有关《孟子》的注疏、注解、译注等数量众多，其中广为人知的就有东汉赵岐和北宋孙奭的《孟子注疏》、南宋朱熹的《孟子集注》、清代焦循的《孟子正义》以及现代杨伯峻的《孟子译注》，而关于孟子其人、孟子的思想以及孟子言论的研究，更是可以用"汗牛充栋"来形容，但是，大多数的注解家和研究者都基本上认定，孟子的思想与论证在义理上是一致的，[1]并且，这种思想与义理上的一致性并没有因《孟子》文本中看似散乱的诗化编码而受到影响，仔细品读，就能发现其中各篇章、各章节之间的内在逻辑联

1　参见陈来：《梁惠王篇》，陈来、王志民主编：《〈孟子〉七篇解读》，齐鲁书社，2018 年，第 9 页。

系。[1] 然而,《孟子》各篇章、各章节之间究竟是如何内在地、逻辑性地联系在一起的,或者说,这些诗化编码的章节背后所共同依赖的合理性依据究竟是什么? 目前虽有一些就《孟子》文本中局部话语所展开的哲学与逻辑学层面的研究探讨,但是,还缺乏从整体上进行系统融贯性的分析,而后者也是自 20 世纪末以来越来越多学者们所达成的共识,即不应"孤立地"而应"整体地"看待古典文本中的词句与篇章。 例如:冯达文在论及早期中国哲学时谈到,中国古代哲学家(包括孟子)虽然习惯于凭借直觉来思考问题,但是,这并不意味着,中国古代哲学的发展和变化就是支离破碎、毫无逻辑关联的;[2] 陈汉生基于其对中国古代语言的研究,提出了"解释的一致性的方法论",他说,"对中国古典的哲学文本中的一段话的解释必须与那一章的解释,以及与一本书的解释具有一致性"[3];新儒家代表人物之一的徐复观先生在论及中国先哲们的习惯表达方式时也谈到,"中国的先哲们……并不曾用心去组成一个理论系统。 ……于是立体的完整生命体的内在关连,常被散在各处,以独立姿态出现的语句形式所遮掩"[4];陈少明也提出,对待中国经典中的概念应"不以范畴为中心……把观念置于具体的背景中去理解",换句话说,对中国经典文本的解释,应该同时考虑观念以及观念所处的语境。[5]

为了回答"孟子论辩性话语的合理性依据是什么",本章将结合传统上从哲学和思想史视角研究得出的孟子主要思想的组成部分,借用语用论辩学标准理论中的"批判性讨论理想模型",分析《孟子》文本中对核心概念的"分离策略"的运用,从而逐步提炼出孟子论辩性话语合理性的哲学基础。

佩雷尔曼及其合作者奥尔布莱茨-泰特卡在《新修辞学》一书中,将

1　参见杨海文:《我善养吾浩然之气:孟子的世界》,齐鲁书社,2017 年,第 126 页。

2　参见冯达文:《早期中国哲学略论》,广东人民出版社,1998 年,小引,第 1 页。

3　参见[美]陈汉生(Chad Hansen):《中国古代的语言和逻辑》,周云之、张清宇、崔清田等译,社会科学文献出版社,1998 年,第 7 页。

4　徐复观:《中国人性论史(先秦篇)》,上海三联书店,2001 年,再版序,第 3 页。

5　陈少明:《经典世界中的人、事、物》,上海三联书店,2008 年,第 26 页;参见陈少明:《"做中国哲学"再思考》,《哲学动态》,2019 年第 9 期。

"分离"（dissociation）定义为一种论证技巧，指的是将一个概念拆分为两个新的概念，并且经过拆分而来的两个新概念总是具有相似的哲学原型，即"表象-实质"两个层级；其中，"表象"层对应的是表面的、首先出现的、实际的、及时的以及直接被获知的部分，而"实质"层提供的是一种标准与规范，可以将"表象"层中有价值的部分与没有价值的部分区分开来。[1] 沿用佩雷尔曼等人对"分离"的概念界定，艾格尼丝·范瑞斯（Agnes van Rees）运用语用论辩理论模型，对"分离"这一论证技巧，从概念界定、适用领域、指示词、在语用论辩理论框架下批判性讨论各个阶段（冲突、开始、论辩和结论阶段）中的运用，以及所体现的不同论证功能，进行了系统的分析与评价。需要注意的是：在论辩性讨论中，分离策略的使用不应被视作一种论证型式，并且，这种策略只适用于单独的术语与概念，而不适用于整个命题或者陈述。[2] 范瑞斯对分离策略的应用研究，可以为本书分析孟子论辩性话语中分离策略的使用提供参考。

为了便于识别语用论辩理论模型下批判性讨论各个阶段在实际论辩性话语中的体现，在涉及《孟子》文本中相关论辩性话语的直接引述中，本书分别采用四种不同的标示方式，对应针对某个意见分歧所进行的批判性讨论四个阶段下的话语，即**加粗**对应冲突阶段下的话语，*斜体*对应开始阶段，<u>下划线</u>对应论辩阶段，而着重号对应结论阶段。

需要说明的是：本书从论证视角对孟子话语进行的刻画研究，包括本章所要探讨的孟子论辩性话语合理性的哲学基础，是以现有文献对孟子思想的研究成果为依托的，而一般认为，孟子思想由三大部分组成，即道德形上学、王道政治学和实践伦理学；因此，本章从"分离"这一论证技巧着手，对孟子论辩性话语合理性的哲学基础进行的考查，将与孟子思想的

1　参见 Chaïm Perelman and Lucie Olbrechts-Tyteca, *The New Rhetoric: A Treatise on Argumentation*, trans. by John Wilkinson and Purcell Weaver, Notre Dame / London: University of Notre Dame Press, 1969, pp. 415 – 416。

2　参见 Agnes van Rees, *Dissociation in Argumentative Discourse: A Pragma-Dialectical Perspective*, Switzerland: Springer International Publishing AG, 2009, pp. 3 – 9。

这三个部分相呼应。

2.2　道德形上学基础：人性善

在"百家争鸣"的春秋战国时代，有关人性的争论持续不断，而对人性的不同看法，也或直接或间接地影响到各家学派对于当时社会的道德与政治生活的主张，构成各家学派不同的学术与政治立场的哲学基础。"人性"甚至被认为是战国时期"公共话语"中的关键术语之一。[1] 儒家学派的"亚圣"孟子所提出的"人性善"主张，在众多学派中尤其突出，被认为是儒家道德形上学的基础。[2]

2.2.1　性善论的来源

关于性善论的来源，傅斯年借用仪征阮元作《性命古训》一书所采用的方法，在其《性命古训辨证》中，对先秦遗文中"性"字进行了统计，分析其含义，最后得出结论：先秦遗文中没有独立的"性"字，只有"生"字，并且"生"字也并没有后人所谓的"性"的含义，而后人所谓"性"字字义，"自《论语》始有之，然犹去'生'字之本义为近。……至孟子，此一新义始充分发展"[3]。徐复观则从思想史的立场，根据"性"字出现的上下文，归纳得出其在不同场景下所表达的内容，然后探索内容中所蕴涵思想的内在关联；他采用文化考古的方法，梳理从殷代直至先秦末期的中国人性论的发展史，认为《尚书·周书》里《召诰》篇"自贻哲命"已显示出"性善说的萌芽"，而由孔子奠定了"中国正统的

1　参见 Benjamin I. Schwartz, *The World of Thought in Ancient China*, Cambridge, Massachusetts and London：The Belknap Press of Harvard University Press, 1985, p. 174。

2　参见萧建华：《论儒家伦理的基本特征——兼与刘清平先生商榷》，郭齐勇主编：《儒家伦理争鸣集——以"亲亲互隐"为中心》，湖北教育出版社，2004 年，第 234 页。

3　参见傅斯年：《性命古训辨证》，上海古籍出版社，2012 年（初版 1940 年），第 9 页。

人性论"的基础。[1] 欧阳祯人也通过对《诗经》"天生烝民，有物有则，民之秉彝，好是懿德"以及《尚书·汤诰》"惟皇上帝，降衷于下民。若有恒性，克绥爵猷惟后"的考证，说明早在孔孟之前已有"性善论"的萌芽。[2]

《论语》中仅有两处出现"性"字：一处是《阳货第十七》中的"性相近也，习相远也"，而结合《雍也第六》中的"人之生也直，罔之生也幸而免"来看，孔子将"直"作为人之常态，将"罔"视为变态，说明孔子这里实际上是从"善"的角度来谈人性相近的；另一处是《公冶长第五》中的"夫子之文章，可得而闻也；夫子之言性与天道，不可得而闻也"，将"性"与"天道"或者"天命"联系在一起，从中也可大致推测孔子所谓的"性"也是善的。尽管如此，孔子从未正面谈及"人性善"。

《孟子·滕文公章句上》第 1 章（5·1）首次明确提及孟子"道性善"。在《孟子·告子章句上》第 6 章（11·6）中，孟子的学生公都子引述了当时流行的四种有关人性的观点：告子的"性无善无不善"论，"性可以为善，也可以为不善"论，"有性善，有性不善"论，以及孟子的"性善"论。

至此，我们至少可以说，"性善"论并非孟子首创，性善论的思想经历了漫长的孕育和发展过程，只是到了孟子这里才被明确地表达出来罢了。

2.2.2　孟子的性善论

除 5·1 和 11·6 之外，在《孟子》文本的其他章节中，孟子对"人性善"的立场有较全面的论证，在本书第 3 章有关人禽之辩的论证刻画中会进行详细讨论，此处仅述及孟子有关人性的立场，并通过孟子有关人性

1　参见徐复观：《中国人性论史（先秦篇）》，上海三联书店，2001 年，第 29、56 页。
2　参见欧阳祯人：《先秦儒家性情思想研究》，武汉大学出版社，2005 年。

论的话语中分离策略的使用，探查孟子"人性善"立场背后的哲学依据。

根据《孟子》文本中的记载，关于人性的问题，孟子与告子之间进行过四场辩论；其中，11·3 和 11·4 以告子对"人性"概念的界定开启二者之间的辩论。告子认为，"生之谓性"（11·3），并且"食色，性也"（11·4），说明告子认为饮食男女（生理层面）就是"人性"的构成部分。在这两章中，孟子针对告子的概念界定，主要采取的是反向论证的方式，即反驳告子的人性定义，说明假如饮食男女就是"人性"概念的内涵，那么"人性"将与"犬之性""牛之性"无异，而这种推论下的结果显然是不可接受的。同时，根据 8·19 中孟子的独白："人之所以异于禽兽者几希"，表明孟子一方面承认人与禽兽之间有相同点，即饮食男女方面的需求，同时又指出，人与禽兽之间有差异，尽管这种差异很小。再从 5·1 和 11·6 两章中有关孟子"性善"观点的表述，可以看出，孟子认为在人性中还存有"善"的一面（道德层面），而这也正是人区别于禽兽的"几希"之处。

　　告子曰："生之谓性。"

　　孟子曰："生之谓性也，犹白之谓白与?"……（11·3）[1]

　　告子曰："食色，性也。……"（11·4）

　　孟子曰："**人之所以异于禽兽者几希**，庶民去之，君子存之。舜明于庶物，察于人伦，由仁义行，非行仁义也。"（8·19）

　　滕文公为世子，将之楚，过宋而见孟子。**孟子道性善**，言必称尧舜。……（5·1）

　　公都子曰："告子曰：'**性无善无不善也**。'或曰：'性可以

1　本书对《孟子》文本中话语的解读，主要参考的是由孟子研究院的七位专家——陈来、王志民、杨海文、王中江、梁涛、孔德立和李存山——对《孟子》七篇的解读，辅以参考杨伯峻先生的相关译注，而对《孟子》文本原文的引述，则以杨伯峻先生的《孟子译注》为蓝本。参见陈来、王志民主编：《〈孟子〉七篇解读》，齐鲁书社，2018 年；杨伯峻译注：《孟子译注（简体字本）》，中华书局，2019 年（第 2 版）。

为善，可以为不善；是故文武兴，则民好善；幽厉兴，则民好
暴。'或曰：'有性善，有性不善；是故以尧为君而有象，以瞽
瞍为父而有舜；以纣为兄之子，且以为君，而有微子启、王子比
干。'今曰'性善'，然则彼皆非与?"

孟子曰："<u>乃若其情，则可以为善矣，乃所谓善也。若夫为</u>
<u>不善，非才之罪也</u>。……"（11·6）

从以上分析可以看出，在孟子看来，"人性"中既包含有与禽兽相同
的"食色"部分，也包含有"异于禽兽"的"几希"部分——"人性
善"，孟子由此将"人性"概念分离为"表象"层（生理层面）与"实
质"层（道德层面）。这里的分离技巧应用于对"人性"的定义，属于
孟子有关人性论证的冲突阶段，即确定意见分歧的阶段，其相对应的话语
均以粗体表示。从孟子的整个思想体系来看，孟子对"人性"概念"表
象"层与"实质"层的分离，旨在凸显的是其中的"实质"层面，即"人
性善"这一道德层面，从而为其哲学思想、伦理思想以及政治思想奠定了
道德形上学的哲学基础。关于本节所使用的"分离策略"以及所处的批
判性讨论阶段，可以参见附录表1-1。

2.3 德行伦理理性的体现：仁义

在8·19中，孟子提及人与禽兽之间的差别很小，并且认为一般人抛
弃了这种差异，而君子却保存了它，接着，以舜为例说明君子是如何保存
"人"异于"禽兽"的这种微小差异的，即"由仁义行，而非行仁
义"。从本章2.2节的分析中，我们知道，"人"异于"禽兽"的这种微小差
异，正是孟子所要强调的"人性善"这一道德层面，再根据8·19句子间
的衔接与连贯性，我们不难推断，君子式的人物舜"由仁义行，而非行仁
义"的做法，正是"人性善"的体现，也就是"仁义"，而"仁义"正是

阐明儒家德行伦理的关键概念。[1]

由于孟子的"仁义"思想是在儒家学派创始人孔子"仁"的思想基础上发展起来的，下面将首先概述记录孔子思想的《论语》中和记录孟子思想的《孟子》中的"仁"与"义"，然后通过分析孟子话语中分离策略的使用，进一步明确孟子思想中"仁义"的内涵。

2.3.1　孔孟的"仁"与"义"

一、孔子的"仁"与"义"

在《论语》20 卷（共计约 11 705 个字）中，"仁"字出现在 16 卷，共计 108 次（不含标题《里仁第四》中的"仁"）。[2]

孔子认为，所有的德行都必须以"仁"为先决条件，并从正反两方面宣扬"仁"的重要性，比如"里仁为美""不仁者，不可以久处约，不可以长处乐""唯仁者能好人，能恶人"（《里仁第四》），"君子笃于亲，则民兴于仁"（《泰伯第八》），"民之于仁也，甚于水火"（《卫灵公第十五》）。

在《八佾第三》中，孔子说："人而不仁，如礼何？ 人而不仁，如乐何？ "从中可以看出：首先，孔子将"仁"置于礼、乐之上，认为一个人只有具备了仁德之心，才能更好地实行礼和乐；其次，由于"仁"即人们内心的道德情感与要求，而礼和乐都是表达人们思想情感的外在表现形式，孔子由此将"仁"这一内在道德情感置于礼乐的外在表现之前，这也就说明，在孔子看来，仁心相较于外在的行为表现更为关键。 此外，在《学而第一》中，孔子将"孝弟"定义为"仁之本"；孔子对祭祀祖先的推崇，其实就是对孝道的宣扬，而孝道正是"仁心"的向外扩张。

孔子还指出多达 15 种"为仁"的做法，可分为四类：

（1）泛泛而谈仁人的做法。例如："弟子入则孝，出则弟，谨而信，泛爱众"（《学而第一》），"先难而后获""己欲立而立人，己欲达而达人。能近取譬，可谓仁之方也已"（《雍也第六》），"居处恭，执事敬，与人忠""刚、毅、木、讷，近仁"（《子路第十三》），"能行五者（恭、宽、信、敏、惠）于天下，为仁矣"（《阳货第十七》），"博学而笃志，切问而近思，仁在其中矣"（《子张第十九》），等等。

（2）根据不同人的个性特征与从业特点，提出有针对性的行仁的方法。例如，在《颜渊第十二》中，孔子就针对不同的学生给出了不同的建议："克己复礼"（颜渊问仁）；"出门如见大宾，使民如承大祭。己所不欲，勿施于人。在邦无怨，在家无怨"（仲弓问仁）；"其言也讱"（司马牛问仁）；"爱人"（樊迟问仁）；等等。此外，当子贡问孔子如何成就仁德时，孔子也以子贡的实际情况告诫他，"工欲善其事，必先利其器。居是邦也，事其大夫之贤者，友其士之仁者"（《卫灵公第十五》）。

（3）针对具体的事例来分析是否有仁德。例如：当子路、子贡等人对于管仲是否有仁德提出疑问时，孔子说，"管仲相桓公，霸诸侯，一匡天下，民到于今受其赐"（《宪问第十四》），因此，管仲是有仁德之人。

（4）孔子也曾指出违背"仁"的做法，比如"巧言令色，鲜矣仁"（《学而第一》）。

徐复观先生谈及孔子在中国文化史上的地位时指出，孔子提出的"仁"概念开辟了内在的人格世界，并且在孔子看来，"仁"即"从血肉、欲望中沉浸下去，发现生命的根源，本是无限深、无限广的一片道德理性"[1]。"仁"之为"道德理性"，奠定了儒学的基础。

《论语》中"义"字总共出现了 24 次，其中，关于"义"或者关于

---

1 徐复观：《中国人性论史（先秦篇）》，上海三联书店，2001 年，第 62 页。

追求"义"的重要性就有 15 处。 总的来看,《论语》中的"义"也可分为四类:

（1） 从正面来谈"守义"的重要性。 例如: 孔子说, "信近于义, 言可复也"（《学而第一》）; "务民之义, 敬鬼神而远之, 可谓知矣"（《雍也第六》）; "主忠信, 徙义, 崇德也""夫达也者, 质直而好义, 察言而观色, 虑以下人"（《颜渊第十二》）; "上好义, 则民莫敢不服"（《子路第十三》）; "见利思义, 见危授命, 久要不忘平生之言, 亦可以为成人矣""义然后取, 人不厌其取"（《宪问第十四》）; "君子义以为质"（《卫灵公第十五》）; "君子有九思: ……见得思义""隐居以求其志, 行义以达其道。 吾闻其语矣, 未见其人也"（《季氏第十六》）。

（2） 从反面来谈"行义"的必要性。 例如: "见义不为, 无勇也"（《为政第二》）; "德之不修, 学之不讲, 闻义不能徙, 不善不能改, 是吾忧也""不义而富且贵, 于我如浮云"（《述而第七》）; "群居终日, 言不及义, 好行小慧, 难矣哉"（《卫灵公第十五》）。

（3） 同时从正、反两方面来谈"义"的重要性。 例如: "君子义以为上。 君子有勇而无义为乱, 小人有勇而无义为盗"（《阳货第十七》）。

（4） 孔子还第一次将"义"与"利"对比使用, 以"义"与"利"的对比来映衬君子与小人的区别, 说"君子喻于义, 小人喻于利"（《里仁第四》）。

然而, 究竟什么是"义"? 《论语》中曾有两次举例, 但是都没有明确说明究竟何为"义"。 例如: 在讲述君子的处事原则时, 孔子说, "君子之于天下也, 无适也, 无莫也, 义之与比"（《里仁第四》）; 在评论春秋时郑国的贤相子产时, 孔子说他有四种行为合乎君子之道, 其中之一就是"其使民也义"（《公冶长第五》）。

尽管《论语》中没有记录孔子对于"义"的明确定义, 但是, 在孔子的孙子子思所作的《中庸》篇第二十章中有明确的记录。 当孔子答复鲁哀公问政时, 孔子说到, "仁者人也, 亲亲为大; 义者宜也, 尊贤为大;

亲亲之杀，尊贤之等，礼所生也"[1]。 其中，将"义"定义为适宜、适当、恰当，并将尊重贤者作为"义"的重要内容，而"礼"就产生于各有差等的"亲亲"与"尊贤"之中。 孔子在这里即已明确了"仁""义""礼"三者之间的关系。 再结合《论语·卫灵公第十五》中孔子所说的"君子义以为质，礼以行之，孙以出之，信以成之"，以及《八佾第三》中的"人而不仁，如礼何？ 人而不仁，如乐何？"从中我们可以看出，孔子将"仁"与"义"视作内在的质实，而将"礼"与"乐"视作其外在的表现形式。[2]

此外，《论语》中还记录有孔子有关"知"（去声，通"智"）的叙述，共计22次，可分为三类：

（1） 直接谈何为"知"的有两处，而且两次都是樊迟向孔子请教怎样才叫作有智慧。 第一次，在《雍也第六》中，孔子告诉樊迟，"务民之义，敬鬼神而远之，可谓知矣"。 第二次，在《颜渊第十二》中，孔子先说善于了解别人就是有智慧，樊迟还不理解，于是，孔子更具体地进行了说明，即提拔正直的人，使其地位在不正直的人之上，能够使不正直的人也正直（"知人。 ……举直错诸枉，能使枉者直"）。

（2） 谈智者的表现，包括孔子明确自述的部分以及孔子默认的部分。 前者比如："可与言而不与之言，失人；不可与言而与之言，失言。 知者不失人，亦不失言"（《卫灵公第十五》），"性相近也，习相远也""唯上智与下愚不移"（《阳货第十七》）。[3] 而关于孔子没有明确表达出来但是已默认的部分，比如在《阳货第十七》中，当阳货劝说孔子出仕时，表面上看，阳货两次都只是自问自答："怀其宝而迷其邦，可谓仁乎？""不可。""好从事而亟失时，可谓知乎？""不

1　参见［宋］朱熹：《四书章句集注》，中华书局，2018年。

2　参见郭齐勇：《有关儒学的自觉自识——兼评对儒学的误会与非议》，郭齐勇主编：《儒家伦理争鸣集——以"亲亲互隐"为中心》，湖北教育出版社，2004年，第433页。

3　根据朱熹的注解，《论语·阳货第十七》中相连的两章"子曰：'性相近也，习相远也'"与"子曰：'唯上智与下愚不移'"是相承继的两章。参见［宋］朱熹：《四书章句集注》，中华书局，2018年。

可。"对于阳货的自问自答，孔子并没有直接给予答复，但是在阳货发出时光一去不复返的感叹之后，孔子回应了阳货请他出仕的要求，这间接表明孔子认同了阳货有关仁与智的看法。

（3）将"知"与"仁"并列使用，凸显二者之间的关系，这说明：一方面，"仁"为主，"知"为辅，比如孔子说"择不处仁，焉得知？"（《里仁第四》），"知及之，仁不能守之，虽得之，必失之"（《卫灵公第十五》）；另一方面，"仁""知"双彰，相辅相成，比如孔子说"仁者安仁，知者利仁"（《里仁第四》），"知者乐水，仁者乐山；知者动，仁者静；知者乐，仁者寿"（《雍也第六》），"知者不惑，仁者不忧，勇者不惧"（《子罕第九》），"好仁不好学，其蔽也愚；好知不好学，其蔽也荡"（《阳货第十七》），等等。

需要指出的是：尽管孔子在"仁"之外，也谈及了"义""礼""知"，但公认的孔子的思想主要是有关"仁"的思想，而其有关"义""礼""知"的叙述，本质上都是为了进一步阐释说明"仁"的。

二、孟子的"仁义"与"仁政"

孟子在继承孔子"仁""义""礼""知（通'智'）"思想的同时，不仅进一步从"人性善"的层面挖掘出孔子仁德思想的道德形上学源头，明确了与仁、义、礼、智相对应的"四端之心"，还扩展出"仁义"合体的伦理思想，以及仁义应用于政治生活的"王道仁政"理想，从而进一步完善了儒学的思想体系，也助推了儒学的后续发展。

在《孟子》7 篇、14 卷、260 章（共计约 34 685 个字）中，"仁"字总计出现 160 处，分布在除第十卷《万章章句下》之外的其余 13 卷、71 章中。从对"仁"或者"仁人"的概念本身，以及对"仁"的实践层面，可分为四类：

（1）孟子单独谈论何为"仁"或者"仁人"的地方大约有 33 章。例如：在 2·3 中，孟子将能够以大国之义来与小国打交道的国君称作"仁君"（"惟仁者为能以大事小，是故汤事葛，文王事昆夷"）；在 2·15 中，孟子以周族祖先太王宁可放弃土地也不愿伤害人民为例，勾勒出了一位"仁人"的鲜活形象；在 3 · 6 中，将恻隐之心视作"仁之端"；在 3 · 7 中，孟子将"仁"界定为上天给予的最尊贵的爵位和人最安逸的居处（"夫仁，天之尊爵也，人之安宅也"），同时还将仁者比作射箭的人，说"仁者如射：射者正己而后发；发而不中，不怨胜己者，反求诸己而已矣"；在 5 · 4 中，孟子以尧舜为例，说明"为天下得人者谓之仁。 是故以天下与人易，为天下得人难"；在 7 · 8 中，孟子对"不仁者"也有界定，即"安其危而利其菑，乐其所以亡者"；在 7 · 10 中，将"仁"比喻为人类最合适的住宅，也就是教导人们要"居仁由义"；在 7 · 27 中，又将"仁"落实为具体的侍奉孝敬双亲；最后，在 14 · 16 中，更是从人生哲学的高度，将"仁"解释为使人成为真正的人，并将追求、实现仁德的过程确立为人人都应当遵行的"道"（"仁也者，人也。 合而言之，道也"）。

（2）从"仁"的实践层面来谈"行仁"和"不行仁"的大约有 16 章。 例如：在 3 · 3 中，孟子区分了两种不同的施行仁德的方式以及需满足的相应条件，即"以力假仁者霸，霸必有大国；以德行仁者王，王不待大"；在 3 · 4 中，直接点明了"行仁"与"不行仁"的后果，即"仁则荣，不仁则辱"；在 7 · 2 中，直接引述孔子的话，从"行仁政"与"不行仁政"的角度将治理国家的途径分为两种（"孔子曰：'道二，仁与不仁而已矣'"）；在 7 · 3 中，孟子从反面来说明不行仁的各种后果，比如"天子不仁，不保四海；诸侯不仁，不保社稷；卿大夫不仁，不保宗庙；士庶人不仁，不保四体"；在 14 · 4 中，孟子将一国之君行仁的好处一语道尽，即"国君好仁，天下无敌焉"。

（3）孟子将孔子的"仁"这一单字概念扩充为"仁义"这一组合词概念。

从前述对《论语》中"仁"与"义"的探讨可以看出，早在孟子之前，孔子已经对"仁"与"知（通'智'）"的关系、"守义"的重要性和"行义"的必要性进行了探讨，又在《中庸》第二十章中（"义者宜也，尊贤为大"），由孔子的孙子子思记录了孔子对"义"的定义，即认为适宜的、恰当的就是"义"的内容。 在孔子那里，"仁"与"义"被认为是内在的质实，而"礼"与"乐"被当作该质实的外在表现形式。孟子在继承孔子的基础上，进一步明确了"仁"与"义"的内涵与外延。在孟子这里，"仁义"组合中的"仁"和"义"都是广义概念；其中，"仁"涵盖的是更加细分的"仁、义、礼、智"中的"仁且智"，而"义"包含的则是其中的"义"与"礼"两个层面。[1] 这一点可以从《孟子》文本中找到依据。例如：在 3·6 和 11·6 中，孟子将"恻隐之心""羞恶之心""辞让之心"和"是非之心"分别界定为"仁之端""义之端""礼之端"和"智之端"，其中的"仁""义""礼""智"都是狭义上的意义；在 13·15 中，又说"亲亲，仁也；敬长，义也"，其中的"仁""义"则是广义上的意义，分别包含了狭义上的"仁"和"智"、"义"和"礼"。在 7·10（"仁，人之安宅也；义，人之正路也"）中，将"仁"比作人类最舒适的住宅，即作为人类容身与生活的场所，又将"义"比作人类最正确的道路，即人类实践需要采取的路径与方法；在 11·11（"仁，人心也；义，人路也"）中，再次从人生哲学的高度谈论"仁"与"义"。由此可见，7·10 和 11·11 中涉及的也都是广义上的"仁"与"义"。在 2·3 中，孟子从处理国与国之间关系的角度将"仁"与"智"并列（"惟仁者为能以大事小，是故汤事葛，文王事昆夷。惟智者为能以小事大，故太王事獯鬻，勾践事吴"）。在 3·2 中，孟子又引用孔子弟子子贡的话（"子贡曰：'学不厌，智也；教不倦，仁也'"），从为师之人在"学"与"教"两方面的做法，再次将"仁"与"智"相提并论。孟子通过"四端之心"分别对"仁""义""礼""智"进行了界定，即"恻隐之心，仁之端也；羞恶之心，义之端也；辞让之心，礼之端也；是非之心，智之端也"（3·6）。因此，2·3 和 3·2 中所谈及的"仁"应属于 3·6 中所谈的"恻隐之心"这一狭义层面上的概念，并且此时的"仁"与"智"是平行并列的两个概念。然而，在 3·7 中，孟子首先引述孔子的话，认为"里仁为美。择不处仁，焉得智？"然后孟子进一步将"仁"上升为天底下最尊贵的爵位以及人最

1　参见杨海文：《我善养吾浩然之气：孟子的世界》，齐鲁书社，2017 年，第 135、137 页。

安逸的住宅的高度（"夫仁，天之尊爵也，人之安宅也"），说明此处孟子所论及的"仁"隶属"智"的上位概念，也就是说，3·7章中的"仁"应被理解为一个广义概念，涵盖了2·3、3·2和3·6中所谈及的狭义层面上的"仁"与"智"的内容。

关于《孟子》文本中"义"这一概念，也应从广义和狭义两个维度来理解。在1·3中，孟子将孝顺父母、敬爱兄长纳入"义"的范畴（"谨庠序之教，申之以孝悌之义"）；在10·3中，认为"贵贵尊贤，其义一也"；在13·15中，再次将尊敬兄长纳入"义"的范畴（"亲亲，仁也；敬长，义也"）。由此可见，1·3、10·3和13·15中的"义"应被理解为一个广义概念，包含有3·6中所阐述的狭义上"礼"的内容。事实上，在《孟子》文本中"义"字共计出现109次，分布在除第三篇《滕文公章句》之外的另外6篇、共计53章中；其中，除了以"仁义"为整体的形式出现，以"礼义"为整体的形式也出现有5次。

"仁义"为整体组合词的形式出现在《孟子》文本的13章中；另有13章中虽然不是以"仁义"连体的形式出现，但是先后谈了了"仁"与"义"，显然是将"仁"和"义"作为并列概念来谈的，比如分别将"恻隐之心"与"羞恶之心"的扩充作为对"仁"和"义"内涵的进一步阐释（14·31"人皆有所不忍，达之于其所忍，仁也；人皆有所不为，达之于其所为，义也"）。

（4）孟子还将"仁"的概念特别应用于国家的社会政治治理层面，提出"仁政"思想。

在《孟子》中，"仁政"为整体的形式出现在5篇、8章中，另有2章以"发政施仁"的形式出现。例如：在1·5中，梁惠王在力陈魏国连年战败受辱的处境后，向孟子寻求一雪前耻的方法，孟子在应对时就第一次提出"仁政"的思想，劝谏梁惠王"施仁政于民"，比如"省刑罚，薄税敛，深耕易耨"，使青壮年在闲暇时能够修习孝悌忠信、礼义廉耻，用以在家时孝敬父母、尊敬兄长，在外时侍奉上级，从而培养出国家的仁义之师，就可以轻而易举地打败敌国的非仁义之师了。在2·5中，孟子从正面列举了周文王发政施仁的具体做法，就是优先照顾鳏、寡、孤、独这四类弱势群体（"文王发政施仁，必先斯四者"）。 在 2·12 中，当邹穆公向孟子抱怨老百姓面对其国家长官们的牺牲而无动于衷时，孟子先将凶年饥岁时老百姓的凄惨境况与国君的优裕生活进行鲜明对比，而长官们漠视老百姓的境遇，然后孟子再以"君行仁政，斯民亲其上，死其长矣"来劝谏邹穆公，孟子在此处采取的是先反后正的论证方法。 从 5·3（"子之君将行仁政，选择而使子，子必勉之！"）和 5·4（"远方之人闻君行仁政，愿受一廛而为氓"）中，我们可以看到，孟子的"仁政"思想在滕文公这里获得了一次实实在在的实践机会。 在 7·1 中，孟子从正面直接点明尧舜得以治理好天下的原因正在于其施行仁政（"尧舜之道，不以仁政，不能平治天下"）。 最后，在 7·14 中，在叙述孔子强烈谴责其弟子冉求以增加老百姓赋税的方式为季氏聚敛财富的事例后，孟子再次从反面论证说明了"君不行仁政而富之，皆弃于孔子者也"。

从以上诸例中不难看出，孟子"仁政"思想的本质是与民同乐、与民同享的"民本"思想。 "民本"思想萌芽于殷商至西周时期，发展于春秋时期。[1] 孔子在《论语·为政第二》中首先提出"为政以德"的思想，在孔子那里，"仁"是德的核心；因此，"为政以德"其实就包含了"为政以仁"的思想。[2] 到战国时期，孟子在孔子"仁"和"为政以德"思想的基础上，首次明确提出了"仁政"思想。

2.3.2　孟子的仁义观

下面将从论证的角度，通过对《孟子》文本相关章节中分离策略的使用分析，在本章 2.2 节所探讨的孟子论辩性话语合理性的源头，即"人性善"的基础上，进一步探讨该合理性源头是如何体现为"仁义"的。

在 3·3 中，根据国王为仁的动机，孟子首先将"为仁"分离为"以

1　根据近年来考古的新发现,最迟到西周,古代中国社会就已经发展有成熟的"重民"思想,而周人的保民观念甚至可以追溯到商代。参见陈民镇:《"清华简"又新披露了哪些重要文献》,《中华读书报》,2018 年 11 月 19 日。

2　参见游唤民:《先秦民本思想》,湖南师范大学出版社,1991 年,第 81 页。

力假仁"（"表象"层）与"以德行仁"（"实质"层），从而区分了"霸"与"王"以及相应的"霸道"与"王道"。 对"霸（道）"与"王（道）"的区分，起到为孟子及其潜在受众（包括与孟子交谈过的各位王公，如梁惠王、齐宣王、滕文公等）之间的讨论建立共同出发点的作用，属于批判性讨论的开始阶段，因而相应的话语以斜体表示。

同样在3·3中，孟子在"霸""王"之分这一共同出发点的基础上，进一步将"人民的服从"分离为"因武力而被迫服从"（"表象"层）与"因德政而主动归服"（"实质"层），并通过引用《诗经》以及孔子的七十个弟子对孔子的真心诚服，表明孟子意在凸显的是两次分离策略使用下的"实质"层面，从而间接论证其潜在的有关王道的立场，即当真正的国王依靠道德来推行仁政的时候，人民才会心悦诚服地归服于他。显然，此处第二次分离策略的使用属于论辩阶段，用下划线来表示。 在3·3中，无论是处于开始阶段的分离策略的使用（对"为仁"的分离），还是处于论辩阶段的分离策略的使用（对"人民的服从"的分离），孟子所要强调的都是分离后的"实质"层面，也就是仁义道德实践下的王道与人民的主动归服。

> 孟子曰："以力假仁者霸，霸必有大国；以德行仁者王，王不待大——汤以七十里，文王以百里。以力服人者，非心服也，力不赡也；以德服人者，中心悦而诚服也，如七十子之服孔子也。《诗》云：'自西自东，自南自北，无思不服。'此之谓也。"（3·3）

2·8中也有围绕着"仁义"并与王道相关的分离策略的使用。 齐宣王首先通过提问孟子的方式，在其与孟子之间设定了一个共同出发点，即认可"汤放桀，武王伐纣"的历史事实（开始阶段，斜体表示），然后齐宣王在此共识的基础上继续发问：难道臣可以不道德地杀掉他的君主吗？由此，齐宣王与孟子之间形成了一个潜在的意见分歧，即臣子是否可以杀掉君主（冲突阶段，粗体表示）。 面对齐宣王的疑问，孟子巧妙地将

"杀死君主"分离为"谋杀一个统治者"（"表象"层）与"诛杀违背仁义道德的残暴之人"（"实质"层），从而反驳了齐宣王所认为的商汤放逐夏桀与周武王讨伐商纣王为"弑君"的说法。此处分离策略对应的话语属于论辩阶段，用下划线表示。需要说明的是：在这里齐宣王和孟子都似乎赋予"弑君"这一说辞以伦理色彩，将"弑君"视为政治伦理上的罪名，[1]同时也赋予"诛杀"以惩罚之意。本例中，孟子依然以仁义道德为依据，说明杀死一位君主可能涉及的两种情况，即一般意义上的"谋杀"与作为惩罚的"诛杀"。

> 齐宣王问曰："汤放桀，武王伐纣，有诸？"
> 孟子对曰："于传有之。"
> 曰："**臣弑其君，可乎？**"
> 曰："贼仁者谓之'贼'，贼义者谓之'残'。残贼之人谓之'一夫'。闻诛一夫纣矣，未闻弑君也。"（2·8）

在 2·3 和 2·5 中，孟子与齐宣王进行了两次交谈，其中也涉及孟子对分离策略的使用。2·3 以齐宣王向孟子请教如何跟邻国打交道的问题开始。在回答齐宣王的问题时，孟子首先很肯定地告诉齐宣王，的确有跟邻国打交道的正确方法，并且以"汤事葛""文王事昆夷"为例，说明仁德的国君是如何以大国的身份跟小国打交道的，又以"太王事獯鬻""勾践事吴"为例，说明有智慧的国君是如何以小国的身份跟大国打交道的；接着，孟子又以大国与小国之间相互打交道的方式，引出乐于接受天命安排的国君与敬畏天命安排的国君之间的区别，并最终将交邻国有道与无道的问题上升到"保天下""保其国"的问题。由此看来，孟子针对齐宣王如何跟邻国打交道这一问题的回答，始终是围绕仁智、王天下之道来展开的，而齐宣王听了孟子这番交邻国之道的阔论后，首先对孟子的说辞表示认可，说你讲得太好了。这就表明，齐宣王与孟子对于以仁与智

1　参见陈来：《梁惠王篇》，陈来、王志民主编：《〈孟子〉七篇解读》，齐鲁书社，2018 年，第 90 页。

的态度处理邻国关系，以及对于相应所产生的"乐天"与"畏天"、"保天下"与"保其国"等表示认可；因此，这部分构成了 2·3 中批判性讨论的实质性出发点，用斜体表示。

接下来，很有趣的是，齐宣王直言不讳地说，我有个毛病，恐怕做不到好仁好智，因为我"好勇"。 由此，表明齐宣王与孟子之间的一个潜在意见分歧，即好勇之人是否能够做到好仁好智。 齐宣王的自我坦白，属于其与孟子之间所展开的批判性讨论的冲突阶段，用粗体表示。

后面孟子针对齐宣王的坦白，首先承认齐宣王的"好勇"并非就是错误的，但同时也提醒齐宣王不要只好"小勇"，而要好"大勇"，并以只能对付一人的匹夫之勇为例说明何为"小勇"，而以《诗经》中周文王一发怒而使天下的百姓得到安定，以及《尚书》中周武王一发怒而讨伐横行无道的商纣王，从而也使天下的百姓得到安宁为例，说明何为"大勇"，而周文王与周武王都是儒家以及当时社会普遍公认的大仁大智的国君。由此，我们可以看到，针对齐宣王与孟子之间的潜在意见分歧——好勇之人能否成为好仁好智之人，孟子在论证过程中，再次巧妙地将"好勇"分离为"好小勇"（"表象"层）与"好大勇"（"实质"层），并显然倾向于其中的"实质"层面。 这部分属于论辩阶段，用下划线表示。

最后，孟子明确提出其立场，即齐宣王"好勇"并不为错，而关键在于国君应该像周文王与周武王那样喜好"大勇"，因为如果齐宣王能够一怒而使天下百姓都能获得安宁生活的话，那么老百姓将唯恐齐宣王不好勇。 所以，最后一句话正是孟子与齐宣王之间就前述意见分歧进行批判性讨论之后所得到的结果，属于结论阶段，用着重号表示。

> 齐宣王问曰："交邻国有道乎？"
> 孟子对曰："有。惟仁者为能以大事小，……"
> **王曰："大哉言矣！寡人有疾，寡人好勇。"**
> 对曰："王请无好小勇。夫抚剑疾视曰：'彼恶敢当我哉！'
> 此匹夫之勇，敌一人者也。王请大之！
> "《诗》云：'王赫斯怒，爰整其旅，以遏徂莒，以笃周祜，

以对于天下。'此文王之勇也。文王一怒而安天下之民。

　　"《书》曰:'天降下民,作之君,作之师,惟曰其助上帝宠之。四方有罪无罪惟我在,天下曷敢有越厥志?'一人衡行于天下,武王耻之。此武王之勇也。而武王亦一怒而安天下之民。今王亦一怒而安天下之民,民惟恐王之不好勇也。"(2·3)

　　2·5 是孟子与齐宣王之间的又一次交谈,这次交谈仍然以齐宣王的提问开始。 齐宣王问孟子,有人建议我把齐国境内本用于周天子盟会的一处明堂毁掉,我是应该毁掉它,还是保存它呢? 针对这一问题,孟子首先提出,明堂是供周天子使用的王者之堂,根据周朝的礼制,的确不是一般诸侯应该使用的,但同时指出,如果齐宣王想要施行王道仁政的话,那就不用毁掉明堂了。 齐宣王对王道仁政显然感兴趣,要求孟子讲给他听。 于是,孟子以周文王治理周族发祥之地岐山时所采取的一系列政策为例,比如针对耕田的人、做官的人、做生意的人、捕鱼的人,以及犯罪的人,各自采取不同的税收、俸禄等处理措施,而鳏、寡、孤、独四类天下最贫穷、最没有依靠的人,也是文王发政施仁时最先照顾的一群人,并引用《诗经》来总结其关于王道仁政的见解。 齐宣王对孟子王道仁政的讲述再次明确表示赞美,说讲得真好啊。 到这里为止的话语,都属于孟子与齐宣王之间即将展开的批判性讨论的开始阶段,用斜体表示。

　　接下来,孟子对齐宣王进行了引导,说大王您既然觉得王道仁政好,那么为什么不去施行呢? 而齐宣王也很耿直地回答,我有个毛病,我喜欢财物("好货")。 由此表明二者之间批判性讨论所围绕的意见分歧,即喜欢财物的国君是否能够施行王道仁政。 孟子与齐宣王在此处的一问一答,属于冲突阶段,用粗体表示。

　　针对齐宣王提及的喜欢财物这一点,孟子没有立即否定,而是先以周朝创业的始祖公刘为例,通过《诗经·大雅》中《公刘篇》里的描述,说明公刘同样喜欢财物,同时说明公刘是如何与他的人民一起享用财物的。 显然,孟子这里间接地将"喜欢财物"分离为"为了私人利益而喜欢财物"("表象"层)与"为了人民大众的利益而喜欢财物"("实质"

层），而其对周朝先祖公刘喜欢财物的举例，也表明孟子侧重的显然是这里的"实质"层。这部分话语属于论辩阶段，用下划线表示。

举例论证之后，孟子明确提出其立场，即如果齐宣王想要称王天下，就应该将自己对财物的喜爱与老百姓共享，让老百姓也同样拥有财物。所以，这里属于孟子与齐宣王就喜欢财物是否可以施行王道仁政这一意见分歧进行批判性讨论的结论阶段，用着重号表示。

有趣的是，齐宣王并未就此罢休，而是提出了他的另一个毛病，即他喜好女色（"好色"）。这也是齐宣王与孟子之间又一个隐含的意见分歧，即喜好女色的君王是否能够施行王道仁政。由此，开启了二者之间的另一场讨论。孟子对这第二个意见分歧的论辩路径与其处理前一个意见分歧类似，即首先举例论证，然后直接提出其立场。这次孟子以周太王古公亶父为例，引述了《诗经·大雅·绵》中记载古公亶父如何宠爱他的妃子，同时让宫里没有找不着丈夫的老处女，而宫外也没有找不着妻子的单身汉。由此，孟子再一次直接表明其立场，即如果齐宣王想要施行仁政统一天下，就应该在自己喜好女色的同时，也能让老百姓都能有妻子、有丈夫。在这里，孟子也是将"喜好女色"间接地分离为"只是个人层面的喜好女色"（"表象"层）与"扩展到百姓层面的喜好女色"（"实质"层）。此处分离策略的使用，也属于第二场批判性讨论的论辩阶段（下划线）。

> 齐宣王问曰："人皆谓我毁明堂，毁诸，已乎？"
> 孟子对曰："夫明堂者，王者之堂也。王欲行王政，则勿毁之矣。"
> 王曰："王政可得闻与？"
> 对曰："昔者文王之治岐也，耕者九一，仕者世禄，关市讥而不征，泽梁无禁，罪人不孥。老而无妻曰鳏，老而无夫曰寡，老而无子曰独，幼而无父曰孤。此四者，天下之穷民而无告者。文王发政施仁，必先斯四者。《诗》云：'哿矣富人，哀此茕独。'"

王曰："善哉言乎！"

曰："**王如善之，则何为不行？**"

王曰："**寡人有疾，寡人好货。**"

对曰："昔者公刘好货，《诗》云：'乃积乃仓，乃裹餱粮，于橐于囊。思戢用光。弓矢斯张，干戈戚扬，爰方启行。'故居者有积仓，行者有裹囊也，然后可以爰方启行。王如好货，与百姓同之，于王何有？"

王曰："**寡人有疾，寡人好色。**"

对曰："昔者太王好色，爱厥妃。《诗》云：'古公亶父，来朝走马，率西水浒，至于岐下，爰及姜女，聿来胥宇。'当是时也，内无怨女，外无旷夫。王如好色，与百姓同之，于王何有？"（2·5）

从上述孟子多次使用的分离策略各例中，比如将"为仁"分离为"以力假仁"（"表象"层）与"以德行仁"（"实质"层）（3·3，开始阶段，斜体部分），将"人民的服从"分离为"因武力而被迫服从"（"表象"层）与"因德政而主动归服"（"实质"层）（3·3，论辩阶段，下划线部分），将"杀死君主"分离为"谋杀一个统治者"（"表象"层）与"诛杀违背仁义道德的残暴之人"（"实质"层）（2·8，论辩阶段，下划线部分），将"好勇"分离为"好小勇"（"表象"层）与"好大勇"（"实质"层）（2·3，论辩阶段，下划线部分），将"喜欢财物（好货）"分离为"为了私人利益而喜欢财物"（"表象"层）与"为了人民大众的利益而喜欢财物"（"实质"层）（2·5，论辩阶段，下划线部分），以及将"喜好女色（好色）"间接地分离为"只是个人层面的喜好女色"（"表象"层）与"扩展到百姓层面的喜好女色"（"实质"层）（2·5，论辩阶段，下划线部分），我们可以看到，孟子的侧重点始终放在原概念被分离后的"实质"层面上，而这些"实质"层都能被归结为孟子自始至终所贯彻主张的以"仁义"为核心的"王道仁政"思想。其中，"仁"在孟子的王道政治学中，即指君主应该爱人，也就是爱护天下的老百姓，而"义"者，宜也，也就是在"仁"的指导思想下应该去做的事情，包括上述以德政的方式让人归服、因为广大人民的利益而喜好财物，以及顾及老百姓幸福生活的喜好女色，等等。换言之，孟子的"王道仁政"思想与其以民为本、与民同乐的"民本"主张是一脉相承的。

2.4　实践伦理理性的体现：经权相济下的执中

2.3 节我们讨论的是孟子发展并扩充了孔子"仁"的儒家德行伦理，提出"仁义"组合概念并将其作为王道政治理念（即"仁政"）的指导原则。无论是作为儒家学派创始人的孔子，还是志于学孔子并进一步发展完善孔子思想的孟子，在宣扬儒家道德理想主义，即孔子"仁德"思想以及被孟子构建为儒家道德形上学的"性善论"与"仁义道德理想"的同时，都并非只是一味地宣扬纯粹"乌托邦式的"理想与空想，而是同时关注到了现实，并试图"将理想照进现实"。这就是孔孟"执中"原则下的"经权观"。

2.4.1　孔孟"执中"原则下的经权观

一、孔孟何以"将理想照进现实"

《论语》中所记载的孔子谈"仁"，既有广而大的一般描述，例如："弟子入则孝，出则弟，谨而信，泛爱众，而亲仁"（《学而第一》），"夫仁者，己欲立而立人，己欲达而达人。能近取譬，可谓仁之方也已"（《雍也第六》），"刚、毅、木、讷，近仁"（《子路第十三》），等等；也有针对不同人的现实情况而给出有关"何为仁"的答案，例如：当德行最受孔子器重的弟子颜渊"问仁"时，孔子以"克己复礼为仁"（《颜渊第十二》）这一更高层次的要求对其加以勉励，但当德行尚可但远不及颜渊的仲弓（即冉雍）"问仁"时，孔子针对其德行有待完善的地方，并结合其实际情况，给出的答案是"出门如见大宾，使民如承大祭。己所不欲，勿施于人。在邦无怨，在家无怨"（《颜渊第十二》）等具体场合下的仁德做法，而当平时话多并且急躁的司马牛"问仁"时，孔子给出的答案则为"仁者，其言也讱"（《颜渊第十二》），也就是做到言语迟钝就接近仁了。此外，孔子周游列国的目的，也正是为了说服春秋时期各国诸侯接受其仁德思想并用于治国理政的实践之中。

晚于孔子一百多年的儒学"亚圣"孟子，在继承发扬孔子"仁德"思想的同时，进一步将其拓展为"仁义道德"的思想。跟孔子一样，孟子周游于战国时期各国之间，也是旨在说服各诸侯国的国君们接受其仁义道德的思想，并付诸实际的国政治理之中，这就是孟子王道政治学的核心理念"王道仁政"。在与各诸侯国的国君们打交道的过程中，孟子更是利用其"知言""好辩"且"善辩"的特点，身体力行，为"理想照进现实"树立了典范，提供了具体可操作的、理据与策略兼备的论证路径。

本章2.3节中所提及的《孟子》文本2·3与2·5中引述有孟子与齐宣王的两次谈话。这两次谈话有一些共同特点，比如二者都是以齐宣王的询问开始，而孟子在回答齐宣王的问询过程中都成功地将话题转向其所力主倡导的"王道仁政"理念，然后在齐宣王直言不讳地言明自身缺点，如"好勇""好货""好色"以暗示其有打退堂鼓的念头时，孟子总能一方面顾及齐宣王首先作为一介凡人的个人感受（即策略性地迎合受众需求），另一方面又能提醒齐宣王作为一国之君应秉持的王道仁政理念（即策略性地选择潜在论题）。

在2·3中，齐宣王认同孟子所说的与邻国打交道的方法，毫不掩饰地夸赞孟子的言论，说您讲得太好了。根据本书第1章所介绍的语用论辩研究方法中的"外显化"原则，齐宣王明确表达出其对孟子言论的认可，表明他与孟子在接下来的讨论中拥有共同的出发点，即二者都认为以仁智的态度与邻国打交道是有助于保国、保天下的。然而，针对接下来齐宣王提出其有"好勇"的毛病，暗示"好勇"的国君很难按照孟子所说的以仁德智慧的方式跟邻国打交道，孟子并没有直截了当地否定齐宣王的

"好勇"，而是循循善诱，在承认"好勇"并非全是坏事这一大前提下，巧妙地将"好勇"分离为"好小勇"与"好大勇"，并通过引用双方都认可的周文王与周武王的例子（双方之间又一实质性出发点），间接论证支撑了孟子所要表达的立场，即"好大勇"的君主就能以仁德智慧的方式与邻国打交道。在《孟子》文本 2·5 中，针对齐宣王提及自身"好货"与"好色"的毛病，以暗示其很难实现孟子所称道的王道仁政时，孟子同样采用了类似的论证思路和"分离"的论证技巧。《孟子》2·3 和 2·5 中所运用的分离策略，表明孟子在向齐宣王推行其理想中的仁政王道理念时，并非以简单粗暴的方式强力推销与强行灌输，而是充分考虑到当时齐宣王的实际情况，在不引起对方反感并尽量获得对方进一步倾听意愿的基础上（即策略性地迎合受众需求），以循循善诱、"润物细无声"的方式，逐步导向孟子始终秉持的王道仁政的立场（即策略性地选择潜在论题），从而以论辩合理且修辞有效的方式将"理想照进现实"。

以上只是说明，无论是孔子的"仁德"思想，还是孟子以"仁义"为核心的"王道仁政"思想，都并非只是停留在理想层面的"空中楼阁"，而是被孔子和孟子从一开始就设定为可以并且应该服务于社会实践的救世良方。也就是说，孔子和孟子都有意识地将理想信念贯彻到现实的社会生活中去，并且将这种实践应用当作其思想创立的终极目标与指导方针。下面，就将探讨孔孟针对该指导方针所提出的具体实践路径。

二、孔孟的"中庸"与"经权"思想

在《论语·雍也第六》中，孔子首次提出"中庸"的概念（"中庸之为德也，其至矣乎"），并将其作为最高的道德标准。在《先进第十一》中，子贡问孔子，颛孙师（子张）和卜商（子夏）谁更强呢？孔子回答，师呀，有点过分，而商呢，又有点赶不上，然后提出"过犹不及"的观点，也就是"过分"和"赶不上"一样不好，这体现出孔子反对走极端的思想。在《尧曰第二十》中，记录有尧对舜的告诫"允执其中"，再次表明孔子及其弟子对"执中"思想的推崇。孔子的"中庸"思想也体现在滥觞于孔子的"儒家经权论"中。在《子罕第九》中，孔子说：

"可与共学，未可与适道；可与适道，未可与立；可与立，未可与权。"在这里，孔子首次提出了"经（道）"与"权"的问题。儒家所谓的"经"，就是"为人处世应选择与遵循的根本的义理或道德原则"[1]，也即发端于孔子的"仁"、形成于孟子的"仁义"。[2] 所谓"权"，则指道德原则依据实际情况所发生的通权达变。

如何看待"经"与"权"之间的关系，这一点也多次体现在《论语》所记载的孔子言行中。例如：在《子罕第九》中，说孔子没有以下四种毛病，即"毋意，毋必，毋固，毋我"，表明孔子处事执中的态度；《微子第十八》在列举了"不降其志，不辱其身"的伯夷和叔齐、"降志辱身"的柳下惠和少连，以及"身中清，废中权"的虞仲和夷逸这三类或一味"守经"、或一味"行权"的做法之后，孔子明确说明"我则异于是，无可无不可"，表明其不会像前述三类人一样走极端。在《里仁第四》中，孔子说："君子之于天下也，无适也，无莫也，义之与比"，也就是说，君子对于天下事的处理方式，主要是看哪种方式更合理恰当，即依据是否合乎义的标准来进行，这就进一步阐释了孔子所谓"无可无不可"（《微子第十八》）的权变态度中，实则隐含着"守义"这一基本原则，也就是"经"。在《宪问第十四》中，孔子说："义然后取，人不厌其取"，再次强调了其执中行权的标准在于"义"。在谈及个人是否应该履行普遍的社会责任时，孔子说："危邦不入，乱邦不居。天下有道则见，无道则隐"（《泰伯第八》），一方面体现了孔子对于实现"道"这一"经"的追求，另一方面也强调了对于是否有实现"道"的实际社会状况，即"权"的考量。同样，在处理君臣关系上，孔子说："所谓大臣者，以道事君，不可则止"（《先进第十一》），体现了孔子对于"臣事君"这一忠君之"礼"的"经"，应根据所处的特定境况进行灵活对待的权变态度。以上说明，在孔子这里，就已经体现出儒家"经权相济"的

1　参见徐嘉：《论儒家"经权相济"的道德模式》，郭齐勇主编：《儒家伦理争鸣集——以"亲亲互隐"为中心》，湖北教育出版社，2004 年，第 589 页。

2　参见马育良：《仁、义与孔孟的经权思想》，《安徽师范大学学报（人文社科版）》，2000 年第 4 期。

实践伦理学思想。

此外，孔子"经权相济"的思想还可以从他对待管仲其人其事的态度中窥见一斑。 在《八佾第三》中，孔子直言管仲器量褊狭、生活奢侈并且僭越礼制，并相应给出各种事例辅以说明其对管仲为人处事方面极其负面的评价。 然而，在《宪问第十四》中，子路和子贡谈及，齐桓公（公子小白）成为国君后杀掉了昔日与其争夺王位的公子纠，跟随公子纠的召忽自杀以殉身，但同样跟随公子纠的管仲却没有为公子纠殉身，反而转身投靠了齐桓公，当了齐桓公的宰相；因此，子路和子贡二人都认为管仲不是仁德之人。 孔子针对两位得意门生的说辞，从大处着眼，认为管仲辅佐齐桓公多次主持诸侯间的盟会，消弭了战争，使天下一切都得到了匡正，从而让天下老百姓都感受到他的好处，这正是因为管仲拥有仁德而带来的好处。 不止于此，孔子还继续反问："岂若匹夫匹妇之为谅也，自经于沟渎而莫之知也？"这表明，在对待管仲的问题上，孔子一方面既能看到管仲在个人生活方面的不足，也能看到他在辅助齐桓公治国理政方面的贡献，并且分别给予了不偏不倚的中正评价。 但是，另一方面，在孔子看来，管仲在"相桓公，霸诸侯，一匡天下"，从而使得天下老百姓都受益这方面的仁德行为，显然远远重于他在私生活方面对小节小信的违背。 这正是孔子"经权观"的体现，即"经主权从""经权相济"的儒家实践伦理思想。

孔子的孙子子思，名孔伋（约公元前 483—402 年），担心道学失传而作《中庸》，其中对孔子的"中庸"思想进行了更精细的阐发。 "中庸"思想源自《尚书·虞书·大禹谟》中的"允执厥中"（"人心惟危，道心惟微，惟精惟一，允执厥中"），即坚持一条不偏不倚的正确路线。[1]

志在学孔子且受业于子思之门人的孟子（约公元前 372—289 年），继承了孔子的"中庸"与"经权观"，并且在孔子的基础上又有进一步的阐发。 例如：在《孟子》8·20 中，孟子明确提及"汤执中"，并以商

---

[1]　参见［宋］朱熹：《四书章句集注》，中华书局，2018 年。

汤、周文王、周武王和周公为例，表明其认同儒家所尊崇的这些先贤们的"执中"思想；在 14·37 中，孟子引述了孔子在陈国时找不到立于中道的人交往，因而思念鲁国那些志向高远、进取而不忘本的"狂者"，以及拘谨自守、有所不为的"狷者"，这也间接地表明孟子对处于"狂者"与"狷者"之间的"中道"之人的认同。

> 孟子曰："禹恶旨酒而好善言。汤**执中**，立贤无方。文王视民如伤，望道而未之见。武王不泄迩，不忘远。周公思兼三王，以施四事；其有不合者，仰而思之，夜以继日；幸而得之，坐以待旦。"（8·20）
>
> 万章问曰："孔子在陈曰：'盍归乎来！吾党之小子狂简，进取，不忘其初。'孔子在陈，何思鲁之狂士？"
>
> 孟子曰："孔子'不得中道而与之，必也狂狷乎！狂者进取，狷者有所不为也'。孔子岂不欲中道哉？不可必得，故思其次也。"（14·37）

此外，孟子不仅明确表明其认同"执中""中道"的实践观，同时还阐明这是"守经"基础上的"执中"。在 13·41 中，公孙丑感慨说，儒家之道真是高啊，美啊，就像登天一样，似乎不可企及，紧接着，他话锋一转，问他的老师孟子，为什么不让它变得有可能达到，从而让普通人都能每天去努力追求呢？公孙丑的言外之意就是，儒家之道美则美矣，如果能降低一点标准，就更能让普通人都能企及了。对此，孟子分别以高明的工匠和射手为例，说高明的工匠不会因为笨拙的工人而改变或者废弃绳墨规矩，像后羿这样高明的射手，也不会因拙劣的射手而改变开弓张弛的正确程度，然后直接点明，遵循儒家之道的君子的做法，那就是立于中道，有能力的人就跟随他。孟子在这里旨在表明，保持不偏不倚的中正之道，需要在保持儒家之道这一原则性的基础上进行，也就是"守经"基础上的"执中"。在 5·1 中，孟子第一次直接提出"性善"，并且指出"夫道一而已矣"，说明孟子所谓的"儒家之道"就是基于儒家道德形上

学的依据，即"人性善"基础上的"仁义道德"（对此的相关论证见本书
第 3 章）。

公孙丑曰："道则高矣，美矣，宜若登天然，似不可及也；
何不使彼为可几及而日孳孳也?"

孟子曰："大匠不为拙工改废绳墨，羿不为拙射变其彀率。
君子引而不发，跃如也。**中道**而立，能者从之。"（13·41）

然而，"守经"基础上的"执中"，并不意味着不知变通地死守儒家
仁义之道。 在《孟子》文本 13·26 中，孟子更加明确了孔子的"经权
观"，即"经主权从""经权相济"的儒家实践伦理思想。 其中，孟子
分别以杨朱和墨子为例，说杨朱为己，以至于拔自己的一根汗毛而有利于
天下人的事都不肯做，而墨子讲求兼爱，可以为了利于天下人而牺牲自
己的一切。 杨朱和墨子显然分别代表的是"利己"与"利他"这两个极
端，然后孟子以鲁国贤人子莫为例，说明"执中"的做法才是儒家的"中
道"。 与此同时，孟子也强调，如果只是坚持中道而没有具体情况下的
权宜和灵活性的话，那么"执中"也跟"执一"一样，就不是儒家真正的
"中道"。

孟子曰："杨子取为我，拔一毛而利天下，不为也。墨子兼
爱，摩顶放踵利天下，为之。子莫执中。执中为近之。执中无
权，犹执一也。所恶执一者，为其贼道也，举一而废百也。"
（13·26）

至此，在《尚书》的"允执厥中"、孔子和子思的"中庸"思想及其
初步的"经权观"的基础上，孟子进一步明确并完善了儒家中道的实践伦
理学路径，即"守经"与"权变"基础上的"执中"，或称为"经权相济
下的执中"。 这一儒家实践伦理学的思想，也体现在《孟子》文本中孟
子的论辩性话语中。 下面我们将继续结合语用论辩学的"批判性讨论理

想模型"，分析孟子论辩性话语中"分离策略"的使用，以便进一步揭示儒家"经权相济下的执中"思想是如何体现在孟子论辩性话语中，并成为孟子论证的合理性依据之一的。

2.4.2　孟子的经权观

《孟子》首章 1 · 1 谈及中国传统文化中的一个重要主题，即义利之辩。 也因为这一主题，该章节甚至被认为是《孟子》"七篇之头脑"[1]，足见 1 · 1 章在孟子整个思想体系中的重要性。

在 1 · 1 中，孟子去见梁惠王的历史背景是：孟子是当时知名的贤者之一，而"梁惠王"本是"魏惠王"，因魏国旧都由安邑迁都大梁，故又称"梁惠王"；在梁惠王见孟子之前，魏国连续征战失利，国势逐渐衰弱，因此，梁惠王急切希望有贤人能士为其出谋划策。 由此，结合历史背景知识，"孟子见梁惠王"这简单的六个字，实则隐含着孟子和梁惠王会谈的一个共同出发点，即当时的魏国需要治国理政的良方（开始阶段，标示为斜体）。 所以，在见到孟子后，梁惠王问的第一句话就是：老先生，您不远千里来到我的国家，可有带来有利于我的国家的东西？ 针对梁惠王单刀直入式的询问，孟子也直截了当地抛出了自己的立场，说大王何必一上来就说利呢？ 只要有仁义就够了。 寥寥数语，已经将孟子与梁惠王之间的意见分歧（冲突阶段，标示为粗体）以及孟子旨在论证的立场（结论阶段，标示为着重号）悉数道来。 接着，孟子以假定推理的论证方式，从反面论证说明，如果从大王到大夫再到士庶人，都以是否有利于自身来作为各自的行为准则的话，那么这个国家就危险了，并且点明国君不可"后义而先利"，而应以仁义为本来治国（论辩阶段，标示为下划线）。 最后，孟子再次明确表明其立场，说明国君只要谈仁义就够了，不必再讲什么利（结论阶段，标示为着重号）。

1　参见杨海文：《为〈孟子〉首章鼓与呼》，《中华读书报》，2018 年 3 月 28 日，第 015 版"文化周刊"栏目。

　　单独看1·1章的话，孟子似乎在劝诫梁惠王要讲仁义而不要讲利。但是，如果结合本章2.3节中对《孟子》文本2·3和2·5的分析，其中，孟子将"好勇""好货""好色"分离为"为了个人利益"（"表象"层，论辩阶段，下划线部分）和"为了广大老百姓利益"（"实质"层，论辩阶段，下划线部分）的"好勇""好货"与"好色"，我们发现，《孟子》首章1·1中所说的国君不应该"后义而先利"，却并没有说国君完全不要谈利。再仔细看孟子对梁惠王论证说明自己的观点时的措辞，我们也可以看到，孟子论证反驳的只是一个国家从上到下一味追求基于"吾"的"利"——"利吾国""利吾家"以及"利吾身"，而并非所有的"利"。因此，结合《孟子》文本1·1、2·3和2·5，我们不难推断，孟子事实上将"利"分离为了"私利"（"表象"层；1·1、2·3、2·5，论辩阶段，下划线部分）和"公利"（"实质"层；2·3、2·5，结论阶段，着重号部分），并且，从2·3和2·5中孟子与齐宣王之间就"好勇""好货""好色"之人能否施行仁政王道所展开的讨论来看，孟子并没有否认齐宣王在私利层面上的"好勇""好货""好色"，而是在承认齐宣王可以拥有这些"私利"的基础上，劝导齐宣王将这些"私利"扩展到顾及天下老百姓的"公利"上去。因此，《孟子》首章所谈论的义利之辩的要旨，并非是"存义去利"，而是"义以为上""先义后利"乃至"义利双成"。

　　　孟子见梁惠王。王曰："**叟！不远千里而来，亦将有以利吾国乎**？"

　　　孟子对曰："**王！何必曰利？**亦有仁义而已矣。王曰：'何以利吾国？'大夫曰：'何以利吾家？'士庶人曰：'何以利吾身？'上下交征利而国危矣。万乘之国，弑其君者，必千乘之家；千乘之国，弑其君者，必百乘之家。万取千焉，千取百焉，不为不多矣。苟为后义而先利，不夺不餍。未有仁而遗其亲者也，未有义而后其君者也。王亦曰仁义而已矣，何必曰利？"
　　　（1·1）

儒家"经权相济下的执中"思想，还体现在孟子的"战争观"上。
例如：在 1·6 中，在回答梁惠王的儿子梁襄王关于谁能使天下安定统一
的问题时，孟子明确表示，只有那些不喜欢杀人的人，才能让天下安定统
一。　孟子的回答已经表明，他是反对战争、反对征伐的，因为有战争就
会有杀人的人以及被杀的人。　孟子反对战争的主张，与其一贯的"仁政
王道"主张（见本章 2.3 节）及其"民本"思想也是一致的。

　　　　孟子见梁襄王，出，语人曰："望之不似人君，就之而不见
　　所畏焉。卒然问曰：'**天下恶乎定?**'
　　　　"吾对曰：'定于一。'
　　　　"'**孰能一之?**'
　　　　"对曰：'不嗜杀人者能一之。'
　　　　"'**孰能与之?**'
　　　　"对曰：'天下莫不与也。王知夫苗乎? 七八月之间旱，则
　　苗槁矣。天油然作云，沛然下雨，则苗浡然兴之矣。其如是，孰
　　能御之? 今夫天下之人牧，未有不嗜杀人者也。如有不嗜杀人
　　者，则天下之民皆引领而望之矣。诚如是也，民归之，由水之就
　　下，沛然谁能御之?'"（1·6）

　　在 7·14 中，孟子将其对善战、好战之人的反对发挥到了极致。　孟
子列举了孔子对待其弟子冉求的一个例子，即对于冉求帮助季孙氏向老百
姓征收更重的赋税，孔子动员其他弟子对冉求群起而攻之，说明孔子反对
帮助那些不施行仁政而敛财致富的国君，由此，孟子引申出，对于帮助那
些不施行仁政的国君进行战争与征伐的人，孟子和孔子一样深恶痛绝，因
为那些为了争夺土地、争夺城池而进行战争、屠杀百姓的人，无异于为了
占领土地而吃人肉，对这些人施行死刑都不足以赎免他们的罪过。　孟子
甚至提出，对那些好战的人应施以最重的刑罚。　由此可以进一步看出，
孟子是反对战争的，尤其反对不施行仁政的国君发起的战争，以及帮助不
施行仁政的国君进行战争的那些人（涉及 7·14 中的论辩阶段与结论阶

段，分别对应于下划线部分和着重号部分）。

> 孟子曰："求也为季氏宰，无能改于其德，而赋粟倍他日。孔子曰：'求非我徒也，小子鸣鼓而攻之可也。'由此观之，君不行仁政而富之，皆弃于孔子者也，况于为之强战？争地以战，杀人盈野；争城以战，杀人盈城，此所谓率土地而食人肉，罪不容于死。故善战者服上刑，连诸侯者次之，辟草莱、任土地者次之。"（7·14）

然而，孟子并非绝对地反对战争。在1·5中，梁惠王向孟子叙述了魏国在与齐国、秦国和楚国的战争中屡次失利，以及魏国因此而倍感耻辱之后，想让孟子教他富国强兵之道，让他能够一洗旧耻。针对梁惠王所关心的富国强兵的问题，孟子提出的仍然是其一贯主张的王道仁政思想，并给出了施行王道仁政的具体做法，比如少用刑罚、减轻对人民的赋税、让老百姓能够深耕细作、让青少年有闲暇的时间修习德行，等等。接着，孟子继续指出施行王道仁政会带来的好处，那就是在老百姓的基本生活得到保障，以及青壮年接受了仁义道德的教化之后，老百姓用自己制作的木棍也能够打败秦楚的坚甲利兵，因为他们是发自内心地愿意帮助仁义的君主，并且施行王道仁政的君主以仁义之师来讨伐那些不施行王道仁政的君主时，无论何时都是所向无敌的。孟子最后明确提出"仁者无敌"的观点。由此看来，孟子并非全然反对战争，而是赞成以仁义之师讨伐那些不施行王道仁政的国君。

> 梁惠王曰："晋国，天下莫强焉，叟之所知也。及寡人之身，东败于齐，长子死焉；西丧地于秦七百里；南辱于楚。**寡人耻之，愿比死者壹洒之，如之何则可？**"
> 孟子对曰："地方百里而可以王。王如施仁政于民，省刑罚，薄税敛，深耕易耨；壮者以暇日修其孝悌忠信，入以事其父兄，出以事其长上，可使制梃以挞秦楚之坚甲利兵矣。

"彼夺其民时，使不得耕耨以养其父母。父母冻饿，兄弟妻子离散。彼陷溺其民，王往而征之，夫谁与王敌? 故曰：'仁者无敌。'王请勿疑!"（1·5）

在 2·11 中，针对齐国讨伐燕国后，其他诸侯国准备讨伐齐国的情况，齐宣王询问孟子该怎么办。 孟子首先引用《尚书》中描写的汤在周边进行征伐活动时的状况，说老百姓盼望汤的到来就像大旱时节盼望乌云、云霓一样，因为汤征伐所到之处，让赶集的照样赶集、种地的照样种地，只是把那里的暴君杀掉，抚慰那里的民众。 然后，孟子结合齐国讨伐燕国的现实，说由于燕国的君王虐待他的人民，大王您前去讨伐，燕国的老百姓以为您像当时汤征伐各地一样，是来救他们于水火的，所以他们用竹筐子盛着粮食、用壶盛着酒来欢迎大王拯救他们。 紧接着，孟子提醒齐宣王注意齐国讨伐燕国的实际做法，又与汤征伐各地的实际情况不同——齐国军队来到燕国后，杀害了燕国人民的父兄，囚禁了他们的子弟，毁掉了他们的宗庙，还搬走了他们国家的宝物重器，而天下人本来就畏惧齐国的强盛，现在齐国讨伐燕国并强占了燕国的土地后，变得更加强大却又不施行仁政，自然是逼迫其他诸侯国一起来讨伐齐国了。 最后，孟子向齐宣王筹谋划策，让齐宣王赶快下令，把燕国的老人孩子都放回去，停止迁走燕国的宝物重器，再与燕国的老百姓商量，帮助他们选择一个新的君王后离开。 在 2·11 中，孟子再次明确表示其对待征伐的分析性而非绝对化的观点。[1] 对于汤为救人民于水火而进行的征伐，宣扬以民为本的"王道仁政"思想的孟子，显然是持支持态度的。 齐国因为燕国君主暴虐而前往讨伐，本来可以是正义的征伐，但齐国征伐燕国却只是为了扩充齐国自身的土地，对燕国的老百姓又不施行王道仁政，结果令其他诸侯国准备一同来讨伐齐国，显然也在孟子的意料之中。 由此看来，孟子支持的是为民请愿、救民于水火的正义的战争，也即为了"公利"而发动的战争，反对的是为了"一己之私"不顾老百姓利益的非正义的战

1　参见陈来：《梁惠王篇》，陈来、王志民主编：《〈孟子〉七篇解读》，齐鲁书社，2018 年，第 98 页。

争，而正义与否取决于是否以仁义之师讨伐非仁义之师，并且征伐后是否继续施行仁政。

> 齐人伐燕，取之。诸侯将谋救燕。宣王曰：**"诸侯多谋伐寡人者，何以待之?"**
>
> 孟子对曰："臣闻七十里为政于天下者，汤是也。未闻以千里畏人者也。<u>《书》曰：'汤一征，自葛始。'天下信之，东面而征，西夷怨；南面而征，北狄怨，曰：'奚为后我?'民望之，若大旱之望云霓也。归市者不止，耕者不变，诛其君而吊其民，若时雨降。民大悦。《书》曰：'徯我后，后来其苏。'今燕虐其民，王往而征之，民以为将拯己于水火之中也，箪食壶浆以迎王师。若杀其父兄，系累其子弟，毁其宗庙，迁其重器，如之何其可也?</u> 天下固畏齐之强也，今又倍地而不行仁政，是动天下之兵也。王速出令，反其旄倪，止其重器，谋于燕众，置君而后去之，则犹可及止也。"（2·11）

结合 1·5、1·6、2·11 和 7·14，我们可以看到，孟子以仁义道德为标准，将"征伐"分离为"为私利而进行的征伐"（"表象"层；1·6、2·11、7·14，论辩阶段，下划线部分；1·6、7·14，结论阶段，着重号部分）与"为公利而进行的征伐"（"实质"层；1·5、2·11，论辩阶段，下划线部分；1·5，结论阶段，着重号部分），并对体现有仁义道德的、为公利而进行的征伐明确表示支持。 如果再结合 1·1 中的"义利之辩"来看的话，孟子的"战争观"再一次凸显了孟子重"义"的同时，也重"公利"这一更为本质的"义利观"。

2.5　小结

本章通过语用论辩理论框架下的"批判性讨论理想模型"，对"分离策略"在孟子论辩性话语中针对相应的意见分歧所展开的批判性讨论四个阶段中的运用，及其所体现的不同论证功能——比如确定意见分歧（冲突阶段）、明确共同出发点（开始阶段）、提出论证或者对对方论证进行反驳（论辩阶段）、得出讨论结果（结论阶段）（见附录，表 1 - 1）进行了分析，并根据孟子在运用该论证技巧的过程中所意在凸显的分离后的"实质"层面，将孟子论辩性话语中合理性的哲学基础提炼为"一个基础"，以及在此基础之上的"两种体现"，简称为"一体两面"的哲学基础，即作为儒家道德形上学基础的"人性善"（"一体"），作为儒家德行伦理理性体现的"仁义"，以及作为儒家实践伦理理性体现的"经权相济下的执中"（"两面"）。 其中，作为道德形上学基础的"人性善"，构成的是孟子整个论证体系中的"道"，[1] 也就是孟子论证所依据的、儒家统一的伦理价值规范，而"仁义"和"经权相济下的执中"，则是"人性善"这一儒家伦理价值规范分别在德行和实践中的具体体现，也即"人性善"之"道"所统领下的具体的伦理价值原则。[2]

值得一提的是：已有学者从哲学和思想史的视角研究得出了上述"一体两面"以及其中"体"与"面"之间的相互关系，而本书从论证的视角，运用语用论辩理论框架下的批判性讨论模型对孟子话语中所采用的分离策略进行分析，也得出了同样的结论。 一方面，论证视角下的语用论辩方法，验证了传统上从哲学和思想史视角得到的孟子主要思想及其内部之间的相互关系；但是，另一方面，论证视角下得到的"一体两面"，构成的是孟子论辩性话语合理性的哲学基础，也是接下来对《孟子》文本中孟子有关各主题下论辩性话语进行论证刻画所赖以展开的理论基础。 因此，语用论辩方法对于构建孟子论辩思想话语的理论体系具有

---

1 参见王中江有关儒家之"道"的论述，见王中江：《离娄篇》，陈来、王志民主编：《〈孟子〉七篇解读》，齐鲁书社，2018 年，第 539—540 页。

2 2019 年 6 月 24 日—27 日，笔者在荷兰格罗宁根大学举办的"第三届欧洲论证会议"上对本章中的部分内容进行了汇报交流，所提交论文已被收入会议论文集。参见 Yan Linqiong and Xiong Minghui, "Philosophical Foundation of Reasonableness in Mencius's Argumentative Discourse: Based on the Use of Dissociation", *Reason to Dissent: Proceedings of the 3rd European Conference on Argumentation*, vol. 3 (Jun. 2020), pp. 115 - 126。

重要意义。

第 3 章到第 6 章将继续运用语用论辩学的分析框架，分别对《孟子》文本中孟子有关"人禽之辩""王霸之辩"和"经权之辩"三大主题下的论辩性话语，进行分析性重构以及策略性设计分析。

第3章

"人禽之辩"的论证重构

3.1 概述

　　孟子生活在战乱频仍的战国中期。 在战国时期，各诸侯国大多数都致力于运用各种途径威慑、征服邻国与敌国，从而扩充本国的领土与人口，增强本国的实力，最终实现傲视群雄、独霸一方乃至统领其他各国的目的。 为了达到这一目的，战国时期的诸侯国首领们都争先吸纳贤才、广采众议，用以对内实施富国强民的社会政治改革，对外进行有力有效的战争攻伐。 因此，在战国时期，各个哲学流派如雨后春笋般涌现，以士大夫为核心的知识阶层得以各抒己见，交流阐述各自的政治与学术主张，这一时期即历史上有名的"百家争鸣"时代。 在"百家争鸣"时代，由孟子所代表的儒家，是其中最有影响力的学派之一，其他学派还有墨家、法家、道家、阴阳家、农家、名家等。

　　《孟子》一书，是由孟子及其弟子万章和公孙丑一起，记录孟子的言论与思想的一部语录体集。 关于人性的讨论，是战国时期各学派的热门话题之一；对人性的阐释，也奠定了各个哲学流派提出各自社会政治改革主张的哲学基础。 因此，在"百家争鸣"时代，《孟子》中所记载的有关人性的论辩性话语，所指向的不仅仅是书中明确列举的、与孟子直接进行对话的人，比如孟子的弟子公都子、与孟子直接打过交道的滕国国君滕文公，以及与孟子持有异见的告子等，还有书中虽然没有明确指出，但是从字里行间仍可以窥探到的、对孟子的人性论持有质疑或者反对意见的人，后者既有来自儒家内部的人，也有来自其他学派的人。

尽管孟子有关人性论的话语散布在《孟子》一书的各个篇章之中，但是，书中关于人性论的思想表述，一般认为还是一致的。孟子的人性论思想，涉及他对人与其他飞禽走兽之间差异的辨析与论证，因此，也被称为"人禽之辩"。从论证的角度，对孟子有关人禽之辩的话语进行分析性重构，可以借助语用论辩方法中的一些分析工具，尤其是其中的"批判性讨论理想模型"，并依照该模型中合理消除意见分歧所涉及的四个阶段——冲突、开始、论辩和结论阶段，对《孟子》文本中与四个阶段相对应的话语进行重构，同时，结合策略操控的三个方面，形成较为全面的分析概览。从分析概览中，我们将能够清楚地看到孟子关于人禽之辩的论证全貌，包括论证的正反双方、相关意见分歧、对应于各意见分歧的正反双方所认同的共同出发点、未表达前提、孟子对所持立场进行辩护所使用的论证型式、论辩结构，以及基于《孟子》文本所能推断出来的论证结论等。

对孟子有关人禽之辩的话语进行重构，需要根据明示的、与该论证主题相关的指示词，以及隐含的语境线索，通过搜索《孟子》文本中的相关关键词，辅以参考陈来和王志民主编的《〈孟子〉七篇解读》[1]，以及杨伯峻译著的《孟子译注》[2]中的相关解读，首先，识别出《孟子》文本中与人禽之辩相关的话语；然后，对这些话语进行初步分析，以便确定人禽之辩所涉及的主要的意见分歧、相应的主要讨论以及各场讨论中与意见分歧相关的话语；最后，对各场讨论中的相关话语，按照批判性讨论的四个阶段，即冲突、开始、论辩和结论阶段，进行分析性的论证重构。

纵观《孟子》文本可以看到，5·1（"孟子道性善"）、8·26（"天下之言性也"）、11·1（"性犹杞柳也"）、11·2（"性犹湍水也"）、11·3（"生之谓性"）、11·4（"食色，性也"）、11·6

1　陈来、王志民主编：《〈孟子〉七篇解读》，齐鲁书社，2018 年。
2　杨伯峻译注：《孟子译注（简体字本）》，中华书局，2019 年（第 2 版）。

（"性无善无不善也"）、11·8（"此岂山之性也哉"）这8个章节中直接出现了"性"这一共同的主题词，并且所涉及的都是孟子与其明示或隐含的对话者之间对自然本性（包括人性）的讨论，而8·19（"人之所以异于禽兽者几希"）直接点明了"人禽之辩"这一主题，并且以舜为例，明确说明了人禽之间的微妙差异就在于人性中的"仁义"。再顺着"仁义"这一线索，发现：3·6中有人们对于"将入于井"的"孺子"抱有的"不忍人之心"的例子，以及有关"仁之端""义之端"的直接论述；11·4中有孟子与告子之间关于"仁内义外"的明示对话；11·7（"心之所同然者何也？谓理也，义也"）中涉及富岁与凶岁之下子弟们具有不同的习性和播种大麦的例子，以及对人体的口、耳、目和心进行比较之后得到的有关"理""义"的论述；13·15（"亲亲，仁也；敬长，义也"）直接涉及对"仁""义"的概念性定义，13·16又一次以舜为例，说明舜闻善言、见善行之后也有行善的愿望，这又与5·1中孟子直接谈及的"性善"紧密相关。

综合起来看，孟子关于人禽之辩的论辩性话语，大致散布在3·6、5·1、8·19、8·26、11·1、11·2、11·3、11·4、11·6、11·7、11·8、13·15、13·16等13个章节中，涉及《孟子》文本中的5篇、5卷，尤其是第6篇中的第11卷《告子章句上》，并且这13个章节篇幅长短不一；其中，7个章节以"孟子曰"这种类似独白的方式出现，6个章节以孟子与他人对话的形式出现，并且其中一些章节中包含有明示的论证指示词，比如"所以谓……"（3·6）、"其所以……"（11·8、13·16）等，表明说话人在重复其观点之后会紧接着给出支持该观点的理由，而"之所以"（8·19）、"故……"（11·6、11·7、11·8）、"故曰……"（11·6、11·7）、"其所以……然也"（11·7）等指示词后面紧跟着的都是说话人的观点（见附录，表2-1）。

继续对以上13个章节进行仔细考查，发现所有这些章节都是围绕着有关人性的、三个主要的"单一混合型意见分歧"而展开的。所谓"单一混合型意见分歧"，指的是相关立场只涉及一个命题，并且关于同一个命题出现有不同的立场。[1] 这些意见分歧存在于孟子(正方)与对孟子人性论的观点持有质疑或者反对意见的、明示的直接对话者(比如 11·1、11·2、11·3、11·4 中的告子,以及 11·6 中的公都子),或者隐含的异见者(反方)之间。 正反双方之间的这些意见分歧是"单一型"的,因为每一个意见分歧都只涉及一个命题,分别是:"生是否即为性""人性是否为善",以及"仁和义是否都是人性善的内在体现";这些意见分歧也是"混合型"的,因为关于每一个命题,正反双方都持有不同的立场;这些意见分歧也是"主要的意见分歧",因为围绕这三个意见分歧所展开讨论的话语中,还涉及其他"次要的意见分歧",比如在明示的对话型话语中,存在仅限于单个章节内部的、正反双方之间的意见分歧。

需要指出的是:对孟子有关人禽之辩(以及后面章节中的王霸之辩和经权之辩)的论辩性话语进行分析性重构,要求我们用整体论的观点来看待《孟子》一书。 在战国时期"百家争鸣"的时代,孟子及其明示的对话者和隐含的异见者之间所展开的、有关人性的论辩性话语,包含有围绕上述三个意见分歧而展开的三场大的讨论;关于人性的这三场讨论也是相互关联的,即对第一个意见分歧的消除会构成消除第二个意见分歧的部分出发点,而对第二个意见分歧的消除又会构成消除第三个意见分歧的部分出发点。 此外,对孟子人禽之辩的论辩性话语进行重构,采用的是语用论辩理论框架下的"批判性讨论理想模型",但是,在《孟子》一书中,不可能在某一个章节中,找到对应于每一场批判性讨论的所有四个阶段(冲突、开始、论辩和结论阶段)的话语。 这也就意味着,关于人禽之辩的每一场讨论所涉及的四个阶段,可能会出现在相关 13 个章节中的不同地方,同一个章节中也可能出现有与各场讨论的不同阶段相对应的话语,而同一段话语还可能同时对应于同一场或者不同场讨论的不同阶段,并且有些阶段(比如结论阶段)可能根本就没有明示表达出来,而是隐含在上述章节中。 尽管如此,作为一种启发性与分析性的工具,"批判性

---

1 参见 Frans H. van Eemeren and A. Francisca Snoeck Henkemans, *Argumentation*: *Analysis and Evaluation*, 2nd ed., New York and London: Routledge, 2017, p. 7。

讨论理想模型"仍然可以用于对孟子有关人禽之辩的论辩性话语进行重构。

为了标明批判性讨论的各个阶段，我们将采用语用论辩理论框架下话语重构的标记方法，在以下所引用的孟子人性论的话语中，将其中涉及冲突阶段的话语用粗体标示，开始阶段用斜体标示，论辩阶段用下划线标示，而结论阶段用着重号标示。

3.2　重构"生是否即为性"

孟子有关人性的思想是逐步建立起来的。在11·3中，告子开篇第一句"生之谓性"的观点，引发了孟告之间的第一场讨论。孟子显然并不认同告子的观点，因此，孟告之间存在的第一个意见分歧就是"生是否即为性"，而告子在11·3中的开篇语，就对应于其与孟子之间第一场讨论的冲突阶段（粗体）。

用于明确这场讨论的开始阶段（斜体）的话语，出现在8·26和11·4中。8·26叙述说明了自然状态是人们对"性"（包括人性）的普遍性理解，而11·4中的第一句话"食色，性也"，表明告子在11·3中所说的"性"正是指饮食男女层面。8·26首先阐述了普通人对事物本性的理解，表明自然状态也是人性的本质；接着，孟子又以大禹采用疏导的方式治理水患为例，阐明人们追求的是事物的自然状态，同时，也通过计算日至的例子，强调遵循事物自然属性的重要性。承认自然状态，是人们对人性本质的普遍理解，这就构成了孟子与其反方之间有关何为人性展开讨论的一个实质性出发点。因此，8·26和11·4设置了争论双方之间的一个"共同基础"，[1]对应于围绕第一个主要的意见分歧——"生是否即为性"所展开讨论的开始阶段（斜体）。

1　参见 Frans H. van Eemeren，Rob Grootendorst，Sally Jackson，and Scott Jacobs，*Reconstructing Argumentative Discourse*，Alabama：The University of Alabama Press，1993，p. 27。

> 孟子曰："天下之言性也，则故而已矣。故者以利为本。……禹之行水也，行其所无事也。……天之高也，星辰之远也，苟求其故，千岁之日至，可坐而致也。"（8·26）
>
> 告子曰："食色，性也。……"（11·4）

围绕"生是否即为性"所展开讨论的论辩阶段（下划线）的话语，也出现在 11·3 中。在告子声称"生之谓性"之后，孟子紧接着对其观点提出了反驳；其中，孟子同时运用了"潜在论题的选择""受众需求的适应"和"表达技巧的使用"三方面的策略操控，具体体现在以下方面：孟子首先通过适应受众告子的需求而继续选择告子所提出的"生"这一论题（潜在论题的选择与受众需求的适应），并将"生"这一抽象概念与受众所熟知的各种白色事物，如白色的羽毛、白色的雪、白色的玉石等所具有的"白"进行比较，以及将犬之性、牛之性与人之性进行比较（潜在论题的选择与受众需求的适应），同时又通过修辞问句中设问的表达形式（表达技巧的使用），逐步引导告子认识到其所述论题中的内在不一致性，让告子无言以答。由此，我们可以推断，在这一轮的讨论中，孟子成功地反驳了告子有关"生之谓性"的观点，维护了孟子未明确表达出来的立场，即天生的生理层面并非人性的全部内容。[1]

> 告子曰："**生之谓性。**"
>
> 孟子曰："生之谓性也，犹白之谓白与?"
>
> 曰："然。"
>
> "白羽之白也，犹白雪之白；白雪之白犹白玉之白与?"

---

1 由于《孟子》一书是由孟子本人和他的两个弟子万章和公孙丑一起编辑记录的、孟子自己的或者孟子与他人的对话言论集，书中各章节（尤其是其中的对话）往往以孟子的话结束，使得读者无从知晓其对话者接下来的应对或者反应。于是，就有人猜想，或许在编撰过程中，孟子等人有意删减了对话的后续内容，而只保留了有利于孟子的那部分应答话语。是否正如他人所猜想的这样，我们无从得知，但是，根据本书所采用的语用论辩理论中元理论出发点之一的"外显化"原则，我们在这里只关注与消除相关意见分歧相关的、明示表达出来的，或者根据语境知识、背景知识以及语用的和逻辑的推理所能推断出来的隐含的话语，而不关注论证者的心理活动。

曰："<u>然。</u>"

"<u>然则犬之性犹牛之性，牛之性犹人之性与？</u>"（11·3）[1]

关于"生是否即为性"的讨论结果，虽然在《孟子》文本中并没有被明确表达出来，但也是不言而喻的。

综合以上分析，孟子有关"生是否即为性"这一意见分歧所持立场的论辩结构图如下（图3-1）：[2]

（1）（饮食男女这一生理层面并非人性的全部内容）（11·3）

 （1）.1a"白"并非白色物体所指谓的"白"（11·3）

  （1）.1a.1a 白羽中的"白"与白雪和白玉中"白"的属性是一样的（11·3）

  （1）.1a.（1b）（作为类名，指代白色属性的"白"，不同于指代具有该属性的白色物体）（11·3）

 （1.1b）（人性之"性"并非如犬之"性"，或者牛之"性"所指的生理层面的内容）（11·4）

  （1.1b）.1a 犬之性与牛之性相同（11·3）

  （1.1b）.1b 人之性不同于牛之性（11·3）

  ［（1）.1a-（1.1b）］'（作为类名的"白"和"性"具有可类比性）（11·3）

图3-1 人禽之辩中有关"生是否即为性"的论辩结构图

---

1 此处所引述的11·3和11·4，在本书2.2.2节"孟子的性善论"中也有引用。需要注意的是：由于这两章在2.2.2节中涉及的仅为其中所使用的分离策略，其中话语所对应的批判性讨论的不同阶段，也只是相对于两个章节自身所涉及意见分歧而展开讨论的"微观语境"而言。但是，在这里，这两个章节中的话语所对应的批判性讨论的不同阶段，则是相对于孟子"人禽之辩"这一大的论证主题的"宏观语境"而言。因此，即使是同样的两个章节，其中话语所对应的批判性讨论阶段也是不同的，这一点可以从2.2.2节和此处对这两个章节中话语的不同标识看出来。由此也可以看出，《孟子》文本中同一章节中的话语，相对于不同意见分歧的讨论而言，具有不同的论证功能。以下类似情况将不再一一赘述。

2 需要说明的是：在本书所涉及的论辩结构图中，带有括号的部分，表示的是根据语境知识、背景知识以及语用的和逻辑的推理，所能推断出来的、隐含的未表达前提或者结论，比如（1）、（1.1b）等，而不带括号的就是原文中明示表达的内容；编号右上角带有一撇的，如［（1）.1a-（1.1b）］'，表示原文中的未表达前提，在这里起着衔接（1）.1a和（1.1b）的作用。关于"白"与"性"何以具有可类比性，这一点在后文中会有专门的阐述。此外，除位于论证第一层级的"主立场"——比如图3-1中的主立场（1）——之外，从论证第二层级开始，凡是后面还有其他论证用于对其进行支撑的，那么位于该层级被支撑的立场都被称为"分立场"，比如（1）.1a是相对于"主立场"（1）而言的论证，却是相对于（1）.1a.1a而言的"分立场"。

在论辩结构图 3－1 中，（1）.1a、（1.1b）以及 [（1）.1a－（1.1b）]' 通过将"性"与"白"进行类比来共同支撑主立场（1）。其中，[（1）.1a－（1.1b）]' 是原文中没有明示表达出来，但可以根据"交际原则"[1]推理得出的前提，起到衔接（1）.1a 与（1.1b）的作用，该层级的论证采用的是基于类比关系的比较型论证型式；（1）.1a 与（1.1b）起到增强彼此论证的作用，二者对于立场（1）的论证构成的是累积性的并列型论辩结构；在第二层级，（1）.1a.1a 和（1）.1a. （1b）共同支撑分立场（1）.1a，（1.1b）.1a 和（1.1b）.1b 共同支撑分立场（1.1b），采用的都是基于因果关系的论证型式，构成的也都是累积性的并列型论辩结构。

3.3　重构"人性是否为善"

人性是否为善，这是孟子与滕文公（5·1）、告子（11·2）、公都子（11·6），以及与其他持有不同观点的隐含受众（如 11·6 中公都子所引述的、持有其他几种人性观的人）之间，有关人性讨论的第二个主要意见分歧。

在 5·1 中，孟子首次明确提出了"性善"的概念，而在 11·2 中，告子以湍水来比喻人性，宣称人性没有善与不善之分，从而提出了不同于孟子的人性观点。 另外，在 11·6 中，孟子的学生公都子直接引述了当时流行的几种人性观。 因此，5·1、11·2 和 11·6 中，出现有围绕"人性是否为善"这一意见分歧所展开的、第二场讨论中的冲突阶段（粗

1　范爱默伦和荷罗顿道斯特融合了塞尔（1979）的间接言语行为理论和格赖斯（1975）有关会话准则的说明，将规范言语交际的普遍原则称为"交际原则"，即清晰、诚实、有效率和切题原则，并进一步将该原则细化为五条规则，即不实施任何不可理解的言语行为，不实施任何不真诚的言语行为，不实施任何不必要的（或多余的）言语行为，不实施任何无用的言语行为，以及不实施任何与其前述的言语行为没有适当关联的言语行为。参见 Frans H. van Eemeren and Rob Grootendorst, *Argumentation, Communication, and Fallacies: A Pragma-Dialectical Perspective*, New Jersey: Lawrence Erlbaum Associates, Inc., 1992, pp. 50－52。

体）所对应的话语。

在第一场讨论中，论辩结构图3－1中的立场"饮食男女这一生理层面并非人性的全部内容"被认为得到了成功的辩护。由于正方对一个立场的成功辩护是以反方所做出的让步为条件的，[1]因此，正方（孟子）对图3－1中立场的成功辩护，也从侧面表明反方（告子）放弃了其先前对于该立场的质疑与反对，并转而接受了正方的立场。正反双方在第一场讨论中有关"饮食男女这一生理层面并非人性全部内容"这一点上所达成的共识，以及孟子在8·19中有关"人之所以异于禽兽者几希"的言论，表明孟子一方面承认人性中也包含有饮食男女这一基本的生理层面的需求，但同时更强调人性与禽兽之性之间的差别，尽管差别非常微小（"几希"）。只有孟子与其反方同时认识到这种微小差别，孟子才能够就该细微差别是什么，与反方继续展开讨论。因此，孟子对于图3－1中主立场的成功辩护，连同其有关人性与禽兽之性之间只存有细微差别（8·19）的明确主张，就构成了孟子与其反方对消除第二个意见分歧展开讨论的部分共同出发点，对应于第二场讨论的开始阶段（斜体）。

孟子曰："人之所以异于禽兽者几希……"（8·19）

为消除第二个意见分歧而展开讨论的论辩阶段（下划线）所对应的话语，出现在11·2中孟子对告子的观点的反驳、11·6中孟子针对其弟子公都子的问询给出的应答，以及3·6、11·7、11·8和13·16中看似独白式的孟子话语中。

第二场批判性讨论的结论阶段所对应的话语，仍然是隐含未表的。

围绕第二个意见分歧，即"人性是否为善"所展开的论证，占据了孟子有关人禽之辩的论辩性话语的大部分篇幅。在5·1中，孟子与滕文公

1　参见 Frans H. van Eemeren and Rob Grootendorst, *Speech Acts in Argumentative Discussions: A Theoretical Model for the Analysis of Discussions Directed towards Solving Conflicts of Opinion*, Dordrecht-Holland / Cinnaminson-U. S. A.: Foris Publications, 1984, p. 191。

交谈时，第一次明确表达出"性善"的观点，并从滕文公去而复返和孟子
的直接问询中，可以看出滕文公对于孟子的性善论仍然存有疑虑。因
此，该部分构成了有关第二个意见分歧而展开讨论的、冲突阶段（粗体）
所对应的话语。

> 滕文公为世子……**孟子道性善，言必称尧舜**。
> 世子自楚反，复见孟子。孟子曰："**世子疑吾言乎？夫道一
> 而已矣。……**"（5·1）

在 11·2 中，告子将"人性"比作"湍水"，并且根据湍水没有向东
流或者向西流的倾向区别，说明人性没有善与不善的区别。针对告子明
确反对性善论的言论，孟子首先运用"潜在论题的选择"和"受众需求的
适应"两方面的策略操控，继续选择对话者告子所提出的"人性"类比于
"湍水"这一论题，并且说明水性的确没有向东流与向西流的倾向区别，
达到顺应告子以"湍水"比喻"人性"的目的。然后，孟子进一步通过
修辞问句中的设问这一"表达技巧的使用"方面的策略操控，指出水具有
向上流与向下流的区别，以及人性向善就如同水的本性是向下流一样。
接着，孟子指出：击打水面可以使得水越过我们的额头，修筑堤坝可以改
变水的自然流向而使得水向山上流去，但这些所说明的，只是这种向上的
流动并非水的本性，而是外力使然；同样的道理，外界的某些因素可以使
得有些人做出不善的行为，就如同外力使得水违逆其本性而向上流动
一样。

> 告子曰："**性犹湍水也，决诸东方则东流，决诸西方则西
> 流。人性之无分于善不善也，犹水之无分于东西也。**"
> 孟子曰："水信无分于东西，无分于上下乎？人性之善也，
> 犹水之就下也。人无有不善，水无有不下。今夫水，搏而跃之，
> 可使过额；激而行之，可使在山。是岂水之性哉？其势则然也。
> 人之可使为不善，其性亦犹是也。"（11·2）

在 11·6 中，公都子首先引述了当时社会上流行的其他三种人性观：人性没有善与不善的分别；人性可以是善的，也可以是不善的；有些人的性是善的，而另一些人的性是不善的。这些观点不同于孟子的性善论，对此，公都子直接询问孟子怎么看待其他三种人性观。在孟子的应答中，我们可以看到，孟子首先灵活地运用了"潜在论题的选择"方面的策略操控，他并没有直接否认其他三种人性观，而是通过"重新定义意见分歧"的方式，选择了有利于为其"人性善"立场进行辩护的论题，即向公都子澄清了他所谓的"性善"究竟为何意，即人天生的资质是可以使人为善的（"乃若其情，则可以为善矣，乃所谓善也"）。孟子在这里所说明的是，人性具有向善的潜质。接着，孟子运用了"受众需求的适应"方面的策略操控，通过给出一个人行不善之事的原因来说明行不善并非一个人的本性使然，从而考虑到了受众就人性中是否有"不善"方面的疑虑。紧接着，孟子强调"恻隐之心""羞恶之心""辞让之心""是非之心"都内在于我们每一个人心中，而非外界强加给我们的，并且引用《诗经》中的一句话以及孔子对这句话的高度认同，说明热爱美好的品德是人们共同的倾向（"民之秉彝，好是懿德"）。

公都子曰："告子曰：'性无善无不善也。'或曰：'性可以为善，可以为不善；是故文武兴，则民好善；幽厉兴，则民好暴。'或曰：'有性善，有性不善；是故以尧为君而有象，以瞽瞍为父而有舜；以纣为兄之子，且以为君，而有微子启、王子比干。'今曰'性善'，然则彼皆非与？"

孟子曰："乃若其情，则可以为善矣，乃所谓善也。若夫为不善，非才之罪也。恻隐之心，人皆有之；羞恶之心，人皆有之；恭敬之心，人皆有之；是非之心，人皆有之。恻隐之心，仁也；羞恶之心，义也；恭敬之心，礼也；是非之心，智也。仁义礼智，非由外铄我也，我固有之也，弗思耳矣。故曰：'求则得之，舍则失之。'或相倍蓰而无算者，不能尽其才者也。《诗》曰：'天生蒸民，有物有则。民之秉彝，好是懿德。'孔子曰：

'为此诗者，其知道乎！故有物必有则；民之秉彝也，故好是懿德。'"（11·6）

在 3·6 中，孟子引述了一个小孩快要落入井中时谁都会毫不犹豫地伸出援助之手的例子，说明的是"恻隐之心"连同"羞恶之心""辞让之心""是非之心"，是每一个人生而具有的、内在本性的一部分。他将这"四心"分别阐述为"仁""义""礼""智"的"四端"，并继续将"四端之心"比作人体的"四肢"，从而进一步强化了其意欲表达的观点，即正如人体的"四肢"天生隶属于人体一样，"四端之心"也是内在于人性的。由此，我们可以看到，孟子在这里的确暗示了"善"内在于人性这层意思。但是，如果再结合 11·2 中的论证以及接下来的其他论证来看，我们会发现，孟子最终想要强调的不仅仅是"人性本善"，更是"人性向善"，而"人性向善"又蕴涵着"人性本善"。对于孟子"人性善"的这一解读也见于其他学者的研究中。例如：刘殿爵就曾指出，孟子相信的是在人的本性中，存在促使他以道德的方式行事的倾向，并且每一个人的心中都有道德的种子，而这才是孟子所谓的"人性善"。[1] 刘殿爵对孟子"人性善"的理解，也得到了葛瑞汉的认同；葛瑞汉曾说，（孟子）将善称作人所拥有的自然属性，也就是说我们都具有向善的正面倾向。[2] 徐克谦也曾论证说明，孟子的人性思想，更多强调的是人性的向善性，正如水之向下以及种子倾向于发芽与生长一样，并且人性中的向善性蕴涵着固有性，而固有性应被理解为人性中善性的来源，而非一种本

1　参见 Lau Din Cheuk, "Theories of Human Nature in Mencius and Shyuntzyy", *Bulletin of the School of Oriental and African Studies*, vol. 15, no. 3 (Oct. 1953), pp. 541 – 565; Mencius, *Mencius*, trans. by Lau Din Cheuk, London: Penguin Books Ltd., 2004 (first published in 1970), Introduction, p. xix。

2　参见 Angus C. Graham, "The Background of the Mencian Theory of Human Nature", *Tsing Hua Journal of Chinese Studies*, vol. 6, no. 2 (Dec. 1967), p.235。

体论意义上的概念。[1]

> 孟子曰："人皆有不忍人之心。……所以谓人皆有不忍人之心者，今人乍见孺子将入于井，皆有怵惕恻隐之心——非所以内交于孺子之父母也，非所以要誉于乡党朋友也，非恶其声而然也。由是观之，无恻隐之心，非人也；无羞恶之心，非人也；无辞让之心，非人也；无是非之心，非人也。恻隐之心，仁之端也；羞恶之心，义之端也；辞让之心，礼之端也；是非之心，智之端也。人之有是四端也，犹其有四体也。有是四端而自谓不能者，自贼者也；谓其君不能者，贼其君者也。凡有四端于我者，知皆扩而充之矣，若火之始然，泉之始达。苟能充之，足以保四海；苟不充之，不足以事父母。"（3·6）

在 11·7 中，孟子以很多年轻人在丰年时懒惰而在灾年时暴力为例，首先说明环境对一个人的外在行为可能产生的影响；接着，孟子通过举例，说明人们的口对味觉、耳对听觉以及眼对视觉等方面的感受与喜好上的相似性，指出人心也共享某种相似性，即对"理义"的追求（潜在论题的选择）。不难看出，11·7 为孟子的主张"人性具有内在的向善性"提供了进一步的支持。

> 孟子曰："富岁，子弟多赖；凶岁，子弟多暴，非天之降才尔殊也，其所以陷溺其心者然也。今夫麰麦，播种而耰之，其地同，树之时又同，浡然而生，至于日至之时，皆熟矣。虽有不同，则地有肥硗、雨露之养、人事之不齐也。故凡同类者，举相似也，何独至于人而疑之？圣人，与我同类者。故龙子曰：'不

---

[1] 参见徐克谦：《〈孟子〉"天下之言性也"章探微》，《南京师大学报（社会科学版）》，2011 年第 2 期；Xu Keqian，"Ren Xing: Mencian's Understanding of Human Being and Human Becoming"，*Dialogue and Universalism*，vol. 25, no. 2（Jun. 2015），p. 29。

知足而为屦,我知其不为蒉也。'屦之相似,天下之足同也。口
之于味,有同耆也;易牙先得我口之所耆者也。如使口之于味
也,其性与人殊,若犬马之与我不同类也,则天下何耆皆从易牙
之于味也?至于味,天下期于易牙,是天下之口相似也。惟耳亦
然。至于声,天下期于师旷,是天下之耳相似也。惟目亦然。至
于子都,天下莫不知其姣也。不知子都之姣者,无目者也。故
曰,口之于味也,有同耆焉;耳之于声也,有同听焉;目之于色
也,有同美焉。至于心,独无所同然乎?心之所同然者何也?谓
理也,义也。圣人先得我心之所同然耳。故理义之悦我心,犹刍
豢之悦我口。"(11·7)

11·8 以牛山为例,指出先前郁郁葱葱的牛山因为不断被人砍伐以及
牛羊放牧而看似光秃秃的、没有生机,导致后来的人就以为牛山本来就是
不利于草木生长的,但这显然不是牛山的本性。 孟子借此例来说明人性
亦是如此,即任何人都内在地拥有仁义之本心,也就是良心,只是有些人
在后天的环境中,逐渐放弃了他们的本心,就像用斧子砍伐山上的木材一
样(潜在论题的选择)。 由此,孟子进一步说明了人性中内在的向善性
一直存在于每一个人的心中,只是需要后天的不断滋养培育。

孟子曰:"牛山之木尝美矣,以其郊于大国也,斧斤伐之,
可以为美乎?是其日夜之所息,雨露之所润,非无萌蘖之生焉,
牛羊又从而牧之,是以若彼濯濯也。人见其濯濯也,以为未尝有
材焉,此岂山之性也哉?虽存乎人者,岂无仁义之心哉?其所以
放其良心者,亦犹斧斤之于木也,旦旦而伐之,可以为美乎?其
日夜之所息,平旦之气,其好恶与人相近也者几希,则其旦昼之
所为,有梏亡之矣。梏之反复,则其夜气不足以存;夜气不足以
存,则其违禽兽不远矣。人见其禽兽也,而以为未尝有才焉者,
是岂人之情也哉?故苟得其养,无物不长;苟失其养,无物不
消。孔子曰:'操则存,舍则亡;出入无时,莫知其乡。'惟心

之谓与？"（11·8）

13·16 以舜为例，说明当舜居住在深山之中与木石为伴、与鹿猪同游时，他与深山中的其他野人没有什么差别，但是，当他听到一句好的言语、见到一桩善意的行为时，他的善良本性就像江河决堤一样一发不可收拾了（潜在论题的选择）。由此，孟子再次意在论证说明的是，我们每一个人心中都存在行善的潜能，而我们需要做的只是激发这种潜能。

> 孟子曰："舜之居深山之中，与木石居，与鹿豕游，其所以异于深山之野人者几希；及其闻一善言，见一善行，若决江河，沛然莫之能御也。"（13·16）

综合上述对 3·6、11·2、11·6、11·7、11·8 以及 13·16 的讨论分析，我们可以将孟子有关"人性是否为善"这一意见分歧所持立场的论证，重构如图 3-2 所示：

（2）（人性中存在固有的向善性）
　　（2）.1a 恻隐之心连同羞恶之心、辞让之心以及是非之心，是每个人都生而具备的情感（3·6、11·6）
　　　　（2）.1a.1 任何人突然看到一个小孩快要掉落井中时，都会产生恻隐之心（3·6）
　　（2）.1b 人有行善的自然倾向（11·6）
　　　　（2）.1b.1 没有人缺乏行善的倾向，正如没有水缺乏向下流的倾向一样（11·2）
　　　　　　（2）.1b.1.1 当舜听到或者观察到一件善事时，他要行善的自然潜能就像江河决堤一样不可抑制地被激发出来（13·16）
　　（2）.1c 正如《诗经》和孔子所说，热爱理义这一美好的品德是人们共同的倾向（11·6）
　　（2.1d）（我们都具有成为圣人的潜能）
　　　　（2.1d）.1a 属于同一类别的事物之间具有相似性（11·7）
　　　　（2.1d）.1b 圣人与我们属于同类（11·7）
　　　　（2.1d）.1c 圣人只是先于我们发现存在于我们每一个人心中的理义而已（11·7）

（2）.1e 一个人做出不善的事，并不是他的本性使然（11·6、11·7）

  （2）.1e.（1a）（一个人做出不善的事是由外界环境导致的）（11·2）

    （2）.1e.（1a）.1 人会受到外界影响而做出不善的事，就像水受到外力影响而越过我们的额头，或者反向山上流一样（11·2）

    （2）.1e.（1a）.2 大多数的年轻人在灾年而不是丰年时变得暴力（11·7）

    （2）.1e.（1a）.3 在相同的时间和地点播种的大麦，会由于土壤的肥沃程度不同和接受雨露滋养的多寡不同，而出现生长不均匀的现象（11·7）

    （2）.1e.（1a）.4 牛山因为外部因素的干扰，而从草木繁茂变得贫瘠荒芜（11·8）

  （2）.1e.1b 一个人做出不善的事是由于自暴自弃（11·8）

图 3-2 人禽之辩中有关"人性是否为善"的论辩结构图

在图 3-2 中，分立场（2）.1a、（2）.1b、（2）.1c、（2.1d）和（2）.1e，从人人都具有恻隐之心、人人都具有行善的倾向、人人都热爱理义这一美好品德、人人都具有成为圣人的潜力，以及行不善并非人的本性这五个层面，共同支撑孟子没有明确提出但通过重构可以得出的主立场（2）"人性中存在固有的向善性"，采用的是征兆型论证型式以及并列型论辩结构；其中，（2）.1a、（2）.1b、（2）.1c 和（2.1d）相互间通过增加论证来增强整个结构的论证力，属于累积性的并列型论证，而（2）.1e 则是由于考虑到了反方对于现实生活中存在不善的行为这一可能的反对意见而补充的论证，属于补充性的并列型论证。各个分立场下面同一级的论证，则分别用于支撑对应于该层级的分立场。例如：（2）.1a.1 通过列举"孺子将入于井"的例子，支撑分立场（2）.1a，采用的是征兆型论证型式和单一型论辩结构；（2）.1b.1 通过将人行善的倾向同水向下流的倾向进行类比，支撑分立场（2）.1b，采用的是比较型论证型式和单一型论辩结构，而（2）.1b.1.1 通过举例说明舜具有行善的自然倾向，支撑分立场（2）.1b.1，采用的是征兆型论证型式和单一型论辩结构；（2.1d）.1a、（2.1d）.1b 和（2.1d）.1c 共同支撑分立场（2.1d），采用的是因果型论证型式和累积性的并列型论辩结构；（2）.1e.（1a）、（2）.1e.1b 分别从外界环境和个人角度，共同支撑分立场

（2）.1e，采用的也是征兆型论证型式和累积性的并列型论辩结构；（2）.1e.（1a）.1、（2）.1e.（1a）.2、（2）.1e.（1a）.3 和（2）.1e.（1a）.4 通过举例各自独立支撑分立场（2）.1e.（1a），运用的是多重型论辩结构；（2）.1e.（1a）.1 将人受到外界影响而行不善同水受到外力影响而向上流动进行类比，（2）.1e.（1a）.3 将处于不同外界环境影响下的人的行为同大麦的生长进行类比，以及（2）.1e.（1a）.4 将受到外部因素影响下人的行为变化同牛山的变化进行类比，三者分别用以支撑（2）.1e.（1a），采用的都是比较型论证型式，而（2）.1e.（1a）.2 以年轻人在灾年和丰年的不同行为为例来支撑（2）.1e.（1a），采用的是征兆型论证型式。

3.4　重构"仁和义是否都是人性善的内在体现"

在 11·1 中，告子声称仁和义都是外在于人性的（"以人性为仁义，犹以杞柳为桮棬"），而在 11·4 中，告子又提出"仁内义外"的观点（"仁，内也，非外也；义，外也，非内也"）。告子在这两个章节中的观点，引发了其与孟子围绕人性的第三个主要意见分歧，即围绕"仁和义是否都是人性善的内在体现"而展开的讨论。11·1 和 11·4 都涉及为消除第三个主要意见分歧而进行讨论的冲突阶段（粗体）所对应的话语。

告子从 11·1 中声称仁和义均外在于人性，到 11·4 中改称为"仁内义外"，这一让步表明其接受了孟子在图 3-2 中的立场"人性中存在固有的向善性"，因为他至少已经承认了"仁"是内在于人性的。由于告子的这一让步，使得对第二个主要意见分歧，即"人性是否为善"的消除——孟子的立场"人性中存在固有的向善性"——成为消除第三个主要意见分歧的部分出发点，因为告子只有接受了孟子的立场，并且承认这种向善的倾向至少体现为内在的仁德，告子才能够与孟子展开有关第三个意见分歧的讨论，即是否不仅是"仁"，而且还有"义"，都是"人性善"的内在体现。此外，为消除第三个意见分歧而出现在讨论开始阶段（斜体)的共同出发点,也出现在 13·15 中。 13·15 所表达的思想是,"仁"和"义"都是不需要经过后天的学习或者思考的、每个人都拥有的"良知"与"良能",而亲爱与我们关系亲近的人和尊敬年长的长辈,就是这种"良知"与"良能"的自然体现。 这种对"仁"和"义"的常识性理解,就构成了第三场讨论中开始阶段(斜体)的一部分,即为第三场讨论的展开设定了另一部分"共同的讨论基础"。

> 孟子曰:"人之所不学而能者,其良能也;所不虑而知者,其良知也。孩提之童无不知爱其亲者,及其长也,无不知敬其兄也。亲亲,仁也;敬长,义也;无他,达之天下也。"(13·15)

为消除第三个意见分歧而进行的论证辩护和批判性回应,也即批判性讨论的论辩阶段(下划线)所对应的话语,出现在 8·19 和 13·16 所列举的舜的事例中,以及在 11·1 和 11·4 中告子的不同言论之后。

第三场讨论的结论阶段所对应的话语,在《孟子》一书中再一次隐而未表。

11·1 是 11·2 和 11·3 之外,孟子和告子之间展开的又一场辩论。在 11·1 中,告子首先将"人性"比喻为"杞柳",而将"仁义"比喻为"由杞柳而制成的杯子和碗"。 在答复中,孟子运用了"潜在论题的选择""受众需求的适应"和"表达技巧的使用"三方面的策略操控:先是通过修辞问句中的设问这一表达手段,延续告子提出的"性犹杞柳也"这一论题,从而起到顺应告子将性与杞柳进行类比的目的;接着,指出"仁义"相对于"人性",同"杞柳"相对于"桮棬"之间的本质差异,那就是由杞柳制成杯子和碗时会不可避免地伤害到杞柳自身,而"仁"和"义"并非是通过伤害一个人而制造出来的。

> 告子曰:"**性犹杞柳也,义犹桮棬也;以人性为仁义,犹以杞柳为桮棬。**"

孟子曰："子能顺杞柳之性而以为桮棬乎？将戕贼杞柳而后以为桮棬也？如将戕贼杞柳而以为桮棬，则亦将戕贼人以为仁义与？率天下之人而祸仁义者，必子之言夫！"（11·1）

11·4 是孟子和告子之间的第四场，也是最后一场明示的辩论。其中，孟子对于告子"仁内义外"的主张直接提出了疑问，并针对告子用于论证其自身主张的例子，比如尊敬长者、称谓白色的事物、爱护自己的弟弟而不爱秦国人的弟弟等，孟子也逐一进行了反驳。在这里，孟子仍然采用了"潜在论题的选择""受众需求的适应"和"表达技巧的使用"三方面的策略操控。孟子首先通过继续告子提出的论题"仁内义外"（潜在论题的选择），达到顺应告子（受众需求的适应）的目的，同时，通过修辞问句中疑问的表达方式（表达技巧的使用），让告子就其所提出的"仁内义外"做出进一步的阐述说明，于是，告子就用其对"长"和对"白"的态度来说明他所谓的"义外"。接着，孟子再一次以告子的"长"和"白"为论题（潜在论题的选择和受众需求的适应），辅以修辞问句中反问的表达手段（表达技巧的使用），指出告子论证中对"长者义"与"长之者义"二者的混淆之处；针对孟子的反问，告子又以"爱吾弟"和"爱秦人之弟"之间的差别来说明"仁内"，而以"长楚人之长"和"长吾之长"之间的相似来说明"义外"。对此，孟子继续顺着告子的思路，以"耆秦人之炙"和"耆吾炙"之间的相似（潜在论题的选择和受众需求的适应），然后以反问的形式（表达技巧的使用），点明对烤肉的爱好并不是外在于个人的。

告子曰："食色，性也。仁，内也，非外也；义，外也，非内也。"
孟子曰："何以谓仁内义外也？"
（告子）曰："彼长而我长之，非有长于我也；犹彼白而我白之，从其白于外也，故谓之外也。"
（孟子）曰："异于白马之白也，无以异于白人之白也；不

识长马之长也，无以异于长人之长与？且谓长者义乎？长之者
义乎？"

（告子）曰："吾弟则爱之，秦人之弟则不爱也，是以我为
悦者也，故谓之内。长楚人之长，亦长吾之长，是以长为悦者
也，故谓之外也。"

（孟子）曰："耆秦人之炙，无以异于耆吾炙，夫物则亦有
然者也，然则耆炙亦有外欤？"（11·4）

另外，8·19 和 13·16 都以舜为例，用以论证说明人性善的体现。
在 8·19 中，孟子指出人与禽兽之间只存在很微小的差别，而这种差别在
于人拥有仁义；13·16 也以舜为例，为"人性中存在固有的向善性"主
张提供进一步的支持。 孟子在这两个章节中意在论证说明的是，舜一旦
在亲自经历一次善行之后，就开始显现出想要行善的自然倾向，而这种自
然倾向的显现源自（舜内在所拥有的）仁和义。

综合以上对 8·19、11·1、11·4、13·15 和 13·16 的分析，我们
可以将孟子有关"仁和义是否都是人性善的内在体现"这一意见分歧所持
立场的论证，重构如图 3-3 所示：

（3）（仁和义都是人性善的内在体现）
 （3）.1 与损害杞柳而制成杯子和碗不同，仁和义并非是通过损害一个
   人而从人性中制造出来的（11·1）
 （3）.2 仁和义都是人人生而具备的德性（13·15）
  （3）.2.1a 在不需要经过学习或思考的情况下，人们就能亲爱那些
    与他们关系亲近的人（"仁"的体现）（13·15）
  （3）.2.1b 在不需要经过学习或思考的情况下，人们就能尊敬长辈
    （"义"的体现）（13·15）
   （3）.2.1b.1 对年长者的尊敬之情存在于一个人的心中，就像
     亲爱自己的弟弟和喜欢烤肉这些内在的情感一样
     （11·4）
 （3）.3 舜在听到或者观察到一次善行之后，就遵循自己内心的仁义之
   情，开始表现想要行善的自然倾向（8·19、13·16）

图 3-3　人禽之辩中有关"仁和义是否都是人性善的内在体现"的论辩结构图

在图3-3中，（3）.1、（3）.2和（3）.3可以分别独自支撑主立场（3），运用的是多重型论辩结构。其中，（3）.1通过将"仁义"之于"人性"同"桮棬"之于"杞柳"进行类比，支撑主立场（3），采用的是比较型论证型式；（3）.2支撑主立场（3），采用的是因果型论证型式，而（3）.3以舜为例，说明经由对外界善行的观察，可以激发出内在于一个人的仁义之情，支撑主立场（3），采用的是征兆型论证型式；（3）.2.1a和（3）.2.1b分别列举内在于每个人心中的亲亲、敬长之情，共同支撑分立场（3）.2，采用的是征兆型论证型式和累积性的并列型论辩结构；（3）.2.1b.1将对年长者的尊敬之情与亲爱自己的弟弟和热爱烤肉的情感进行类比，支撑分立场（3）.2.1b，采用的是比较型论证型式和单一型论辩结构。

3.5　小结

综上所述，关于人禽之辩，孟子（正方）与其直接对话者以及隐含的异见者（反方），分别就"生是否即为性""人性是否为善"和"仁和义是否都是人性善的内在体现"这三个"单一混合型意见分歧"，展开了三场讨论。这三场讨论分别由支撑三个主立场的论证构成，即对第一个立场"饮食男女这一生理层面并非人性的全部内容"的论证（见图3-1），对第二个立场"人性中存在固有的向善性"的论证（见图3-2），以及对第三个立场"仁和义都是人性善的内在体现"的论证（见图3-3）。这三大论证是相互关联又逐层推进的；其中，对第一个立场的成功辩护，构成了为第二个立场进行辩护的部分出发点，而对第二个立场的成功辩护，又构成了为第三个立场进行辩护的部分出发点。三大论证一起共同构成了孟子有关"人禽之辩"的有机组成部分。[1]

从图 3-1、图 3-2 和图 3-3 来看,在论证其立场的过程中,孟子多次采用了征兆型(7 次)、比较型(7 次)和因果型(3 次)论证型式,各条论证之间构成的有累积性(7 次)和补充性(1 次)的并列型论辩结构、多重型论辩结构(2 次)和单一型论辩结构(4 次)。 其中,征兆型和比较型论证型式的多次使用,表明在人禽之辩的过程中,孟子多次采用举例和类比的方式为其立场提供支撑性的理由;累积性并列型论辩结构的多次使用,则表明孟子主要是通过提出多条理由,加强其初始论证的方式来支撑其立场的。 此外,孟子还综合运用了"潜在论题的选择""受众需求的适应"和"表达技巧的使用"三方面的策略性操控。 由于孟子对其立场的成功辩护,是建立在反方在相关意见分歧的讨论过程中所做出让步的基础之上的,所以,反方很难拒绝基于其自身让步而推理得出的结论。 因此,在三场讨论的论辩阶段,孟子通过策略性的方式,实现了受众接受性这一修辞性目标;同时,孟子以论辩性讨论的方式,对反方的立场以及反方对正方论证所做出的批判性反应,都进行了逐一反驳与论证,从而支撑了孟子自身隐含未表的立场,也就实现了批判性讨论中论辩阶段的论辩合理性目标。

需要指出的是:从本书绪论可知,针对《孟子》文本中人性相关的论辩性话语,前人也曾从逻辑的视角进行过大量探讨;其中,大多数研究关注到了人性讨论中部分篇章中的局部话语以及相应的局部的逻辑推理结构,但是,只有少数研究考虑到了较全面的相关篇章中的话语,并尝试给出了逻辑视角下的证明。 例如:甘筱青等在明确孟子有关性善论的基本假设、相关定义与公理的基础上,对性善论中的四个命题,分别运用相关定义和公理逐一进行证明并给出了例证和说明。[2] 然而,无论是对每一个命题下的证明,还是对孟子有关人性善所持立场的整体论证,这种公理

---

1 本章中有关人禽之辩的话语重构与分析,部分已发表于 Yan Linqiong and Xiong Minghui, "Refutational Strategies in Mencius's Argumentative Discourse on Human Nature", *Argumentation*, vol. 33, no. 4 (Dec. 2019), pp. 541-578。

2 甘筱青等:《〈孟子〉的公理化诠释》,江西人民出版社,2014 年。

化的证明没有明晰针对每一个命题的论证结构图，并且公理化证明中的基本假设以及四个命题本身何以得出，也缺乏相应证明。 相较于之前对《孟子》文本中人性话语的逻辑研究，考虑到古人著作诗化编码下话语"形散神聚"的特点，在第 2 章提炼得出的、统领孟子论辩性话语合理性的"一体两面"哲学基础上，本章运用语用论辩方法下的批判性讨论理想模型，对人禽之辩同一主题下看似松散的话语，依照不同的意见分歧，进行了系统性的整合重构，可以一步步明晰孟子与其反方之间有关具体命题所存有的意见分歧，以及孟子对该命题所持有的立场；同时，还可以从重构得出的论辩结构图 3－1、图 3－2、图 3－3 以及相应的解析中，进一步明晰孟子在论证其立场时所采用的支撑性理由，以及理由与观点之间的逻辑关系。

第 4 章

"王霸之辩"的论证重构

4.1　概述

　　战国时期被称为"百家争鸣"的时代。 在那个时代，各个学派的学者对人性的论证，最终都是为了给各自的社会政治抱负与主张奠定形上学的哲学基础，并且作为那个时期的"公共知识分子"，他们周游列国，试图向各国国君推行各自的社会政治主张。 孟子对人性善的论证，正是构成其王道仁政主张的儒家道德形上学基础，并且同其他"公共知识分子"一样，孟子也曾周游列国，推行其王道仁政的主张。

　　从第 3 章对人禽之辩的分析性论证重构中，我们可以看到，除了论证"饮食男女这一生理层面并非人性的全部内容"（见图 3 - 1）和"人性中存在固有的向善性"（见图 3 - 2），孟子还进一步论证说明了"仁和义都是人性善的内在体现"（见图 3 - 3）。 此外，孟子指出，自在于我们每个人心中的善性，如果得以扩充，将可以像火一样成燎燃之势，像水一样汇聚成江河（3 · 6 "凡有四端于我者，知皆扩而充之矣，若火之始然，泉之始达"）。 孟子还在同齐宣王的一次对话中，借齐宣王对即将"衅钟"之牛的恻隐之心，劝谏齐宣王将其对禽兽的恩惠推广到对待他的国民身上（1 · 7 "今恩足以及禽兽，而功不至于百姓者，独何与？ ……百姓之不见保，为不用恩焉。 ……言举斯心加诸彼而已"）。 将仁与义扩充推广到国君对国家和人民的治理中，就是孟子向战国时期各国君主进行游说的目的，被后世学者们归纳为孟子的"王道政治学"，其基本主张就是国君应该施行王道仁政以使天下安定统一。孟子对这一政治主张的论证，主要围绕着当时由他所提倡的儒家"王道仁政"思想，以及其他对手学派如杨朱学派、纵横家、法家等所代表的"霸道霸政"思想而展开。孟子对于王道仁政主张的论证，占据了整个《孟子》文本中相当大的篇幅；除了王霸之辩，还涉及民本论证、统治者需要正己的论证等，本书暂且只讨论其中的"王霸之辩"部分。[1]

对孟子有关王霸之辩的话语进行重构，需要根据"微观"的"语言语境"线索，即文本中的明示表达，并结合"中观"的"情景语境"、"宏观"的"互文性语境"，以及语用的、逻辑的推理和相关背景信息，首先，识别出《孟子》文本中与王霸之辩相关的话语；然后，对这些话语进行初步分析，判断王霸之辩所涉及的主要的意见分歧以及孟子所持有的主立场，从而确定王霸之辩所涉及的几场主要的讨论；最后，分别对各场讨论中与批判性讨论各个阶段相对应的话语进行分析性重构。

搜索《孟子》文本中的关键词，同时参考陈来和王志民主编的《〈孟子〉七篇解读》[2]，以及杨伯峻编著的《孟子译注》[3]中的相关解读来进行内容方面的关联，有助于识别《孟子》文本中与王霸之辩相关的话语。

首先，通过搜索"王""霸"这两个关键词发现：在3·3（"以力假仁者霸……以德行仁者王"）中，孟子直接将"王""霸"依据仁德标准并列讨论，并分别给出了概念限定，从而明确开启了孟子有关"王道"与"霸道"的讨论，也即王霸之辩；6·1（"大则以王，小则以霸"）从君主能获得的功业大小方面，将"王"与"霸"并列起来进行了讨论；关于王道的明示讨论，1·3（"养生丧死无憾，王道之始也"）直接谈及王道之于民而言所涉及的内容；此外，1·3（"然而不王者，未之有也"）

---

1 孟子有关王道仁政主张的论证，属于其在政治领域的论证。笔者参与的有关孟子政治论证中的策略研究，为本章的撰写奠定了基础，参见 Xiong Minghui and Yan Linqiong, "Mencius's Strategies of Political Argumentation", *Argumentation*, vol. 33, no. 3 (Sep. 2019), pp. 365–389。

2 陈来、王志民主编:《〈孟子〉七篇解读》,齐鲁书社,2018 年。

3 杨伯峻译注:《孟子译注(简体字本)》,中华书局,2019 年(第 2 版)。

连同1·7（"故王之不王""然而不王者，未之有也"）和3·5（"然而不王者，未之有也"），都出现有否定的表达形式"不王"，即不施行王道或者不能称王，而3·1（"行仁政而王"）直接将"王道"与"仁政"两个概念统一了起来；4·13（"五百年必有王者兴"）也直接涉及施行王道仁政的贤君王者的讨论；关于霸道的明示讨论，则出现在3·1（"管仲以其君霸"）、12·7（"五霸者，三王之罪人也"）以及13·30（"五霸，假之也"）中。

除了以上这些章节中涉及"王"和"霸"的明示指示词，从内容上看，以下章节也同王霸之辩相关。6·9（"天下之生久矣，一治一乱"）涉及天下治乱规律的讨论，与4·13（"五百年必有王者兴，其间必有名世者""由周而来，七百有余岁矣。以其数，则过矣；以其时考之，则可矣"）直接相关。1·3（"狗彘食人食而不知检，涂有饿莩而不知发"）、1·4和6·9（"庖有肥肉，厩有肥马，民有饥色，野有饿莩，此率兽而食人也"），以及2·12和4·4（"凶年饥岁，君之民老弱转乎沟壑，壮者散而之四方者，几千人矣；而君之仓廪实，府库充"）中，有关国君的仓库和厨房里财物与食物的充盈，同老百姓穷困潦倒的凄惨生活之间的鲜明对比，都是对3·1（"民之憔悴于虐政，未有甚于此时者也"）中有关"霸道霸政"下老百姓悲惨至极的生活状况的具体描述，并且这些描述都旨在为3·1末尾（"当今之时，万乘之国行仁政，民之悦之，犹解倒悬也""饥者易为食，渴者易为饮"）孟子意在说明老百姓热切期待出现行仁政的国君做铺垫，而9·5（"天视自我民视，天听自我民听"）中引用《太誓》，说明老百姓的意愿就是老天的旨意，从而不可违背，又与前述老百姓的热切期盼相呼应。1·6（"不嗜杀人者能一之"）中孟子回答梁襄王问话时，直接表明只有爱惜他人生命，不爱杀人的君主才能统一天下，这与8·28（"仁者爱人……爱人者，人恒爱之"）中"仁者爱人"，以及14·14（"民为贵，社稷次之，君为轻"）中"民贵君轻"的思想一致。1·7（"以一服八，何以异于邹敌楚哉？""然则小固不可以敌大，寡固不可以敌众，弱固不可以敌强"）中针对齐宣王意欲"莅中国而抚四夷"的"大欲"，孟子指出仅一国的武力很难与其他各诸侯国抗衡，这与 3·3（"以力服人者，非心服也，力不赡也"）中对"霸道"只是假借仁义，而实质上是靠武力来使他人屈服的描述相关。14·13（"不仁而得国者，有之矣；不仁而得天下者，未之有也"）明确指出，不施行仁政的霸道，可以靠武力征服一个国家而很难真正统一天下，因而 14·13 也与 1·7 和 3·3 密切相关。7·3（"三代之得天下也以仁，其失天下也以不仁"）中以夏、商、周三个朝代为例，说明行仁政可以得到天下，而不行仁政就会失去天下，这与 3·3（"以德服人者，中心悦而诚服也"）中对"王道"的本质在于以仁德来使老百姓心悦诚服的论断相关，而老百姓的这种心悦诚服，又具体体现在 1·7 和 3·5 中的描述，即在施行王道仁政的国家里，士、农、商、旅、民各阶层的人民都将得以休养生息，过上安定富足的生活。7·1（"尧舜之道，不以仁政，不能平治天下"）对尧和舜因施行仁政而令天下大治的叙述，又与 7·3 中对夏、商、周三代通过仁政得到天下的叙述类似。1·5（"仁者无敌"）中针对梁惠王请教何以扭转魏国屡次战败的失利局面，孟子直接点明行仁政的国君是无敌于天下的，这又与 4·1（"得道者多助，失道者寡助"）有关得道者与失道者的叙述相关。

总的来看，《孟子》文本中有关王霸之辩的论辩性话语，大致散布在 7 篇、11 卷、共 22 个章节中，即 1·3、1·4、1·5、1·6、1·7、2·12、3·1、3·3、3·5、4·1、4·4、4·13、6·1、6·9、7·1、7·3、8·28、9·5、12·7、13·30、14·13、14·14。其中，一些章节中包含有明示的论证指示词，比如同时包含理由和观点的指示词："如……则……"（1·3、1·6、6·1）、"若……，则……"（1·7）、"今……则……"（3·1）、"无……，斯……"（1·3）、"如……可……"（1·5）、"然而……，是……"（4·1）、"所以……者……"（8·28）、"……，斯……"（2·12）等；表明紧接着的是观点的指示词："其如是，……""诚如是也，……"（1·6）、"无以，则……"（1·7）、"若是，则……"（3·1）、"如此，则……"（3·5）、"然则……"（1·7、4·4、9·5）、"然而……"（1·3、1·7、3·5）、"其若是，……"（1·7）、"盖……"（1·7）、"是

故……"（1·7、12·7、14·14）、"故……"（1·7、3·1、4·1）、"故曰……"（4·1、9·5、12·7）、"……是以……"（3·1）、"之所以……"（7·3）等，以及"且……"（3·1、6·1）、"……此之谓也"（3·3、9·5）等，表明后续还有理由或者前述为理由的指示词（见附录，表2-1）。综合以上章节来看，有关王霸之辩，孟子与其明示或隐含的反方之间就三个主要的"单一非混合型意见分歧"，即"天下安定统一是否历史发展至今的必然趋势""君主是否施行王道仁政，才能实现天下安定统一"和"君主施行王道仁政，是否需要摒弃霸道霸政"，展开了三场讨论。

与第3章对人禽之辩的论证重构相似，本章会继续采用语用论辩学分析框架下的批判性讨论理想模型作为启发性与分析性工具，根据讨论模型的四个讨论阶段，分别对王霸之辩相关的论辩性话语进行分析性重构，同时结合策略操控的三个方面（潜在论题的选择、受众需求的适应和表达技巧的使用），得出孟子针对每一个主要意见分歧的相关立场进行论证的分析概览，包括与每一个意见分歧相对应的各场讨论中涉及的论证各方、意见分歧、共同出发点、立场、未表达前提、论证型式、论辩结构以及讨论结果。在所引述的相关论辩性话语中，本章依然按照语用论辩学提出的话语重构的标记方法，即涉及冲突阶段的话语用粗体标示，开始阶段用斜体标示，论辩阶段用下划线标示，而结论阶段用着重号标示。

4.2 重构"天下安定统一是否历史发展至今的必然趋势"

在推行王道仁政主张而与反方进行王霸之辩时，孟子与反方之间围绕的第一个主要意见分歧是"天下安定统一是否历史发展至今的必然趋势"。针对该意见分歧所展开的讨论中，孟子依然是正方，其所持立场是肯定的，即"天下安定统一是历史发展至今的必然趋势"；反方包括直接与孟子就此意见分歧进行过对话的各诸侯国国君，如梁惠王（1·3、

1·4 ），梁襄王（1·6 ），齐宣王（1·7 ），邹穆公（2·12 ），还有齐国大夫孔距心（4·4 ），以及孟子的学生公孙丑（3·1 ）、充虞（4·13 ）、公都子（6·9 ）和万章（9·5 ），他们对孟子的立场主要持质疑态度，而反方还包括《孟子》文本中没有明确说明的、其他潜在的、对孟子立场持有质疑或者反对态度的人。

从 1·6 中我们可以看到，当孟子会见魏国国君梁襄王时，梁襄王直接问孟子："天下恶乎定？"在孟子回答天下只有实现统一才能安定时，梁襄王又继续追问："孰能一之？"这表明，以梁襄王为代表的诸侯国国君（反方）对于"天下需要安定统一"是认同的，但对于"当时的天下是否趋向于安定统一"以及"是否趋向于由贤君来实现安定统一"，是持质疑态度的。因此，这部分话语中，既有对应于第一场讨论中冲突阶段（粗体）的部分话语，也有对应于开始阶段（斜体）的话语。

> 孟子见梁襄王，出，语人曰："望之不似人君，就之而不见所畏焉。卒然问曰：**'天下恶乎定？'**
> "吾对曰：**'定于一。'** ……"（1·6 ）

1·7 是孟子与齐宣王之间展开的数次对话之一；其中，孟子运用了"潜在论题的选择"和"表达技巧的使用"两方面的策略操控。孟子通过向齐宣王提问的方式（表达技巧的使用），一步步地引导齐宣王承认了他的"大欲"，即"欲辟土地，朝秦楚，莅中国而抚四夷"，也就是统一天下的欲望，而有关如何统一天下，以及由谁来统一天下的问题，正是孟子通过步步设问所意欲触及的论题（潜在论题的选择）。齐宣王统一天下的欲望，显然与当时天下四分五裂、诸侯纷争、社会动荡不安的历史大背景相关，而天下统一是结束社会动荡的必然路径与选择，这也是讨论正反双方都承认的共同出发点。但是，关于由谁来统一以及如何实现统一的问题，正反双方之间显然是存在分歧的。此外，在 6·9 中，孟子回答弟子公都子关于其"好辩"的传闻时，简要叙述了"天下之生久矣，一治一乱"的治乱循环规律，这也暗示说明，乱世该到结束的时候了，而孟子的"不得已"而"辩"，正是为了"正人心，息邪说，距诐行，放淫辞，以承三圣者"，也就是为了实现大禹、周公、孔子三位圣人所治理或所期望达到的社会太平。6·9 中有关治乱循环规律的描述，又与 4·13 中"五百年必有王者兴，其间必有名世者。由周而来，七百有余岁矣。以其数，则过矣；以其时考之，则可矣"相呼应。因此，1·7、4·13 和 6·9 中的部分话语，都对应于围绕"天下安定统一是否历史发展至今的必然趋势"这一主要意见分歧而展开讨论的开始阶段（斜体）。

………（孟子）"……王请度之！

"抑王兴甲兵，危士臣，构怨于诸侯，然后快于心与？"王曰："否，吾何快于是？将以求吾所大欲也。"（孟子）曰："王之所大欲可得闻与？"……

王笑而不言。……

曰："否，吾不为是也。"

曰："然则王之所大欲可知已，欲辟土地，朝秦楚，莅中国而抚四夷也。……"（1·7）

孟子去齐，充虞路问曰："夫子若有不豫色然。前日虞闻诸夫子曰：'君子不怨天，不尤人。'"

曰："彼一时，此一时也。*五百年必有王者兴，其间必有名世者。由周而来，七百有余岁矣。以其数，则过矣；以其时考之，则可矣*。夫天未欲平治天下也；如欲平治天下，当今之世，舍我其谁也？吾何为不豫哉？"（4·13）

公都子曰："外人皆称夫子好辩，敢问何也？"

孟子曰："予岂好辩哉？予不得已也。*天下之生久矣，一治一乱*。当尧之时，……

"*尧舜既没，圣人之道衰，暴君代作，*……*周公相武王诛纣，伐奄三年讨其君，*……

"*世衰道微，邪说暴行有作，臣弑其君者有之，子弑其父者有之。孔子惧，作《春秋》。*……

　　"圣王不作，诸侯放恣，处士横议，杨朱、墨翟之言盈天下。……

　　"昔者禹抑洪水而天下平，周公兼夷狄、驱猛兽而百姓宁，孔子成《春秋》而乱臣贼子惧。《诗》云：'戎狄是膺，荆舒是惩，则莫我敢承。'无父无君，是周公所膺也。我亦欲正人心，息邪说，距诐行，放淫辞，以承三圣者；岂好辩哉？予不得已也。能言距杨墨者，圣人之徒也。"（6·9）

　　孟子对其未明示表达出来的主要立场"天下安定统一是历史发展至今的必然趋势"进行论证的话语，主要出现在 1·3、1·4、2·12、3·1、4·4、4·13、6·9 和 9·5 等 8 个章节中。 在 4·13 和 6·9 中，孟子对周武王统一天下以来所出现的治乱循环规律的总结，一方面，作为其与反方就"天下安定统一是否历史发展至今的必然趋势"这一意见分歧所持有的共同出发点；另一方面，也是论证其自身所持主张的部分依据，即通过"五百年必有王者兴，其间必有名世者"（4·13）和"由周以来，七百有余岁矣。 以其数，则过矣；以其时考之，则可矣"（4·13），共同论证第一个未明示的分立场——"按照治乱循环的规律，现在该到了天下重归太平的时候了"。 该分立场隐含在 4·13，尤其是 6·9"天下之生久矣，一治一乱"的描述中。 因此，4·13 和 6·9 中下划线部分的话语，既对应于第一场讨论的开始阶段（斜体），同时也对应于论辩阶段（下划线）（见上述引文）。

　　除了提出"按照治乱循环的规律，现在该到了天下重归太平的时候了"这一分立场，孟子还通过 3·1（"当今之时，万乘之国行仁政，民之悦之，犹解倒悬也"），表明老百姓也热切期盼出现一位贤君来统一天下，这也是论证支撑这场讨论中主立场的第二个分立场。 在 3·1 中，通过"且王者之不作，未有疏于此时者也""民之憔悴于虐政，未有甚于此时者也"，孟子指出乱世中两方面的事实，那就是长久没有出现过贤明的执政者，以及老百姓正遭受最残暴的政治折磨；同时，根据交际原则，我们可以推断，这里还隐含着一个未明示表达的前提，即贤明的执政者可以让老百姓免受残暴的政治折磨。

> "……今时则易然也：……<u>且王者之不作，未有疏于此时者</u>
> <u>也；民之憔悴于虐政，未有甚于此时者也。饥者易为食，渴者易</u>
> <u>为饮</u>。孔子曰：'德之流行，速于置邮而传命。'<u>当今之时，万</u>
> <u>乘之国行仁政，民之悦之，犹解倒悬也。故事半古之人，功必倍</u>
> <u>之，惟此时为然</u>。"（3·1）

除3·1之外，对第二个分立场的论证还出现在1·3、1·4、2·12
和4·4中。这4个章节以写实的手法，描述了暴君虐政统治下国君们的
奢靡生活与老百姓的悲惨生活。例如：1·3中"狗彘食人食而不知检，
涂有饿莩而不知发"，2·12和4·4中"凶年饥岁，君之民老弱转乎沟
壑，壮者散而之四方者，几千人矣；而君之仓廪实，府库充"，以及1·
4中"庖有肥肉，厩有肥马，民有饥色，野有饿莩，此率兽而食人也"，
都为"民之憔悴于虐政"（3·1）提供了进一步的实例支撑。

在1·3和1·4中，孟子综合运用了"潜在论题的选择""受众需求
的适应"和"表达技巧的使用"三方面的策略性操控。在1·3中，梁惠
王表达其用心治国却仍然不能增加其国民数量的疑问，表明梁惠王与孟子
之间就应该如何从根本上增加国民数量方面存在意见分歧，也属于就"天
下安定统一是否历史发展至今的必然趋势"这一"主要的意见分歧"所展
开讨论过程中的一个"次要的意见分歧"，对应于孟子与其反方就王霸之
辩第一个主要意见分歧所展开讨论的冲突阶段（粗体）。针对梁惠王的
询问，孟子没有直接给出答案，而是以梁惠王所喜好的战争来打比方（受
众需求的适应），并以设问句的形式（表达技巧的使用），引导梁惠王自
己说出在战场上无论是后退一百步，还是后退五十步，都属于逃兵的看
法，由此与梁惠王在战争中有关逃兵的看法达成一致，形成孟子与梁惠王
之间的共同出发点，所以，这部分话语对应于就第一个主要意见分歧所展
开讨论的开始阶段（斜体）。紧接着这一战争比喻，孟子回到了梁惠王
所咨询的为何国民数量没有比邻国多这一问题上来，逐步引出孟子所意欲

推行的王道主张（潜在论题的选择），并分别从正面阐述如何对待老百姓而施行王道，以及从反面说明虐待老百姓而违背王道的做法（表达技巧的使用）。 最后，孟子直接根据梁惠王的疑问给出了答案，就是老百姓的数量增减不在于年成的好坏，而在于是否施行王道。 因此，这部分话语对应于相关讨论的论辩阶段（下划线）。

梁惠王曰："**寡人之于国也，尽心焉耳矣**。河内凶，则移其民于河东，移其粟于河内。河东凶亦然。察邻国之政，无如寡人之用心者。邻国之民不加少，寡人之民不加多，何也?"

孟子对曰："王好战，请以战喻。填然鼓之，兵刃既接，弃甲曳兵而走。或百步而后止，或五十步而后止。以五十步笑百步，则何如？"

曰："不可；直不百步耳，是亦走也。"

曰："<u>王如知此，则无望民之多于邻国也。</u>

"<u>不违农时，谷不可胜食也；数罟不入洿池，鱼鳖不可胜食也；斧斤以时入山林，材木不可胜用也。谷与鱼鳖不可胜食，材木不可胜用，是使民养生丧死无憾也。养生丧死无憾，王道之始也。</u>

"<u>五亩之宅，树之以桑，五十者可以衣帛矣。鸡豚狗彘之畜，无失其时，七十者可以食肉矣。百亩之田，勿夺其时，数口之家可以无饥矣。谨庠序之教，申之以孝悌之义，颁白者不负戴于道路矣。七十者衣帛食肉，黎民不饥不寒，然而不王者，未之有也。</u>

"<u>狗彘食人食而不知检，涂有饿莩而不知发；人死，则曰：'非我也，岁也。'是何异于刺人而杀之，曰：'非我也，兵也。'王无罪岁，斯天下之民至焉。</u>"（1·3）

在 1·4 孟子与梁惠王的再次对话中，孟子首先选择一个梁惠王所熟知的、用棍棒和用刀刃来杀人的例子（受众需求的适应），然后引出用刀刃和通过虐政来杀人的主题（潜在论题的选择），并通过两次设问句的表达形式（表达技巧的使用），引导梁惠王表达出通过虐政杀人与用刀刃杀人没什么两样的看法，从而构成孟子与梁惠王之间就为何国君需要施行王道仁政而进行讨论的部分共同出发点，对应于"天下安定统一是否历史发展至今的必然趋势"这一主要意见分歧所展开讨论的开始阶段（斜体）。基于这一共同出发点，孟子进一步描绘了国君的丰盈生活与老百姓的凄惨境遇，并直接将这种鲜明对比描述为"率兽而食人"，再通过修辞问句中反问句的使用（表达技巧的使用），强化了孟子所意欲表达的观点，那就是为民父母不应该因为虐政，让自己的老百姓忍受饥饿而死去（论辩阶段，下划线）。

> 梁惠王曰："寡人愿安承教。"
> 孟子对曰："杀人以梃与刃，有以异乎？"
> 曰："无以异也。"
> "以刃与政，有以异乎？"
> 曰："无以异也。"
> 曰："庖有肥肉，厩有肥马，民有饥色，野有饿莩，此率兽而食人也。兽相食，且人恶之；为民父母，行政，不免于率兽而食人，恶在其为民父母也？仲尼曰：'始作俑者，其无后乎！'为其象人而用之也。如之何其使斯民饥而死也？"（1·4）

在 2·12 中，孟子主要运用的是"潜在论题的选择"方面的策略操控。邹国与鲁国发生冲突后，针对邹国的官员损失惨重而老百姓见死不救的现象，邹穆公询问孟子，究竟要不要惩罚见死不救的老百姓。结合孟子所宣扬的"民本"以及"民贵君轻"的思想，这部分涉及孟子与邹穆公之间有关国君应当如何对待老百姓这方面的意见分歧，也属于"天下安定统一是否历史发展至今的必然趋势"这一"主要意见分歧"下的另一个"次要意见分歧"。因此，这部分话语对应于有关主要意见分歧所展开讨论的冲突阶段（粗体）。针对邹穆公从国君角度询问如何对待那些不顾长官生死的老百姓,孟子反而选择站在老百姓的角度(潜在论题的选择),通过描述凶年饥岁时老百姓民不聊生的凄惨景象,对比国君的仓库钱财充实,而理应为国君管理老百姓的长官们,却对老百姓的凄惨生活视而不见,并引用曾子的话,说明老百姓会在长官们遇刺身亡时漠不关心的原因。 最后,孟子又回到邹穆公一开始询问的问题,并指明出路:如果国君"行仁政"的话,老百姓自然会亲近其"长上",并为"长上"卖命(论辩阶段,下划线)。

> 邹与鲁哄。穆公问曰:"**吾有司死者三十三人,而民莫之死也。诛之,则不可胜诛;不诛,则疾视其长上之死而不救,如之何则可也?**"
>
> 孟子对曰:"<u>凶年饥岁,君之民老弱转乎沟壑,壮者散而之四方者,几千人矣;而君之仓廪实,府库充,有司莫以告,是上慢而残下也。曾子曰:'戒之戒之!出乎尔者,反乎尔者也。'夫民今而后得反之也。君无尤焉!君行仁政,斯民亲其上,死其长矣。</u>"(2·12)

在 4·4 中,孟子再次综合运用了"潜在论题的选择""受众需求的适应"和"表达技巧的使用"三方面的策略操控。 孟子通过疑问的方式(表达技巧的使用),询问齐国大夫孔距心所熟知的处理战士掉队的情况(受众需求的适应);然后,根据长官对掉队战士的处理,进一步引出长官在处理其属下老百姓方面的失误(潜在论题的选择),由此,暗示老百姓的悲惨境遇与一方官吏不行仁政是脱不开干系的。

> 孟子之平陆,谓其大夫曰:"子之持戟之士,一日而三失伍,则去之否乎?"
>
> 曰:"不待三。"
>
> "然则子之失伍也亦多矣。凶年饥岁,子之民,<u>老羸转于沟壑,壮者散而之四方者,几千人矣。</u>"……(4·4)

除了用以支撑主立场"天下安定统一是历史发展至今的必然趋势"的以上两个分立场，即"按照治乱循环的规律，现在该到了天下重归太平的时候了"和"老百姓热切期望出现一位贤明的君主来统一天下"，在回答弟子万章的两个问题"尧以天下与舜，有诸？""然则舜有天下也，孰与之？"（9·5）时，孟子明确指出"天子不能以天下与人"以及"天与之"，并且针对万章一再追问的"天命"何以体现在"以天下与人"，孟子首先举例，说明是舜，而不是尧之子继承了尧的天子之位，紧接着通过诉诸权威的论证方式，引用《太誓》中"天视自我民视，天听自我民听"，说明老百姓的意愿就是老天的旨意，而老百姓的意愿才是最终决定由谁担任天子一统天下的决定因素。在这里，孟子将"民意"与"天命"的概念紧密联系起来，再次体现了孟子王道政治学中的"民本"思想，主要采用的是"潜在论题的选择"方面的策略操控。

> 万章曰："**尧以天下与舜，有诸？**"
>
> 孟子曰："<u>否，天子不能以天下与人。</u>"
>
> "**然则舜有天下也，孰与之？**"
>
> 曰："<u>天与之。</u>"
>
> "**天与之者，谆谆然命之乎？**"
>
> 曰："<u>否；天不言，以行与事示之而已矣。</u>"
>
> 曰："**以行与事示之者，如之何？**"……
>
> 曰："……<u>天下诸侯朝觐者，不之尧之子而之舜；讼狱者，不之尧之子而之舜；讴歌者，不讴歌尧之子而讴歌舜，故曰，天也。夫然后之中国，践天子位焉。而居尧之宫，逼尧之子，是篡也，非天与也。《太誓》曰：'天视自我民视，天听自我民听。'此之谓也。</u>"（9·5）

综合以上分析，我们可以将孟子有关"天下安定统一是历史发展至今的必然趋势"这一立场的论证，重构如下（图4-1）：

（1）（天下安定统一是历史发展至今的必然趋势）

    （1.1a）（按照治乱循环的规律，现在该是天下重归太平的时候了）（4·13、6·9）

    （1.1a）.1a 每五百年就会出现一位贤明的君主，让混乱的天下重现太平（4·13）

    （1.1a）.1b 自周公统一天下至今，已经过去七百多年了（4·13）

    （1）.1b 老百姓热切期盼出现一位贤君来统一天下（3·1）

    （1）.1b.1a 长久没有出现施行仁政的贤君了（3·1）

    （1）.1b.1b 老百姓正受到前所未有的残暴统治（3·1）

        （1）.1b.1b.1 国君的粮食、财物丰盈，而老百姓捱饥受饿，尸横遍野，逃散四方（1·3、1·4、2·12、4·4）

    [（1）.1b.1a-（1）.1b.1b]'（贤君能够让老百姓过上安定和平的生活）

    （1）.1c 老百姓的意愿就是老天的旨意，不可违背（9·5）

图 4-1　王霸之辩中有关"天下安定统一是否历史发展至今的必然趋势"的论辩结构图

从图 4-1 可知：（1.1a）、（1）.1b 和（1）.1c，共同支撑孟子没有明确表达出来但通过重构可以得出的主立场（1），采用的是因果型论证型式和累积性的并列型论辩结构；（1.1a）.1a 和（1.1a）.1b 通过指出贤明君主出现的历史规律和现实情况，共同支撑分立场（1.1a），采用的是征兆型论证型式和累积性的并列型论辩结构；（1）.1b.1a、（1）.1b.1b 和 [（1）.1b.1a-（1）.1b.1b]'，共同支撑分立场（1）.1b，采用的是因果型论证型式和累积性的并列型论辩结构，其中，[（1）.1b.1a-（1）.1b.1b]'是原文中没有明示表达出来，但根据交际原则可以推断出来的前提，起到衔接（1）.1b.1a 和（1）.1b.1b 的作用；（1）.1b.1b.1 通过举例，说明国君与老百姓之间生活的巨大差异，支撑分立场（1）.1b.1b，采用的是征兆型论证型式和单一型论辩结构。

4.3　重构"君主是否施行王道仁政，才能实现天下安定统一"

4.2 节对《孟子》文本中有关"天下安定统一是否历史发展至今的必

然趋势"这一主要意见分歧所展开讨论的论辩性话语进行了重构。 从重构得出的论辩结构图4-1中，我们可以看到，孟子首先论证说明了他在第一场讨论中所持有的立场，即"天下安定统一是历史发展至今的必然趋势"。 对这一立场的论证，直接构成了王霸之辩中关于第二个主要的意见分歧，即"君主是否施行王道仁政，才能实现天下安定统一"所展开讨论的部分出发点。 在第二场讨论中，孟子仍然是正方，其所持立场也是肯定的，即"君主施行王道仁政，才能实现天下安定统一"，而反方包括对孟子的立场持有质疑态度的人，比如与孟子进行过直接对话的梁惠王（1·5）、梁襄王（1·6）、齐宣王（1·7）和其他《孟子》文本中未明确提到的潜在质疑者，还包括对孟子的立场持有反对意见但在文本中没有明确提到的潜在反对者，比如支持霸道霸政的人。

对应于第二场讨论的冲突阶段（粗体），即明确正反双方之间意见分歧的明示性话语，出现在1·6和1·7中。 在1·6中，梁襄王直接询问孟子"孰能一之"，从中可以看出，作为战国时期诸侯国国君代表之一的魏国国君，对于什么样的人以及怎样做可以使天下安定统一，是有疑问的。 在1·7中，从一开始齐宣王向孟子询问"春秋五霸"中齐桓公和晋文公的事迹，至少可以看出齐宣王对春秋时期称霸诸侯的两位国君是很感兴趣的，再结合同一章节中，在孟子不断引导下，齐宣王默认了他想要统一天下的"大欲"，不难推断出，齐宣王本意在于效仿春秋霸主齐桓公和晋文公来一统天下，跟孟子所推行的王道仁政来实现天下安定统一的主张是不同的，只是在1·7中，齐宣王始终没有直接表明他的霸道主张，而是在孟子的引导下，表示出对于何以施行王道的疑惑。 因此，1·6和1·7中粗体部分话语，都对应于本场讨论的冲突阶段。

　　　　孟子见梁襄王，出，语人曰："望之不似人君，就之而不见所畏焉。卒然问曰：'天下恶乎定？'
　　"吾对曰：'定于一。'
　　"'**孰能一之？**'
　　"对曰：'**不嗜杀人者能一之。**'

……"（1·6）

齐宣王问曰："齐桓、晋文之事可得闻乎？"

孟子对曰："仲尼之徒无道桓、文之事者，是以后世无传焉，臣未之闻也。无以，则王乎？"

……

曰："然则王之所大欲可知已，欲辟土地，朝秦楚，莅中国而抚四夷也。以若所为求若所欲，犹缘木而求鱼也。"

王曰："若是其甚与？"

曰："殆有甚焉。缘木求鱼，虽不得鱼，无后灾。以若所为求若所欲，尽心力而为之，后必有灾。"

曰："可得闻与？"

曰："邹人与楚人战，则王以为孰胜？"

曰："楚人胜。"

曰："然则小固不可以敌大，寡固不可以敌众，弱固不可以敌强。海内之地方千里者九，齐集有其一。以一服八，何以异于邹敌楚哉？盖亦反其本矣。

"今王发政施仁，使天下仕者皆欲立于王之朝，耕者皆欲耕于王之野，商贾皆欲藏于王之市，行旅皆欲出于王之涂，天下之欲疾其君者皆欲赴愬于王。其若是，孰能御之？"……（1·7）

在有关"君主是否施行王道仁政，才能实现天下安定统一"这一主要意见分歧所展开的讨论中，除图 4 - 1 中的立场"天下安定统一是历史发展至今的必然趋势"是孟子与反方之间的共同出发点之外，8·28 中提到"仁者爱人"的思想，3·3 中以"仁"为中心，对王道与霸道进行了概念界定，并且，其中的"以力假仁者霸"，又与 12·7 和 13·30 中对"五霸"的历史描述相照应，而 14·14 中明确提出的"民为贵"思想，又与 14·28 中提及的"诸侯之宝三：土地、人民、政事"相呼应。虽然这些都是由作为正方的孟子明确表达出来的，但作为反方的各方质疑者也是无法否定的；因此，它们也对应于第二场讨论中的开始阶段（斜体）。

　　孟子曰："君子所以异于人者，以其存心也。君子以仁存心，以礼存心。<u>仁者爱人</u>，有礼者敬人。<u>爱人者，人恒爱之</u>；敬人者，人恒敬之。……"（8·28）

　　孟子曰："<u>以力假仁者霸，霸必有大国；以德行仁者王，王不待大</u>——汤以七十里，文王以百里。<u>以力服人者，非心服也，力不赡也；以德服人者，中心悦而诚服也，如七十子之服孔子也</u>。《诗》云：'自西自东，自南自北，无思不服。'此之谓也。"（3·3）

　　孟子曰："五霸者，三王之罪人也；今之诸侯，五霸之罪人也；今之大夫，今之诸侯之罪人也。……五霸，桓公为盛。葵丘之会，诸侯束牲载书而不歃血。初命曰，诛不孝，无易树子，无以妾为妻。再命曰，尊贤育才，以彰有德。三命曰，敬老慈幼，无忘宾旅。四命曰，士无世官，官事无摄，取士必得，无专杀大夫。五命曰，无曲防，无遏籴，无有封而不告。曰，凡我同盟之人，既盟之后，言归于好。……"（12·7）

　　孟子曰："尧舜，性之也；汤武，身之也；五霸，假之也。久假而不归，恶知其非有也。"（13·30）

　　孟子曰："<u>民为贵，社稷次之，君为轻</u>。是故得乎丘民而为天子，得乎天子为诸侯，得乎诸侯为大夫。诸侯危社稷，则变置。牺牲既成，粢盛既絜，祭祀以时，然而旱干水溢，则变置社稷。"（14·14）

　　孟子曰："诸侯之宝三：土地、人民、政事。宝珠玉者，殃必及身。"（14·28）

　　孟子与其反方就第二个主要的意见分歧进行讨论的论辩阶段（下划线）所对应的话语，出现在1·5、1·6、1·7、3·3、3·5、4·1、7·3、8·28和14·13等9个章节中。

　　在8·28中，孟子提出"仁者爱人"的思想，不仅构成了本场讨论中的部分出发点，而且提供了用于支撑本场讨论中主立场的一部分不可或缺的论证。 "仁者爱人"，本质上是以"民本"思想为基础的，因而与14·14 中提到的"民贵君轻"和 14·28 中提到的包括人民在内的"诸侯三宝"是一脉相承的，它们共同构成了孟子王道仁政思想中最重要的基础。[1] 孟子在 1·6 中直接答复梁襄王"孰能一之"时所说的"不嗜杀人者能一之"，进一步表明孟子对仁爱之于君主的重要性持肯定态度，那就是只有爱惜他人生命、不轻易杀人的君主才能使天下安定统一。 因此，8·28 中下划线部分的话语（见以上引述部分）和 1·6 中的"不嗜杀人者能一之"，支撑的是主立场下第一个未明示表达的分立场，即"有仁德的君主才能使天下安定统一"。

在 1·7 中，孟子与齐宣王进行了一次长谈，其中，孟子综合运用了"潜在论题的选择""受众需求的适应"和"表达技巧的使用"三方面的策略操控。 首先，就齐宣王向孟子询问有关春秋霸主齐桓公和晋文公的事迹，孟子却以"仲尼之徒无道桓、文之事""后世无传"为由避而不谈，反而直接将话题转向了"王道"（潜在论题的选择）。 然后，以齐宣王"不忍其（衅钟之牛）觳觫"为例（受众需求的适应），逐步引导齐宣王将此"不忍之心"由牲畜推及其治下的老百姓，也就是施行王道仁政（潜在论题的选择），并通过设问的方式逐步引出齐宣王真正的"大欲"（表达技巧的使用和潜在论题的选择），即"欲辟土地，朝秦楚，莅中国而抚四夷也"的"霸道"政策。 接着，孟子话锋一转，"以若所为求若所欲，犹缘木而求鱼也"，开启了其支撑主立场下第二个分立场的论证（潜在论题的选择），即"君主实行霸道，并不能使天下真正安定统一"。 针对第二个分立场，在 1·7 中孟子继续与齐宣王讨论了"邹人与楚人战"的假设性案例。 这是一场涉及小国与大国、弱国与强国的征战，以这种局面下的征战所带来的可能后果，影射齐宣王意图以齐国一国之力对抗其他诸侯各国所可能产生的类似后果（潜在论题的选择）。 相关论辩阶段的话语，见上述 1·7 引文中的下划线部分。

此外，3·3 中对"王"和"霸"的对比式界定，涉及孟子对于"霸

1　参见李存山:《尽心篇》,陈来、王志民主编:《〈孟子〉七篇解读》,齐鲁书社,2018 年,第 911 页。

道"的本质的理解，即霸道是期望以力服人的（"以力假仁者霸"），而"以力服人者，非心服也，力不赡也"，强调说明企图通过武力来征服其他各诸侯国、实现天下统一的做法，并不能让人（尤其是老百姓）心服口服，再结合前述有关民本思想的论述，尤其是9·5中有关"民意""天命"和"得天下"三者之间的密切联系，不难推断出孟子实际上想说的是，即使一国的君主能够一时使用武力征服其他各国，也并不代表能让天下真正实现安定统一，因为"水能载舟亦能覆舟"，而武力征服并没有让作为天下根基的老百姓真正安定下来。相关论辩阶段的话语，见上述3·3引文中的下划线部分。

在14·13中，孟子更是直接讲明，"不仁而得国者，有之矣；不仁而得天下者，未之有也"。这就进一步强化了3·3中有关霸道不能让人心悦诚服的论断，因为霸道可以"得国"，但不能"得天下"，而"得天下"，是需要让天底下的老百姓口服且心服的。

> 孟子曰："不仁而得国者，有之矣；不仁而得天下者，未之有也。"（14·13）

除了上述分析与论证得出的两个分立场，即"有仁德的君主才能使天下安定统一"和"君主实行霸道并不能真正使天下安定统一"，在7·3中，孟子以夏、商、周三代为例，以其"得天下也以仁，其失天下也以不仁"，说明施行王道仁政，不仅可以得到天下、让天下统一，还是保有天下、使天下安定的关键，由此开启了支撑主立场"君主施行王道仁政，才能实现天下安定统一"的第三个分立场，即"君主施行王道仁政，是保有天下的关键"。

> 孟子曰："三代之得天下也以仁，其失天下也以不仁。国之所以废兴存亡者亦然。天子不仁，不保四海；诸侯不仁，不保社稷；卿大夫不仁，不保宗庙；士庶人不仁，不保四体。今恶死亡而乐不仁，是犹恶醉而强酒。"（7·3）

对第三个分立场的论证，可见于 1·5、1·7、3·3、3·5 和 4·1 等 5 个章节中。在 3·3 中，孟子对王道的本质以及由该本质所产生的效果进行了阐述说明，即"以德行仁者王""以德服人者，中心悦而诚服也"，而 1·7 和 3·5 进一步对这种以德服人的效果进行了具体的举例说明，即以德行仁的王道之君会使得天下的士、商、旅、农、民这五种类型的人都自愿归附于他。

　　孟子曰："尊贤使能，俊杰在位，则天下之士皆悦，而愿立于其朝矣；市，廛而不征，法而不廛，则天下之商皆悦，而愿藏于其市矣；关，讥而不征，则天下之旅皆悦，而愿出于其路矣；耕者，助而不税，则天下之农皆悦，而愿耕于其野矣；廛，无夫里之布，则天下之民皆悦，而愿为之氓矣。信能行此五者，则邻国之民，仰之若父母矣。率其子弟，攻其父母，自有生民以来，未有能济者也。如此，则无敌于天下。无敌于天下者，天吏也。然而不王者，未之有也。"（3·5）

除了天下的人自愿归附行王道仁政的君主，1·5 中首次提及"仁者无敌"，表明行王道仁政的国君还会无敌于天下，对此的进一步论证，可见于 1·5、3·5 和 4·1 中。在 1·5 中，梁惠王针对魏国在同齐国、秦国和楚国的战争中连番失利而向孟子寻求一雪前耻的计策时，孟子首先谈论的是如何施行王道仁政，然后逐步推理得出，仁政治理下的仁义之师，可以轻易击败非仁政治理下的坚甲利兵，直到谈话的最后，孟子才看似回答了梁惠王的问题。由此，体现了孟子在"潜在论题的选择"方面的策略操控。

　　梁惠王曰："晋国，天下莫强焉，叟之所知也。及寡人之身，东败于齐，长子死焉；西丧地于秦七百里；南辱于楚。寡人耻之，愿比死者壹洒之，如之何则可？"
　　孟子对曰："地方百里而可以王。王如施仁政于民，省刑罚，薄税敛，深耕易耨；壮者以暇日修其孝悌忠信，入以事其父兄，出以事其长上，可使制梃以挞秦楚之坚甲利兵矣。

"彼夺其民时，使不得耕耨以养其父母。父母冻饿，兄弟妻子离散。彼陷溺其民，王往而征之，夫谁与王敌？故曰：'仁者无敌。'王请勿疑！"（1·5）

在4·1中，孟子明确提出"得道者多助，失道者寡助"的观点，而施行王道仁政的国君，显然正是儒家思想所推崇的"得道者"。

孟子曰："天时不如地利，地利不如人和。三里之城，七里之郭，环而攻之而不胜。夫环而攻之，必有得天时者矣；然而不胜者，是天时不如地利也。城非不高也，池非不深也，兵革非不坚利也，米粟非不多也；委而去之，是地利不如人和也。故曰：域民不以封疆之界，固国不以山谿之险，威天下不以兵革之利。得道者多助，失道者寡助。寡助之至，亲戚畔之；多助之至，天下顺之。以天下之所顺，攻亲戚之所畔；故君子有不战，战必胜矣。"（4·1）

3·5（见上述引文）在列举了士、商、旅、农、民五种人会自愿归顺仁义之君后，进一步指出"邻国之民仰之若父母""率其子弟，攻其父母，自生民以来，未有能济者也"，表明行仁政王道的国君，甚至可以让邻国的老百姓仰慕钦服，进而不战而胜，并在最后又提出一条论证，即"无敌于天下者，天吏也"，这又与9·5中有关"民意""天命"和"天下"的论述相呼应。

综合以上分析，孟子有关王霸之辩第二个主要意见分歧"君主是否施行王道仁政，才能使天下安定统一"所持立场的论辩结构，如图4-2所示。

在图4-2中，（2.1a）、（2.1b）和（2）.1c共同支撑主立场（2）；其中，（2.1a）和（2）.1c都是从正面的角度，论证支撑主立场（2），相互间可以增强彼此的论证力，构成的是累积性的并列型论辩结构，而（2.1b）由于考虑的是持有霸道观点的反方可能有的质疑，所以，其对主立场（2）的论证，与（2.1a）和（2）.1c一起构成的是补充性的并列型论辩结构。（2.1a）.1a、（2.1a）.1b 和（2.1a）.1c，共同支撑其上一级分立场（2.1a），采用的是因果型论证型式和累积性的并列型论辩结构。（2.1a）.1c.1a、（2.1a）.1c.1b 和（2.1a）.1c.1c，共同支撑（2.1a）.1c，采用的也是因果型论证型式和累积性的并列型论辩结构。（2.1b）.1a、（2.1b）.1b 和（2.1b）.1c，共同支撑（2.1b），采用的也是因果型论证型式；其中，（2.1b）.1a 和（2.1b）.1b 对（2.1b）的论证，构成的是累积性的并列型论辩结构，而（2.1b）.1c 同（2.1b）.1a、（2.1b）.1b 一起对（2.1b）的论证，构成的是补充性的并列型论辩结构。（2）.1c.1a、（2）.1c.1b 和（2）.1c.1c 共同支撑（2）.1c，（2）.1c.1b.1a、（2）.1c.1b.1b 和（2）.1c.1b.（1c）共同支撑（2）.1c.1b，以及（2）.1c.1b.1b.1a 和（2）.1c.1b.1b.1b 共同支撑（2）.1c.1b.1b，采用的都是因果型论证型式和累积性的并列型论辩结构。（2.1b）.1a.1a、（2.1b）.1a.1b 和（2.1b）.1a.1c 分别从国家的大小、多寡与强弱三个层面来共同支撑（2.1b）.1a，以及（2）.1c.1a.1a、（2）.1c.1a.1b、（2）.1c.1a.1c、（2）.1c.1a.1d 和（2）.1c.1a.1e，分别以士、商、旅、农、民这五类人对待王道仁政的积极肯定的态度来共同支撑（2）.1c.1a，这两个分论证采用的都是征兆型论证型式和累积性的并列型论辩结构。而（2）.1c.1b.（1c）.1a、（2）.1c.1b.（1c）.1b 和（2）.1c.1b.（1c）.1c，通过将老百姓看待施行王道仁政的君主与老百姓仰望其父母进行类比，共同支撑（2）.1c.1b.（1c），采用的是基于类比关系的比较型论证型式和累积性的并列型论辩结构。

（2）（君主施行王道仁政，才能使天下安定统一）
    （2.1a）（有仁德的君主才能使天下安定统一）
        （2.1a）.1a 仁人是爱别人的人（8·28）
        （2.1a）.1b 爱别人的人，别人也总是爱他（8·28）
        （2.1a）.1c 只有不爱杀人的君主才能使天下安定统一（1·6）
            （2.1a）.1c.1a 天下的人民都愿意跟从不爱杀人的君主（1·6）
            （2.1a）.1c.1b 如今天下的君主就没有不爱杀人的（1·6）
            （2.1a）.1c.1c 一旦出现有不爱杀人的君主，天下的人民就会像浩
                    浩荡荡向下流的水一样归顺于他（1·6）
    （2.1b）（君主实行霸道，并不能使天下真正安定统一）
        （2.1b）.1a 仅以一国的武力很难与其他各诸侯国抗衡（1·7）

（2.1b）.1a.1a 小国不能跟大国抗衡（1·7）

（2.1b）.1a.1b 少数不能跟多数抗衡（1·7）

（2.1b）.1a.1c 弱国不能跟强国抗衡（1·7）

（2.1b）.1b 即使用武力征服了他国，也并不能让人心悦诚服（3·3）

（2.1b）.1c 没有不仁者而得到天下的先例（14·13）

（2）.1c 君主施行王道仁政，是保有天下的关键（7·3）

　　（2）.1c.1a 发政施仁的君主以德服人，可以让天下的人民自愿归附于他
　　　　（3·3）

　　　　（2）.1c.1a.1a 行仁政的国君能够尊贤使能，天下的人才就会高高
　　　　　　　　兴兴地汇聚到他的朝堂上为其效力（1·7、3·5）

　　　　（2）.1c.1a.1b 行仁政的国君能让货物有积存之地而不征税，依
　　　　　　　　法收购积压的货物而不至于滞销，天下的商人就会
　　　　　　　　高高兴兴地来市场做生意（1·7、3·5）

　　　　（2）.1c.1a.1c 行仁政的国君能够在检查站进行稽查而不征收手续
　　　　　　　　费，天下的旅客就会高高兴兴地取道他的国家
　　　　　　　　（1·7、3·5）

　　　　（2）.1c.1a.1d 行仁政的国君能够让农人帮助耕种公田而不收其私
　　　　　　　　田之税，天下的农人就会高高兴兴地来田野耕种
　　　　　　　　（1·7、3·5）

　　　　（2）.1c.1a.1e 行仁政的国君能够对民居不征收额外的雇役钱和税
　　　　　　　　赋，天下的老百姓就会高高兴兴地来居住（1·7、
　　　　　　　　3·5）

　　（2）.1c.1b 施行仁政的国君是无敌于天下的（1·5）

　　　　（2）.1c.1b.1a 施行仁政的国君会得到很多人的支持与帮助（4·1）

　　　　（2）.1c.1b.1b 仁政治理下的军队可以轻易击败非仁政治理下的坚
　　　　　　　　甲利兵（1·5）

　　　　　　（2）.1c.1b.1b.1a 仁义之师能用棍棒抵御秦楚的坚甲利兵
　　　　　　　　　　（1·5）

　　　　　　（2）.1c.1b.1b.1b 非仁政治理下的坚甲利兵不堪一击（1·
　　　　　　　　　　5）

　　　　（2）.1c.1b.（1c）（施行仁政的国君可以让邻国的老百姓仰慕钦
　　　　　　　　服，从而不战而胜）

　　　　　　（2）.1c.1b.（1c）.1a 邻国的老百姓会像仰望父母一样地仰望
　　　　　　　　　　行仁政的君主（3·5）

　　　　　　（2）.1c.1b.（1c）.1b 如果邻国的君主率领他的老百姓来攻打
　　　　　　　　　　行仁政的君主，就相当于率领他的子弟
　　　　　　　　　　来攻打他们的父母（3·5）

　　　　　　（2）.1c.1b.（1c）.1c 自古以来，没有攻打自己的父母而成功
　　　　　　　　　　的先例（3·5）

　　（2）.1c.1c 无敌于天下的国君才是上天派来统一天下的人（3·5）

图4－2　王霸之辩中有关"君主是否施行王道仁政，才能使天下安定统一"
的论辩结构图

4.4　重构"君主施行王道仁政，是否需要摒弃霸道霸政"

本章 4.2 节和 4.3 节，分别对王霸之辩中孟子与其反方之间有关第一个主要的意见分歧（"天下安定统一是否历史发展至今的必然趋势"）和第二个主要的意见分歧（"君主是否施行王道仁政，才能实现天下安定统一"）展开讨论的相关论辩性话语进行了重构，得到关于立场（1）"天下安定统一是历史发展至今的必然趋势"和立场（2）"君主施行王道仁政才能使天下安定统一"的论辩结构图，即图 4-1 和图 4-2。其中，对第一个意见分歧的解决，立场（1）及其论证，构成了围绕第二个意见分歧所展开讨论的部分出发点，而对第二个意见分歧的解决，立场（2）及其论证，则构成了围绕第三个意见分歧，即"君主施行王道仁政，是否需要摒弃霸道霸政"所展开的、与王霸之辩相关第三场讨论的部分出发点。在第三场讨论中，孟子依然是正方，其对第三个意见分歧所持立场仍然是肯定的，即"施行王道仁政需要摒弃霸道霸政"，而反方包括与孟子进行过直接对话并且一开始就持有不同立场的齐宣王（1·7），对是否需要摒弃"霸道霸政"持怀疑态度的弟子公孙丑（3·1），以及其他未明示的质疑者。

第三场讨论的冲突阶段（粗体）所对应的话语，出现在 1·7、3·1 和 3·3 这 3 个章节中。在 1·7[1]（相关引文见 4.3 节）中，在孟子的引

1　需要注意的是：在本章 4.3 节有关"君主是否施行王道仁政，才能使天下安定统一"的重构中，引用的也是《孟子》文本 1·7 中的同样一段文字，但是在那里，这段文字中既含有属于第二场讨论（关于意见分歧"君主是否施行王道仁政，才能使天下安定统一"）的冲突阶段（粗体）的话语，也有开始阶段（斜体）、论辩阶段（下划线）和结论阶段（着重号）的话语，而在这第三场讨论中，这部分话语则全部对应于该讨论的冲突阶段。在《孟子》文本中，还有很多其他类似的情况（见附录，表 3-1），即同一话语可能在关于不同的意见分歧所展开的不同讨论中发挥作用，并且所发挥的作用也是不同的，比如 12·7 在本章 4.3 节中对应于有关"君主是否只有施行王道仁政，才能实现天下安定统一"这一意见分歧所展开讨论的开始阶段（斜体）的话语，而在 4.4 节中则对应于有关"君主施行王道仁政，是否需要摒弃霸道霸政"这一意见分歧所展开讨论的论辩阶段（下划线）的话语。

导下，我们不难看出齐宣王意欲以霸道霸政来统一天下的"大欲"，而孟子先将齐宣王以霸道霸政来追求其"大欲"的做法，形象地比喻为"缘木而求鱼"，接着以修辞问句中设问的表达方式，让齐宣王自己就邹国和楚国之战中显而易见的结果，推导出霸道霸政可能带来的比缘木求鱼还要严重得多的后果。比喻的使用，令意思表达更加浅显易懂，而设问句的使用，引导论辩对方自行得出可供下一步论证使用的出发点，这些都体现了孟子在"表达技巧的使用"和"潜在论题的选择"两方面的策略操控，而通过以齐宣王所熟知的邹国和楚国之间发生战争时的胜败结果为例，引出孟子意欲说明的以一国之力行"霸道霸政"所带来的后果，属于"受众需求的适应"和"潜在论题的选择"两方面的策略操控。

齐宣王问曰："齐桓、晋文之事可得闻乎？"

孟子对曰："仲尼之徒无道桓、文之事者，是以后世无传焉，臣未之闻也。无以，则王乎？"

……

曰："然则王之所大欲可知已，欲辟土地，朝秦楚，莅中国而抚四夷也。以若所为求若所欲，犹缘木而求鱼也。"

王曰："若是其甚与？"

曰："殆有甚焉。缘木求鱼，虽不得鱼，无后灾。以若所为求若所欲，尽心力而为之，后必有灾。"

曰："可得闻与？"

曰："邹人与楚人战，则王以为孰胜？"

曰："楚人胜。"

曰："然则小固不可以敌大，寡固不可以敌众，弱固不可以敌强。海内之地方千里者九，齐集有其一。以一服八，何以异于邹敌楚哉？盖亦反其本矣。

"今王发政施仁，使天下仕者皆欲立于王之朝，耕者皆欲耕于王之野，商贾皆欲藏于王之市，行旅皆欲出于王之涂，天下之欲疾其君者皆欲赴愬于王。其若是，孰能御之？"……（1·7）

在 3·1 中，弟子公孙丑询问孟子，"夫子当路于齐，管仲、晏子之功，可复许乎？"这一问话至少表明，公孙丑对于春秋时期分别辅助齐桓公和齐景公称霸诸侯的管仲和晏子是相当推崇的，而孟子先是借曾西之口，表明其对管仲"辅君以霸"的不以为然，并且在公孙丑询问是不是管仲、晏子都不足为道时，孟子没有直接回答公孙丑的询问，而是转向谈论齐王，体现了孟子在"潜在论题的选择"方面的策略操控；尽管如此，孟子看待管仲和晏子的态度也是不言自明的。 接着，公孙丑以拥有高尚品德且执政时间很长的文王尚且未能统一天下为例，结合孟子所说的通过"王道"就能统一天下，继续追问，是不是连广受儒家弟子们尊崇的周文王，都不值得学习了。 针对公孙丑这一追问，孟子首先直接肯定了周文王当然是值得学习的，然后给出了周文王执政期间所面临的天下局势不易于统一的客观原因（受众需求的适应），而后以"今时则易然也"，直接将论题转向当下齐王所具有的"天时"（"当今之时，万乘之国行仁政，民之悦之，犹解倒悬也"）和"地利"（"夏后、殷、周之盛，地未有过千里者也，而齐有其地也；鸡鸣狗吠相闻，而达乎四境，而齐有其民也"）的优越条件（潜在论题的选择），说明齐王如能行仁政，则能取得的王道功业会远胜于管仲和晏子辅助君王所取得的霸业。 这也间接论证支撑了孟子在这场讨论中的主立场"君主施行王道仁政，需要摒弃霸道霸政"。 因此，除了对应于冲突阶段（粗体）的前半部分话语，3·1 中的后半部分话语对应于论辩阶段（下划线）。

公孙丑问曰：**"夫子当路于齐，管仲、晏子之功，可复许乎？"**

孟子曰：**"子诚齐人也，知管仲、晏子而已矣。** 或问乎曾西曰：'吾子与子路孰贤？'曾西蹵然曰：'吾先子之所畏也。'曰：'然则吾子与管仲孰贤？'曾西艴然不悦，曰：'尔何曾比予于管仲？管仲得君如彼其专也，行乎国政如彼其久也，功烈如彼其卑也；尔何曾比予于是？'"曰：**"管仲，曾西之所不为也，而子为我愿之乎？"**

日："管仲以其君霸，晏子以其君显。管仲、晏子犹不足为与?"

日："以齐王，由反手也。"

日："若是，则弟子之惑滋甚。且以文王之德，百年而后崩，犹未洽于天下；武王、周公继之，然后大行。今言王若易然，则文王不足法与?"

日："文王何可当也? 由汤至于武丁，贤圣之君六七作，天下归殷久矣，久则难变也。武丁朝诸侯，有天下，犹运之掌也。纣之去武丁未久也，其故家遗俗，流风善政，犹有存者；又有微子、微仲、王子比干、箕子、胶鬲——皆贤人也——相与辅相之，故久而后失之也。尺地，莫非其有也；一民，莫非其臣也；然而文王犹方百里起，是以难也。齐人有言曰：'虽有智慧，不如乘势；虽有镃基，不如待时。'今时则易然也：夏后、殷、周之盛，地未有过千里者也，而齐有其地矣；鸡鸣狗吠相闻，而达乎四境，而齐有其民矣。地不改辟矣，民不改聚矣，行仁政而王，莫之能御也。且王者之不作，未有疏于此时者也；民之憔悴于虐政，未有甚于此时者也。饥者易为食，渴者易为饮。孔子曰：'德之流行，速于置邮而传命。'当今之时，万乘之国行仁政，民之悦之，犹解倒悬也。故事半古之人，功必倍之，惟此时为然。"（3·1）

在 3·3 中，孟子分别对"王道"和"霸道"进行了概念界定，表明"王道"与"霸道"在是否施行仁义道德，以及是否令人心悦诚服两方面存在本质上的差异，这部分既有对应于本场讨论冲突阶段（粗体）的话语，也有对应于开始阶段（斜体）和论辩阶段（下划线）的话语。

孟子曰："**以力假仁者霸，霸必有大国；以德行仁者王，王不待大**——汤以七十里，文王以百里。**以力服人者，非心服也，力不赡也；以德服人者，中心悦而诚服也**，如七十子之服孔子也。《诗》云：'自西自东，自南自北，无思不服。'此之谓也。"
（3·3）

前面已经讲过，对第二个主要意见分歧的解决，也属于本场讨论的部分出发点，即图 4-2 中的主立场"君主施行王道仁政，才能使天下安定统一"，也属于本场讨论的开始阶段（斜体），同时还属于论辩阶段（下划线）。

围绕意见分歧"君主施行王道仁政，是否需要摒弃霸道霸政"所展开的第三场讨论论辩阶段（下划线）的话语，除了出现在前述所提及的 3·1 和 3·3 中，还出现在 6·1、7·1、7·3、12·7 和 14·13 中。在 6·1 中，孟子的弟子陈代以士人要不要面见诸侯为题，提及"今一见之，大则以王，小则以霸"，结合当时的社会政治语境以及以孟子为代表的儒家王道仁政主张可知，孟子对于这一点显然是不否认的，这就至少表明，无论是孟子还是他的弟子陈代，都认同在获得功业的大小方面，"王道"要胜过"霸道"。这与前面在 3·1 中孟子评价管仲和晏子以霸道辅佐齐桓公所获得的功业，远远不及齐王如果以王道治理可能会获得更大的功业，是一致的。此外，14·13 中提及的"不仁"者包括行霸道的君主，说明行霸道也许可以"得国"，但是不能"得天下"，也说明了霸道霸政所取得的功业是有限的。

　　陈代曰："不见诸侯，宜若小然；今一见之，大则以王，小则以霸。且《志》曰：'枉尺而直寻。'宜若可为也。"
　　孟子曰："昔齐景公田，招虞人以旌，不至，将杀之。志士不忘在沟壑，勇士不忘丧其元。……且子过矣：枉己者，未有能直人者也。"（6·1）
　　孟子曰："不仁而得国者，有之矣；不仁而得天下，未之有也。"（14·13）

除了以上所阐述的"王道"与"霸道"在施行仁义道德、令人心悦诚服和实现功业大小三个方面的差异，在是否遵循先王之道方面，二者也是反向而行的。 7·1 中提及尧和舜都是因为施行仁政而平治天下，7·3 中提及"三代"，即夏、商和周三代，也是通过施行仁政得到天下，而尧、舜、禹、商汤和周文王，都是儒家所力主推崇的行王道的天子典范。 因此，从 7·1 和 7·3 中不难推断，孟子旨在说明的是，先王之道就在于施行王道仁政。

> 孟子曰："离娄之明、公输子之巧，不以规矩，不能成方圆；师旷之聪，不以六律，不能正五音；<u>尧舜之道，不以仁政，不能平治天下</u>。……"（7·1）
> 孟子曰："<u>三代之得天下也以仁，其失天下也以不仁。国之所以废兴存亡者亦然</u>。……"（7·3）

不同于王道的是，行霸道者都是反先王之道而行的，这一点可以从 12·7 中孟子对霸者（包括"春秋五霸"和"战国七雄"）的描述中看出来，"五霸者，三王之罪人也"，因为在"三王"[1]时代，施行的是"王道仁政"，所以"天子讨而不伐，诸侯伐而不讨"，但到了春秋"五霸"时期，实行的却是"霸道霸政""搂诸侯以伐诸侯者也"。 到了孟子所处的战国时期，情况进一步恶化，"今之诸侯，五霸之罪人也"，因为春秋时期实行"霸道霸政"的国君们，在力主称霸其他各诸侯国的同时，通过"挟天子以安天下"，起码还能以会盟（比如葵丘会盟）的方式共同履行所签订的盟约，承担起"安天下"的霸主责任，而战国时期的"霸道霸政"，不再以称霸于其他各诸侯国为目标，却意图吞并、消灭其他诸侯国，从而实现一统天下的"大欲"。 因此，同为"以力假仁"的"霸道

1　需要指出的是：关于"三王"所指代的对象，当前有两种版本，二者之间略有出入。一种版本认为，对"三王"的一般解释应为夏禹、商汤和周代的文王（参见孔德立：《告子篇》，陈来、王志民主编：《〈孟子〉七篇解读》，齐鲁书社，2018 年，第 803 页），而另一种版本认为是夏禹、商汤和周文王武王［参见杨伯峻译注：《孟子译注》，中华书局，2019 年（第 2 版），第 320 页］。从"三王"所指称的数量上来看，本书取第一种理解。

霸政",战国时期的各诸侯,在维持表面的仁义道德方面,已经远不如春秋时期了。孟子在这里通过对"春秋五霸"与"战国七雄"之间,就"以力假仁"在程度、做法以及目标上的差异对比,意在凸显的是,战国时期的"霸道霸政",愈加背离了有助于真正实现天下安定统一的先王之"王道仁政",属于"潜在论题的选择"方面的策略操控。

> 孟子曰:"五霸者,三王之罪人也;今之诸侯,五霸之罪人也;今之大夫,今之诸侯之罪人也。天子适诸侯曰巡狩,诸侯朝于天子曰述职。春省耕而补不足,秋省敛而助不给。入其疆,土地辟,田野治,养老尊贤,俊杰在位,则有庆;庆以地。入其疆,土地荒芜,遗老失贤,掊克在位,则有让。一不朝,则贬其爵;再不朝,则削其地;三不朝,则六师移之。是故天子讨而不伐,诸侯伐而不讨。五霸者,搂诸侯以伐诸侯者也,故曰,五霸者,三王之罪人也。五霸,桓公为盛。葵丘之会,诸侯束牲载书而不歃血。初命曰,诛不孝,无易树子,无以妾为妻。再命曰,尊贤育才,以彰有德。三命曰,敬老慈幼,无忘宾旅。四命曰,士无世官,官事无摄,取士必得,无专杀大夫。五命曰,无曲防,无遏籴,无有封而不告。曰,凡我同盟之人,既盟之后,言归于好。今之诸侯,皆犯此五禁,故曰,今之诸侯,五霸之罪人也。长君之恶其罪小,逢君之恶其罪大。今之大夫皆逢君之恶,故曰,今之大夫,今之诸侯之罪人也。"(12·7)

综合以上分析,在围绕第三个主要的意见分歧"君主施行王道仁政,是否需要摒弃霸道霸政"所展开的第三场讨论中,孟子对该意见分歧所持有的未明示表达的立场"君主施行王道仁政,需要摒弃霸道霸政",论辩结构如图4-3所示。

（3）（君主施行王道仁政，需要摒弃霸道霸政）

 （3.1）（在是否施行仁义道德方面，霸道与王道有本质上的不同）

  （3.1）.1a 霸道实则凭借的是武力，只是假借仁义之名来统一天下（3·3）

  （3.1）.1b 王道以道德推行仁政来使天下人归服（3·3）

 （3.2）（在能否令人心悦诚服方面，霸道与王道有本质上的不同）

  （3.2）.1a 霸道以力服人，只是让人口服但心不服（3·3）

  （3.2）.1b 王道以德服人，真正能让人口服且心服（3·3）

   （3.2）.1b.1 孔子的七十多位弟子对孔子的诚服（3·3）

 （3.3）（在是否遵循先王之道方面，霸道与王道是反向而行的）

  （3.3.1a）（先王之道就在于施行王道仁政）

   （3.3.1a）.1 尧和舜因施行仁政而令天下大治（7·1）

   （3.3.1a）.2 夏禹、商汤和周文王通过施行仁政而得到天下（7·3）

  （3.3.1b）（行霸道者都是反先王之道而行的）

   （3.3.1b）.1a "春秋五霸"是违背"三王"之道的罪人（12·7）

    （3.3.1b）.1a.1a "三王"时代，天子用武力只是声讨而不征伐，诸侯用武力只是征伐而不声讨（12·7）

    （3.3.1b）.1a.1b "春秋五霸"联合一部分诸侯对不听话的诸侯进行讨伐（12·7）

   （3.3.1b）.1b 如今的诸侯（包括"战国七雄"）连"春秋五霸"都不如（12·7）

    （3.3.1b）.1b.1a "春秋五霸"尚能遵循葵丘会盟时订立的五条盟约（12·7）

    （3.3.1b）.1b.1b 如今的诸侯连"春秋五霸"的盟约都做不到了（12·7）

 （3.4）（在实现功业的大小方面，霸道与王道不能同日而语）

  （3.4）.1a 行霸道只能称霸于诸侯（6·1）

   （3.4）.1a.1 管仲长久专一地用霸道辅佐齐桓公，也只是帮助齐桓公称霸诸侯（3·1）

   （3.4）.1a.2 晏婴用霸道辅佐齐景公，让齐国再次称霸诸侯（3·1）

  （3.4）.1b 行王道能使天下安定统一（6·1）

图4－3　王霸之辩中有关"君主施行王道仁政，是否需要摒弃霸道霸政"的论辩结构图

在图4－3中，分论证（3.1）、（3.2）、（3.3）和（3.4），分别

从施行仁义道德、令人心悦诚服、遵循先王之道和实现功业的大小四个方面，独立支撑主立场（3），采用的是征兆型论证型式和多重型论辩结构。（3.1）.1a 和（3.1）.1b 共同支撑分立场（3.1），（3.2）.1a 和（3.2）.1b 共同支撑分立场（3.2），（3.3.1a）和（3.3.1b）共同支撑分立场（3.3），（3.4）.1a 和（3.4）.1b 共同支撑分立场（3.4），（3.3.1b）.1a 和（3.3.1b）.1b 共同支撑（3.3.1b），（3.3.1b）.1a.1a 和（3.3.1b）.1a.1b 共同支撑（3.3.1b）.1a，以及（3.3.1b）.1b.1a 和（3.3.1b）.1b.1b 共同支撑（3.3.1b）.1b，采用的都是因果型论证型式和累积性的并列型论辩结构。（3.2）.1b.1 以孔子的弟子们对孔子的折服为例，支撑（3.2）.1b，采用的是征兆型论证型式和单一型论辩结构。（3.3.1a）.1 和（3.3.1a）.2 分别以尧舜以及夏禹、商汤和周文王为例，支撑（3.3.1a），以及（3.4）.1a.1 和（3.4）.1a.2 分别以管仲辅佐齐桓公和晏婴辅佐齐景公为例，支撑（3.4）.1a，采用的都是征兆型论证型式和多重型论辩结构。

4.5 小结

本章将孟子有关王霸之辩的论辩性话语划分为三场讨论，涉及孟子与相关章节中或明示、或隐含的论辩对手之间，有关王道仁政还是霸道霸政的三个"单一非混合型意见分歧"，即"天下安定统一是否历史发展至今的必然趋势""君主是否施行王道仁政，才能使天下安定统一"和"君主施行王道仁政，是否需要摒弃霸道霸政"。

通过运用语用论辩学的批判性讨论理想模型，对与这三场讨论相对应的论辩性话语进行分析性重构，发现在这三场讨论中，孟子作为正方，对三个意见分歧所持立场都是肯定的，并且，其对第一个意见分歧所持有的立场"天下安定统一是历史发展至今的必然趋势"（相关论证见图 4-1），构成了其对第二个意见分歧展开讨论的部分出发点，而其对第二个意见分歧所持有的立场"君主施行王道仁政，才能使天下安定统一"

（相关论证见图4-2），又构成了对第三个意见分歧展开讨论（相关论证见图4-3）的部分出发点。从三场讨论的论辩结构图（图4-1、图4-2和图4-3）来看，在对上述三个主立场进行论证的过程中，孟子多次采用了因果型（15次）、征兆型（10次）和比较型（1次）论证型式，各条论证之间构成的有累积性（20次）和补充性（2次）的并列型论辩结构、多重型论辩结构（3次）以及单一型论辩结构（2次）。其中，因果型和征兆型论证型式的高频使用表明，在王霸之辩中，孟子更多采用的是因果推理和举例，而累积性并列型论辩结构的频繁使用，则表明孟子在论证过程中通过增加理由来加强其初始论证。

对孟子王霸之辩的论辩性话语进行重构分析时，还发现在三场讨论相对应的话语中，孟子都综合运用了"潜在话题的选择""受众需求的适应"和"表达技巧的使用"三方面的策略操控，并且在各场讨论的论辩阶段，多次运用累积性的并列型论辩结构来加强对相关立场的论证；同时，孟子还考虑到反方可能的质疑而穿插使用补充性的并列型论证，比如图4-2中的（2.1b）和（2.1b）.1c，既对其自身立场进行了有力论证，又就有关论证反方的可能批判性反对与质疑做出了直接回应，从而实现了论辩阶段的论辩合理性目标。此外，以前一场讨论中的立场作为下一场讨论的部分出发点，实则是以反方在前一场讨论中的让步为基础来进行下一场讨论，属于"潜在话题的选择"和"受众需求的适应"方面的策略操控，使得在反方让步基础上的论证更易为反方所接受，因而也就实现了论辩阶段的修辞有效性目标。

第 5 章

"经权之辩"的论证重构

5.1　概述

从第 2 章对孟子论辩性话语合理性哲学基础的探讨可知，"人性善"是孟子论辩性话语背后的道德形上学基础，并且该基础在儒家德行伦理理性中具体体现为"仁义"原则，而在实践伦理理性中体现为"经权相济下的执中"原则；这里的"经"指的是儒家的仁义中道准则，而"权"指的是"经"在实践使用中的权宜、权变。本章依然使用语用论辩学框架下的批判性讨论理想模型，结合策略操控分析，对《孟子》文本中孟子有关"经权之辩"的话语进行分析性重构，以便得到就相关意见分歧而展开讨论的分析概览，包括论证正反方、正反方对相关意见分歧所持立场、对相应立场进行论证所采用的论证型式、论辩结构和相应的讨论结果。

对经权之辩的相关话语进行论证重构，需要识别出《孟子》文本中的相关话语，可借助的手段有明示的表达和其他语境线索，如情景语境、互文性语境、逻辑的和语用的推理以及相关背景知识。

根据"经""权"二字分别表示一般性原则与通权达变的含义，我们可以先通过《孟子》文本中与"经""权"相关的一些明示表达来识别相关的话语。在 7·1 中，孟子首次以"离娄之明、公输子之巧"为例，用明示的表达"不以规矩，不能成方圆"，说明遵循规矩准绳的必要性；紧接着提出，"尧舜之道"就在于施行仁政从而"平治天下"，这就暗示表明"规矩""尧舜之道""仁政"三者之间的联系，并且根据表述出现的顺序可知，孟子意欲表达的重心落在后者上面，即施行"仁政"的"尧舜之道"对于平治天下的重要性，就好比使用圆规和曲尺对于画出方圆的重要性一样。 7·2 中再次出现"规矩"，并且以作为"方员之至"的圆规和曲尺，即"规矩"的本义，与作为"人伦之至"的圣人（"规矩，方员之至也；圣人，人伦之至也"）进行类比，并通过前者引出后者，表明孟子在这里的意义表达重心也落在了后者上，即圣人相对于一般人的模范作用，就好比圆规和曲尺相对于画出方圆的作用一样。 在 11·20 中，第三次出现"规矩"，其中以神箭手羿教人射箭和学习射箭的人都一定会要求以拉满弓作为"规矩"为例，引出"大匠诲人"和"学者"都要遵循一定的规矩准绳这个一般性的道理。 与 7·1、7·2 和 11·20 中提及各个行业的能工巧匠来说明遵循"规矩"的重要性相类似，在 13·41 中，弟子公孙丑指出，儒家所推崇的"道"崇高而美好，但是似乎对常人而言遥不可及，于是，公孙丑问孟子，是否可以降低标准，使得平常人都能通过日常努力来达到"道"的要求。 针对公孙丑的询问，孟子再次以"大匠""羿"为例，直接点明能工巧匠们都不会轻易降低对规矩准绳的要求，并由此明确指出，君子也理应坚守儒家的"中道"，而让其他有能力的人来追随。 从 13·41 中我们不难推断，孟子旨在通过对各类能工巧匠遵循规矩准绳的描述，说明品行高尚的人也应该像这些能工巧匠一样，遵循君子理应坚守的"中道"准则。 在 14·5（"梓匠轮舆能与人规矩，不能使人巧"）中，虽然也出现有明示的"规矩"二字，但与 7·1、7·2 和 11·20 中正面强调需要遵守"规矩"不同的是，此处从句意上判断，显然有转折之意。

我们再沿着"中道"和"道"的明示表达，发现在 6·1 中，针对弟子陈代以君子见诸侯有可能实现"大则以王，小则以霸"的目标，从而提出"枉尺而直寻"的观点，孟子分别以齐国虞人拒绝齐景公不合礼制的召唤，以及御者王良拒绝为小人嬖奚驾车为例，直接阐明其观点"如枉道而从彼，何也？ 且子过矣：枉己者，未有能直人者也"，也就是君子任何时候都不应该因为利而偏离或者降低对"道"的遵守。 在 8·20 中，孟子首次明确谈及"执中"概念，并且列举了商汤"执中"的例子，结合背景知识可知，商汤是儒家所尊崇的圣人之一；因此，商汤的"执中"做法也是孟子所赞赏的。在 13·26 中，孟子再次明确谈及"执中"，并以杨朱"为我"和墨子"兼爱"两个极端，对比鲁国贤人子莫的"执中"做法，明确表明"执中为近之"，而结合 8·20 中对"汤执中"的描述与肯定，以及 13·41 中对君子守"中道"的相关表述，可以推断孟子实际上表达的是，"执中"做法才是接近儒家"中道"的做法。与此同时，孟子还进一步指出，"执中无权，犹执一也"（13·26），在这里，孟子将"执中"与"权"这两个概念联系在一起，并且 13·26 的后半部分与前半部分，表达的显然是两个不同层面的问题，即我们需要"执中"，还要"执中有权"。在 14·37 中，孟子再次明确谈及"中道"概念，以孔子在与人交往方面"不得中道"时就选择狂者和狷者进行交往为例，并以修辞问句"孔子岂不欲中道哉"的形式，表明即使作为儒家先圣的孔子，在不能保持"中道"原则时，也会选择权变的做法。因此，13·26 和 14·37 中有关"执中""中道"和"权"的论述，又与上述 14·5 中"梓匠轮舆能与人规矩，不能使人巧"的表述相关联。此外，7·17（"嫂溺，援之以手者，权也"）中也涉及"权"的明示表达，说明在"男女授受不亲"的礼制规定下，小叔子为何可以手援溺水的嫂子。

除以上章节出现有关"规矩""中道""执中""权"等明示表达的话语，以及与这些明示表达直接相关的话语之外，从内容上看：7·26 和 9·2 都谈及"舜不告而娶"的例子，并且，在 9·2 中，针对万章的疑问，孟子给出了"舜不告而娶"的正当理由，而 6·3（"不待父母之命、媒妁之言，钻穴隙相窥，逾墙相从，则父母国人皆贱之"）也涉及对孟子所处时代的婚恋习俗的简要说明。因此，6·3、7·26 和 9·2，都属于娶妻方面的权变问题。13·35（"舜视弃天下犹弃敝蹝也。窃负而逃，遵海滨而处"）以儒家所尊崇的圣人之一的舜"窃负而逃"为例，说明当舜的父亲杀了人，舜是如何处理作为"天子"与作为"人子"这二者之间的权变关系的。13·46（"知者无不知也，当务之为急；仁者无不爱也，急亲贤之为务"）涉及智者和仁者对待事务与亲贤时的权变做法。

3·2 谈及伯夷、伊尹和孔子三位圣人不同的士仕观；3·9（"伯夷隘，柳下惠不恭"）分别对伯夷和柳下惠的士仕观进行了否定性评论；10·1（"伯夷，圣之清者也；伊尹，圣之任者也；柳下惠，圣之和者也；孔子，圣之时者也。 孔子之谓集大成"）再次对伯夷、伊尹、柳下惠和孔子四位圣人的不同士仕观进行了评论；10·4（"孔子有见行可之仕，有际可之仕，有公养之仕"）谈及孔子根据所面临的不同境况而选择不同的士仕观；12·6（"三子者不同道，其趋一也"）对伯夷、伊尹和柳下惠三位圣人不同士仕观下的共同点，即"仁"进行了阐述说明。 因此，3·2、3·9、10·1、10·4 和 12·6，都属于"士仕观"方面的权变问题。1·5（"彼陷溺其民，王往而征之，夫谁与王敌？"）、1·6（"不嗜杀人者能一之"）、2·11（"汤一征，自葛始"）、4·1（"以天下之所顺，攻亲戚之所畔"）、4·8（"沈同问'燕可伐与'，吾应之曰：'可'"），以及 7·14（"故善战者服上刑"），都涉及战争与征伐方面的权变问题。 5·3（"阳虎曰：'为富不仁矣，为仁不富矣'"）中孟子谈及"富"与"仁"的关系问题，而在 1·3（"谷与鱼鳖不可胜食，材木不可胜用，是使民养生丧死无憾也。 养生丧死无憾，王道之始也"）和 1·7（"是故明君制民之产，必使仰足以事父母，俯足以畜妻子，乐岁终身饱，凶年免于死亡"）中，说明的是行仁政的国君必定会满足治下老百姓对物质财富的基本需求，因而这 3 个章节都是有关"富"与"仁"的权变问题。 1·1（"王亦曰仁义而已矣，何必曰利？"）是著名的有关"义利之辩"的章节。 单看 1·1 的话，似乎孟子只要求君主谈"仁义"，而不让他们谈"利"，但结合 2·5（"王如好货，与百姓同之，于王何有？ ……王如好色，与百姓同之，于王何有？"）可知，孟子要表达的，其实是施行仁政的贤君应该先义后利，因而 1·1 和 2·5 属于"义利"相关的权变问题。 4·3 中弟子陈臻对于孟子"于齐""于宋"和"于薛"三种情况下，有时接受诸侯国国君的赠礼，有时又不接受，表示不理解，孟子对此直接表明他对待赠礼的原则，那就是"皆是也"，并分别给出了他在离开三个国家时对待三位国君的赠礼而采取不同态度的理由；8·11（"大人者，言不必信，行不必果，惟义所在"）中直接涉及权变的理据所在，即"义"；10·4（"尊者赐之，曰：'其所取之者义乎，不义乎？'而后受之，以是为不恭，故弗却也"）涉及孟子与万章谈论对待尊者馈赠的处理方法；10·6 也涉及孟子与万章谈论诸侯国国君对未入仕的士人进行周济与馈赠的问题，以及 13·33（"非其有而取之非义也"）直接谈及接受他人物品的依据，即"义"。因此，4·3、8·11、10·4、10·6 和 13·33，都涉及收受馈赠方面的权变问题。

　　归纳起来看，孟子有关经权之辩的话语，大概出现在《孟子》文本中的 7 篇、14 卷、35 个章节中，即 1·1、1·3、1·5、1·6、1·7、2·5、2·11、3·2、3·9、4·1、4·3、4·8、5·3、6·1、6·3、7·1、7·2、7·14、7·17、7·26、8·11、8·20、9·2、10·1、10·4、10·6、11·20、12·6、13·26、13·33、13·35、13·41、13·46、14·5 和 14·37。其中，表达观点的明示指示词有："……而已矣"（1·1、12·6、13·33、13·35、14·37），"其如是，……""诚如是也，……"（1·6），"……，是以……"（1·7、9·2、10·4），"然则……""其若是，……"（1·7），"故……"（1·7、4·1、7·14、10·1、10·4、14·37），"盖……"（1·7、10·6），"是故……"（1·7、3·9、5·3），"故曰……"（4·1、10·6），"由此观之，……""此所谓……"（7·14）；表达观点和理由的明示指示词有："如……，（则）……"（1·3、1·6、2·5、6·1、9·2），"如……，可……"（1·5），"若……，则……"（1·7），"欲……，则……"（2·5），"……，则……"（2·11、6·3），"然而……，是……"（4·1），"……，是之谓……"（13·46），以及只表达理由的明示指示词有"且……"（6·1）等（见附录，表 2 - 1）。

　　综合考察以上有关经权之辩的论辩性话语，可以看出，孟子及其明示和隐含的反方之间，围绕着两个主要的"单一非混合型意见分歧"展开了两场讨论，即"君子是否可以降低儒家仁义中道准则的原则性"以及"君子是否只能绝对地坚守儒家仁义中道准则"。下面，将分别对这两场讨论中的相关论辩性话语，进行论证重构与分析。

5.2 重构"君子是否可以降低儒家仁义中道准则的原则性"

在《孟子》文本中，围绕经权之辩的第一个主要意见分歧"君子是否可以降低儒家仁义中道准则的原则性"进行讨论所对应的话语，主要出现在 6·1、7·1、7·2、11·20 和 13·41 等章节中。 其中，孟子仍然为正方，对该意见分歧所持立场是肯定的，即"君子应该坚守不偏不倚的儒家仁义中道准则"，而反方包括与孟子进行过直接对话并对孟子立场表示质疑的弟子陈代（6·1）、公孙丑（13·41），以及其他未明示表达的潜在质疑者。

在 6·1 中，孟子的弟子陈代规劝孟子放下身段去见诸侯，并且直接提出"枉尺而直寻"的观点，暗示说明如果可以委身去见诸侯（即委屈一尺）而能辅助其称霸乃至称王（即伸长八尺）的话，似乎也是可以的，由此开启了孟子与陈代之间就"君子是否可以降低儒家仁义中道准则的原则性"这一意见分歧而展开的讨论。 6·1 中陈代所言对应于本场讨论的冲突阶段（粗体），而孟子对陈代所言的答复对应于论辩阶段（下划线）。在应答中，孟子顺着陈代所提出的"枉尺而直寻"的话题（潜在论题的选择与受众需求的适应），首先，以孔子赞扬齐国虞人"非其招不往"为例，一针见血地指出，"枉尺而直寻"的本质在于对利益的追求；接着，以驾车手王良拒绝为小人嬖奚驾车为例，说明如果只是把追求利益放在首位的话，那么君子对于"枉寻而直尺"的事也是不会去做的；最后，孟子以"如枉道而从彼，何也？""枉己者，未有能直人者也"这一自问自答式的修辞问句（表达技巧的使用），间接点明其所意欲支撑的主立场"君子应该坚守不偏不倚的儒家仁义中道准则"下的一个分立场，即"君子不应该因为利益而降低对儒家仁义中道原则性的追求"。

陈代曰："**不见诸侯，宜若小然；今一见之，大则以王，小**

则以霸。且《志》曰：'枉尺而直寻。'宜若可为也。"

　　孟子曰："昔齐景公田，招虞人以旌，不至，将杀之。志士不忘在沟壑，勇士不忘丧其元。孔子奚取焉？取非其招不往也。如不待其招而往，何哉？且夫枉尺而直寻者，以利言也。如以利，则枉寻直尺而利，亦可为与？昔者赵简子使王良与嬖奚乘，终日而不获一禽。嬖奚反命曰：'天下之贱工也。'或以告王良。良曰：'请复之。'强而后可，一朝而获十禽。嬖奚反命曰：'天下之良工也。'简子曰：'我使掌与女乘。'谓王良。良不可，曰：'吾为之范我驰驱，终日不获一；为之诡遇，一朝而获十。《诗》云："不失其驰，舍矢如破。"我不贯与小人乘，请辞。'御者且羞与射者比；比而得禽兽，虽若丘陵，弗为也。如枉道而从彼，何也？且子过矣：枉己者，未有能直人者也。"（6·1）

　　在13·41中，孟子的另一位弟子公孙丑则提出，儒家的仁义中道准则确实高尚美好，但对一般人来说就像登天一样难以企及，为什么不稍微降低一下儒家之道的原则性以便普通人都可以追求达到呢？　公孙丑的询问，仍然是关于第一个意见分歧的，属于第一场讨论的冲突阶段（粗体）。　在应答中，孟子首先以高明的匠人和神射手羿不因为所传授对象的表现拙劣而改变规矩准绳为例，间接说明，君子也不应该因为有些人目前没有达到儒家仁义中道的要求而降低要求本身，这里运用了"潜在论题的选择"方面的策略操控；紧接着，孟子直接提出了君子应该采取的做法，那就是坚持"中道"而让有能力的人追随。　因此，孟子的应答话语属于论辩阶段（下划线）。

　　公孙丑曰："道则高矣，美矣，宜若登天然，似不可及也；何不使彼为可几及而日孳孳也？"

　　孟子曰："大匠不为拙工改废绳墨，羿不为拙射变其彀率。君子引而不发，跃如也。中道而立，能者从之。"（13·41）

7·1 中有关"不以规矩,不能成方圆",以及 7·2 中有关"规矩,方员之至也;圣人,人伦之至也"的描述,属于第一场讨论中正反双方共同认可的前提,也就是本场讨论的共同出发点,属于讨论的开始阶段(斜体),同时构成了论辩阶段(下划线)的一部分。此外,第 3 章对孟子有关人禽之辩的话语进行了论证重构,其中,图 3-2 中的立场"人性中存在固有的向善性"和图 3-3 中的立场"仁和义都是人性善的内在体现",也构成了围绕经权之辩的第一个主要的意见分歧"君子是否可以降低儒家仁义中道的原则性"进行讨论的部分出发点,属于开始阶段(斜体)的一部分。

> 孟子曰:"离娄之明、公输子之巧,不以规矩,不能成方圆;师旷之聪,不以六律,不能正五音;尧舜之道,不以仁政,不能平治天下。……"(7·1)
> 孟子曰:"规矩,方员之至也;圣人,人伦之至也。……"(7·2)

11·20 中提及羿教人射箭需要遵循射箭的规矩,而学习射箭的人同样需要遵循相应的规矩,也属于第一场讨论中论辩阶段(下划线)的一部分。

> 孟子曰:"羿之教人射,必志于彀;学者亦必志于彀。大匠诲人必以规矩,学者亦必以规矩。"(11·20)

综合以上分析,在经权之辩中,有关"君子是否可以降低儒家仁义中道准则的原则性"这一意见分歧,孟子对其立场"君子应该坚守不偏不倚的儒家仁义中道准则"的论辩结构,如图 5-1。

在图 5-1 中,分论证 1.(1a)、1.(1b)和 1.1c,共同支撑主立场 1"君子应该坚守不偏不倚的儒家仁义中道准则"。其中,1.(1a)和 1.(1b)采用了因果型论证型式;1.1c 通过将圆规和曲尺相对于画出方圆的重要性,同遵守仁义中道准则相对于君子成就大事的重要性,进行类

比，采用的是比较型论证型式；由于1.（1a）是从正面的角度对立场1
进行论证，1.（1b）从反面角度的论证可视作对1.（1a）论证的补充，
1.1c更是通过类比的方式，指出君子如果不遵循仁义中道准则可能会有
的后果，也是对论证1.（1a）和1.（1b）的补充，而1.（1b）和1.1c都
属于正方因考虑到反方的可能质疑而做出的补充性回应；因此，三者共同
构成的是补充性的并列型论辩结构。此外，[1.（1a）.1a－1.（1a）.
1b]'是未明示表达的前提，起到衔接1.（1a）.1a和1.（1a）.1b

1 君子应该坚守不偏不倚的儒家仁义中道准则（13·41）

    1.（1a）（君子应该效法尧舜等圣人的仁义中道准则）

        1.（1a）.1a 尧舜等圣人是施行仁义中道的人（7·1）

        1.（1a）.1b 正如圆规和曲尺是方圆的极致，圣人代表的是为人的极致
            （7·2）

        [1.（1a）.1a－1.（1a）.1b]'（尧舜等圣人是君子理应效法的对象）

    1.（1b）（君子任何时候都不会违背仁义中道）

        1.（1b）.1a 君子不会为了迎合他人而违背中道（6·1）

            1.（1b）.1a.1 高明的工匠不会因笨拙的工人而改变或废弃绳墨规
                矩（11·20、13·41）

            1.（1b）.1a.2 神箭手羿不会因拙劣的射手而改变开弓张弛的正确
                程度（11·20、13·41）

        1.（1b）.1b 君子不会因为利益而违背仁义中道（6·1）

            1.（1b）.1b.1 齐国猎场管理员没有因为害怕受到惩罚，而听从齐
                景公不恰当的召唤方式（"枉尺"）来换取自身的
                生命安全（"直寻"）（6·1）

            1.（1b）.1b.2 像王良这样好的车手，也不屑于因为眼前的好处而
                放弃驾车的规矩（"枉寻"）来与嬖奚这样差劲的
                射手一起做事（"直尺"）（6·1）

    1.1c 正如不使用圆规和曲尺就不能画出方圆一样，君子如果不遵守仁义中道
        准则就难以做成大事（7·1）

        1.1c.1 诚如离娄的过人视力和公输班的高超技巧，如果不用圆规和曲
            尺，也画不出方圆（7·1）

        1.1c.2 诚如盲人音乐家师旷聪敏的耳力，如果不用六律，也不能校正五
            音（7·1）

图5-1 经权之辩中有关"君子是否可以降低儒家仁义中道准则的原则性"
      的论辩结构图

的作用，并与 1.（1a）.1a 和 1.（1a）.1b 一起，共同支撑分立场
1.（1a），其将圣人相对于为人的标准，同圆规和曲尺相对于画出方圆的
标准进行类比，采用了比较型论证型式，构成的是累积性的并列型论辩结
构。 1.（1b）.1a 和 1.（1b）.1b，分别从迎合他人与争取利益两个方面
共同支撑分立场 1.（1b），采用的是征兆型论证型式，两条论证增强了
彼此对分立场的论证力，构成的是累积性的并列型论辩结构。 1.（1b）.
1a.1 和 1.（1b）.1a.2，分别以高明的工匠和神箭手羿为例，各自独立支
撑 1.（1b）.1a；1.（1b）.1b.1 和 1.（1b）.1b.2，分别以齐国猎场管
理员和王良为例，说明"枉尺直寻"与"枉寻直尺"都不可取，可以各自
独立支撑 1.（1b）.1b，以及 1.1c.1 和 1.1c.2 分别以离娄和公输班以及
师旷为例，各自独立支撑分立场 1.1c，采用的都是征兆型论证型式，构
成的也都是多重型论辩结构。

5.3 重构"君子是否只能绝对地坚守儒家仁义中道准则"

孟子及其反方关于经权之辩的第二个主要意见分歧是"君子是否只能
绝对地坚守儒家仁义中道准则"。 与该意见分歧相关的论辩性话语，主
要出现在《孟子》文本如下 29 个章节中，即 1·1、1·3、1·5、1·6、
1·7、2·5、2·11、3·2、3·9、4·1、4·3、4·8、5·3、6·3、
7·14、7·17、7·26、8·11、8·20、9·2、10·1、10·4、10·6、
13·26、13·33、13·35、13·46、14·5 和 14·37。 参与第二个意见
分歧相关讨论的反方包括：与孟子进行过直接对话并对孟子立场持质疑态
度的孟子的弟子们公孙丑（3·2）、陈臻（4·3）、万章（9·2、
10·4）和桃应（13·35），以及非儒家学派的齐国人淳于髡（7·17），
还有《孟子》文本中未明示提及的其他潜在质疑者。 针对意见分歧"君
子是否只能绝对地坚守儒家仁义中道准则"，作为正方的孟子，所持立场
是"坚守儒家仁义中道准则，需要依据实际情况进行权变而不可执其一

端"，这一点可以从 14·5"梓匠轮舆能与人规矩，不能使人巧"中窥探得知。 有关经权之辩，针对第一个主要意见分歧"君子是否可以降低儒家中道准则的原则性"而展开的讨论中，图 5－1 中的主立场"君子应该坚守不偏不倚的儒家仁义中道准则"，构成了第二场讨论中正反双方都认同的部分出发点，属于本场讨论开始阶段（斜体）的一部分。

有关经权之辩第二个主要意见分歧所展开讨论的相关话语，涉及孟子与其明示或潜在质疑者之间有关仁义道德原则下不同方面的讨论，如"（舜）不告而娶"（7·26、9·2）、为官（3·2、3·9、10·1、10·4）、战争（1·5、4·1、4·8）、义与利（1·1、1·3、1·7、2·5、5·3）、收受礼物（4·3、10·4、10·6）等。 下面，就将分别对这些章节中的话语和其他与这些章节相关的话语所对应的讨论阶段（即批判性讨论的冲突、开始、论辩和结论阶段），以及其中的论证相关要点进行解析说明。

7·26 和 9·2 都涉及孟子对于舜"不告而娶"的讨论。 在 9·2 中，万章针对舜在娶妻问题上的"不告而娶"表示疑惑，因为舜是儒家所尊崇的先王之一，而"父母之命，媒妁之言"体现的是儒家的礼德，属于仁义道德的组成部分之一，也就是"经"的内容，而 6·3 甚至明确指出，"不待父母之命、媒妁之言，钻穴隙相窥，逾墙相从，则父母国人皆贱之"，说明子女婚嫁之事应当听从父母和媒婆的安排，这在当时的礼制上是非常重要的。 针对万章的疑惑，孟子以"男女居室，人之大伦也"（9·2）这一更高层次的孝德的伦理原则（也属于"经"的内容），给予解答。[1] 这与 6·3 中提及的父母在子女一出生时就有让他们成家嫁娶的想法，以及 7·26 中孟子直接指出的"不孝有三，无后为大"相呼应。 因此，9·2 中万章的询问，属于本场讨论有关娶妻问题的冲突阶段（粗体），而孟子的应答属于论辩阶段（下划线）。 7·26 也属于本场讨论中论辩阶段（下划线）的一部分，其中的"不孝有三，无后为大"为孟子

1　刘增光认为，"在儒家的道德体系中，各种德目是存在层级分别的，道德规范之间是有高低之别的"。参见刘增光：《汉宋经权观比较析论——兼谈朱陈之辩》，《孔子研究》，2011 年第 3 期。

及其反方(包括万章)所共同认同的孝德("经")(受众需求的适应),所以,同时也属于本场讨论开始阶段(斜体)的一部分。6·3 中父母在子女一出生时就有希望子女成家的心愿("经"),这是孟子与其反方都会认同的人之常情(受众需求的适应),也属于开始阶段(斜体),而对于不合礼制的"钻穴隙相窥,逾墙相从"的描述,是从反面论证说明,男女结婚、嫁娶,应当遵循父母之命、媒妁之言的礼德(潜在论题的选择与受众需求的适应),属于论辩阶段(下划线)。因此,综合来看 6·3、7·26 和 9·2,孟子想要说明的是,在儒家仁义道德中,孝德要优先于礼德("权")。

> 万章问曰:"《诗》云:'娶妻如之何?必告父母。'信斯言也,宜莫如舜。舜之不告而娶,何也?"
>
> 孟子曰:"告则不得娶。男女居室,人之大伦也。如告,则废人之大伦,以怼父母,是以不告也。"
>
> 万章曰:"舜之不告而娶,则吾既得闻命矣;帝之妻舜而不告,何也?"
>
> 曰:"帝亦知告焉则不得妻也。"……(9·2)
>
> 孟子曰:"不孝有三,无后为大。舜不告而娶,为无后也,君子以为犹告也。"(7·26)
>
> ……(孟子)曰:"丈夫生而愿为之有室,女子生而愿为之有家;父母之心,人皆有之。不待父母之命、媒妁之言,钻穴隙相窥,逾墙相从,则父母国人皆贱之。古之人未尝不欲仕也,又恶不由其道。不由其道而往者,与钻穴隙之类也。"(6·3)

除 6·3、7·26 和 9·2 所论述说明的儒家"孝德"要优先于"礼德"之外,在 13·35 中,针对弟子桃应对作为天子的舜在面临父亲瞽瞍杀人时如何处理的步步追问,孟子直接回答说,舜作为管理一国事务的"天子",应该让负责执法的皋陶按照杀人罪逮捕瞽瞍("经")(受众需求的适应);紧接着,又从舜作为"人子"的角度,认为舜会放弃一国天子的身份而偷偷地背着父亲逃走（"权"）（潜在论题的选择）。 这里所说明的是，在孟子看来，儒家仁义道德中，"为人之孝道"甚至还要优先于"为天子之道"。 13·35 中桃应的提问部分，都属于冲突阶段（粗体），而除了孟子最后一次答复属于论辩阶段（下划线），孟子前两次的答复，既属于论辩阶段（下划线），也属于开始阶段（斜体）的一部分，因为孟子对桃应前一个问题的回答，构成了桃应下一个问题的部分出发点。 因此，6·3、7·26、9·2 和 13·35 这 4 个章节所共同论证说明的是，在儒家仁义中道准则下，"为人之孝道"要优先于其他的伦理原则，比如"礼德"和"天子之道"。

> 桃应问曰："**舜为天子，皋陶为士，瞽瞍杀人，则如之何？**"
>
> 孟子曰："*执之而已矣。*"
>
> "**然则舜不禁与？**"
>
> 曰："*夫舜恶得而禁之？夫有所受之也。*"
>
> "**然则舜如之何？**"
>
> 曰："*舜视弃天下犹弃敝蹝也。窃负而逃，遵海滨而处，终身䜣然，乐而忘天下。*"（13·35）

除论证说明"孝道"在儒家仁义中道准则中具有优先性之外，在 13·46 中，孟子将"不能三年之丧，而缌、小功之察"的行为视为"不知务"，这从反面论证说明的是，在儒家的丧葬礼仪中，三年的"大丧"优先于缌麻三月和小功五月的"小丧"，而丧葬礼仪也属于儒家仁义道德的一部分（"经"）。 因此，同 6·3、7·26、9·2 和 13·35 类似，在 13·46 的后半部分，孟子实际上想要说明的，仍然是儒家仁义中道准则在实际应用中涉及等级层次的问题（"权"）。 此外，13·46 的前半部分以尧舜为例，指出像尧舜这样的智者没有不知"道"的，但智者会急于当前的重要事务，并且像尧舜这样的仁者都是爱护人的，但仁者也会先爱自己的亲人与贤人，这又说明，儒家仁义中道准则在实际应用中除了涉及等级层次，还涉及先后缓急的问题。 因此，13·46 也属于关于第二个意见分歧"君子是否只能绝对地坚守儒家仁义中道准则"所展开讨论的论辩阶段（下划线）的一部分。

> 孟子曰："<u>知者无不知也，当务之为急；仁者无不爱也，急亲贤之为务。尧舜之知而不遍物，急先务也；尧舜之仁不遍爱人，急亲贤也。不能三年之丧，而缌、小功之察；放饭流歠，而问无齿决，是之谓不知务。</u>"（13·46）

此外，在 7·17 中，非儒家学派的齐国人淳于髡一开始就问孟子"男女授受不亲"是否属于礼制的内容，对此，孟子的回答是肯定的。初看上去，淳于髡的询问是一般疑问句的形式，也就是"有疑而问"，但是，结合淳于髡接下来的问句"嫂溺，则援之以手乎？"来看，淳于髡一开始对"男女授受不亲，礼与？"的询问，实则是修辞性疑问句，也就是说，他并非真的有疑问，只不过是以问句的形式，意图与孟子就此达成一种"共识"，以便为他接下来的核心议题"小叔子是否可以用手援救落水的嫂子"做铺垫，因为后者才是他真正想要与孟子探讨的问题，涉及儒家推崇的礼制在实际情况（"嫂溺"）中所面临的困境，即如果小叔子用手去救嫂子，就会违背"男女授受不亲"的儒家礼制（"经"），而如果为了遵循礼制，难道小叔子就眼睁睁地看着嫂子溺亡吗？对于淳于髡抛出的这一看似进退两难的问题，孟子首先以保持人性中的善性为第一要务，明确指出，小叔子无论如何也应该伸手去救溺水中的嫂子，否则就不是人。接着，孟子明确提出了"经"与"权"的问题，既承认了"男女授受不亲"是礼制规定的、属于儒家仁义道德的一部分，同时，将"嫂溺，援之以手"作为遵循儒家仁义中道准则中"人性善"这一更高层次道德原则之下的权变。因此，7·17 中，既有围绕"君子是否只能绝对地坚守儒家仁义中道准则"所展开讨论的开始阶段（斜体）的话语，也有对应于冲突阶段（粗体）和论辩阶段（下划线）的话语；其中，针对淳于髡的疑问，孟子选择的是就反方淳于髡所抛出的问题进行直接地论证说明，运用的是"潜在论题的选择"和"受众需求的适应"两方面的策略操控。

> 淳于髡曰：“男女授受不亲，礼与？”
>
> 孟子曰：“礼也。”
>
> 曰：“嫂溺，则援之以手乎？”
>
> 曰：“嫂溺不援，是豺狼也。男女授受不亲，礼也；嫂溺，援之以手者，权也。”
>
> 曰：“今天下溺矣，夫子之不援，何也？”
>
> 曰：“天下溺，援之以道；嫂溺，援之以手——子欲手援天下乎？”（7·17）

综合以上对 6·3、7·17、7·26、9·2、13·35 和 13·46 的分析，我们可以看到，针对经权之辩中第二个主要的意见分歧“君子是否只能绝对地坚守儒家仁义中道准则”，孟子的主立场是“坚守儒家仁义中道准则，需要依据实际情况进行权变而不可执其一端”，并且，以上 6 个章节共同为该主立场提供了第一个分立场以及相应的论证，即“运用儒家仁义中道准则，需要考虑内部各规则之间的差异而进行相应的权变”，其中的论辩结构如图 5-2.（1a）。[1]

在图 5-2.（1a）中，分立场 2.（1a）是孟子没有明示表达出来，但是可以通过下面的论证推理得出的。2.（1a）.1a 和 2.（1a.1b），分别从儒家仁义中道准则在实际应用中涉及的先后缓急和等级层次两个方面的差异，共同论证支撑分立场 2.（1a），采用的是征兆型论证型式，并且两条论证可以增强彼此对分立场的论证力，所以，构成的是累积性的并列型论辩结构。2.（1a）.1a.1 和 2.（1a）.1a.2 以尧舜这样的智者和仁者为例，分别独立支撑分立场 2.（1a）.1a，采用的是征兆型论证型式，构成的是多重型论辩结构。2.（1a.1b）.1、2.（1a.1b.2）和 2.（1a.1b.3），分别以丧葬礼仪中“大丧”相对于“小丧”、“孝道”相对于其他伦理原

1　《孟子》文本中针对经权之辩的第二个主要意见分歧“君子是否只能绝对地坚守儒家仁义中道准则”所涉及的话语比较多，对于主立场“坚守儒家仁义中道准则，需要依据实际情况进行权变而不可执其一端”的论证所涉及的论证层次也相应比较复杂；因此，这里对该主立场下的分立场以及相应的论证分开进行描述。

则，以及人性中的"善"相对于"礼德"为例，各自独立支撑分立场
2.（1a.1b），采用的也是征兆型论证型式，构成的也是多重型论辩结
构。 2.（1a.1b.2.1a）和2.（1a.1b.2.1b），分别从孝道相对于天子之道

2.（1a）（运用儒家仁义中道准则，需要考虑内部各规则之间的差异而进行相应的权
　　　变）

　　2.（1a）.1a 儒家的仁义中道准则在实际应用中涉及先后缓急的问题
　　　　　　（13·46）

　　　　2.（1a）.1a.1 像尧舜这样的智者没有不该知道的，但他会急于当前的
　　　　　　　　　重要事务（13·46）

　　　　2.（1a）.1a.2 像尧舜这样的仁者是爱护人的，但他会先爱自己的亲人
　　　　　　　　　与贤人（13·46）

　　2.（1a.1b）（儒家的仁义中道准则在实际应用中涉及等级层次的问题）

　　　　2.（1a.1b）.1 在丧葬礼仪中，三年的大丧要优先于缌麻三月和小功五
　　　　　　　　　月的小丧（13·46）

　　　　2.（1a.1b.2）（在儒家仁义中道准则下，孝道要优先于其他的伦理原
　　　　　　　　　则）

　　　　　　2.（1a.1b.2.1a）（在儒家仁义道德中，为人之孝道要优先于为天
　　　　　　　　　　子之道）（13·35）

　　　　　　2.（1a.1b.2.1a）.1 舜的父亲杀了人，作为天子的舜选择放弃
　　　　　　　　　　天下而背着父亲逃离（13·35）

　　　　　　2.（1a.1b.2.1b）（在儒家仁义道德中，孝德要优先于礼德）

　　　　　　2.（1a.1b.2.1b）.1a 舜没有告诉父母而娶妻（9·2）

　　　　　　　　2.（1a.1b.2.1b）.1a.1 舜如果告诉父母就不能娶妻
　　　　　　　　　　（9·2）

　　　　　　2.（1a.1b.2.1b）.1b 男女嫁娶应当遵循父母之命、媒妁之言
　　　　　　　　　　的礼德（6·3）

　　　　　　2.（1a.1b.2.1b）.1c 男女结婚生子是孝德中最为重要的伦常
　　　　　　　　　　（7·26）

　　　　2.（1a.1b.3）（在儒家仁义道德中，保持人性中基本的善性要优先于
　　　　　　　　　礼德）（7·17）

　　　　　　2.（1a.1b.3）.1a 男女授受不亲是儒家的礼德（7·17）

　　　　　　2.（1a.1b.3）.1b 小叔子如果因为礼德而不去救溺水的嫂子，就是
　　　　　　　　　没有人性的豺狼了（7·17）

图 5 - 2.（1a）　经权之辩中有关"运用儒家仁义中道准则，是否需要进行权变"
**　　　　　的论辩结构图**

和礼德两个方面，共同支撑 2.（1a.1b.2），采用的是征兆型论证型式，构成的是累积性的并列型论辩结构。 2.（1a.1b.2.1a）.1 以舜为了孝道而选择放弃天下为例，论证支撑 2.（1a.1b.2.1a），采用的是征兆型论证型式，构成的是单一型论辩结构。 2.（1a.1b.2.1b）.1a 以舜"不告而娶"为例来支撑 2.（1a.1b.2.1b），采用的是征兆型论证型式，而其与 2.（1a.1b.2.1b）.1b、2.（1a.1b.2.1b）.1c 一起，共同论证支撑 2.（1a.1b.2.1b），构成的是累积性的并列型论辩结构。 2.（1a.1b.3）.1a 和 2.（1a.1b.3）.1b 共同支撑 2.（1a.1b.3），采用的是因果型论证型式；其中，2.（1a.1b.3）.1b 以小叔子手援溺水的嫂子为例对分立场 2.（1a.1b.3）的论证，是对反方淳于髡所提出疑问的批判性回应，所以，其与 2.（1a.1b.3）.1a 一起对 2.（1a.1b.3）的论证，构成的是补充性的并列型论辩结构。

针对主立场 2"坚守儒家仁义中道准则，需要依据实际情况进行权变而不可执其一端"，孟子除了通过论证得出分立场 2.（1a）"运用儒家仁义中道准则，需要考虑内部各规则之间的差异而进行相应的权变"，还在 13 · 26（"所恶执一者，为其贼道也，举一而废百也"）中，间接提出了第二个分立场 2.1b，即"坚守儒家仁义中道准则，不能够偏执于一端"。 对分立场 2.1b 的论证及相关话语，涉及从正、反两个角度分别说明"真正的儒家仁义中道准则是坚守仁义道德原则的同时，根据实际情况进行权变而不偏执于一端"（3 · 2、3 · 9、10 · 1、10 · 4、12 · 6、13 · 26、14 · 37），还涉及战争相关的讨论（1 · 5、1 · 6、2 · 11、4 · 1、4 · 8、7 · 14）和"义利之辩"的问题（1 · 1、1 · 3、1 · 7、2 · 5、5 · 3）。

3 · 2、3 · 9、10 · 1、10 · 4 和 12 · 6，都涉及孟子对伯夷、伊尹、柳下惠和孔子这四位圣人在遵循仁义道德原则下不同为官之道的叙述与点评。 在 3 · 2 中，针对公孙丑就伯夷和伊尹是否可以同孔子一样被称为"圣人"的询问，孟子首先对三人在选择为官与否所遵循的"道"有所不同进行了阐述（受众需求的适应），即伯夷选择只在顺世中为官而在乱世中退隐，伊尹选择无论顺世还是乱世都为官，而孔子为官与否的标准更具

权变的意味。 紧接着，孟子指出，尽管三人在为官与否的选择标准方面
有所不同，但三人都可被称为"圣人"，只是孟子所选择的是儒家先圣孔
子的权变式为官之道（潜在论题的选择）。 根据 7 · 2 中"规矩，方员之
至也；圣人，人伦之至也"的描述，只要是圣人，都被列为人伦的极致，
也都是值得君子效法的，而 3 · 2 中孟子对于同为圣人的伯夷、伊尹和孔
子，却只愿意学习孔子的为官之道，说明即便在某种程度上都可以被称作
"圣人"，但是，孟子对于圣人为官时对仁义之道的不同践行方式，仍然
是有偏向与选择的，这再一次凸显出 3 · 2 中孟子与其潜在质疑者之间有
关"君子是否只能绝对地坚守儒家仁义中道准则"所存在的意见分歧。
因此，孟子对于伯夷、伊尹和孔子三者之间"不同道"的评述，及其个人
选择方面的话语，对应于本场讨论中有关仁义道德原则下为官之道这一议
题的冲突阶段（粗体），而对于三人各自为官之道的描述，则属于论辩阶
段（下划线）的一部分。

> …… （公孙丑）"昔者窃闻之：子夏、子游、子张皆有圣人
> 之一体，冉牛、闵子、颜渊则具体而微，敢问所安。"
> （孟子）曰："姑舍是。"
> （公孙丑）曰："**伯夷、伊尹何如？**"
> （孟子）曰："**不同道**。非其君不事，非其民不使；治则进，
> 乱则退，伯夷也。何事非君，何使非民；治亦进，乱亦进，伊尹
> 也。可以仕则仕，可以止则止，可以久则久，可以速则速，孔子
> 也。**皆古圣人也，吾未能有行焉；乃所愿，则学孔子也。**"……
> （3 · 2）

除 3 · 2 提及伯夷、伊尹和孔子这三位圣人之外，3 · 9 较详细地介绍
了伯夷和柳下惠的"士仕观"，并做出了"伯夷隘，柳下惠不恭"的点
评；10 · 1 更是将伯夷、伊尹、柳下惠和孔子四位圣人放在一起，对他们
在遵循仁义道德准则下的不同为官之道，逐一进行了叙述与点评；12 · 6
在对伯夷、伊尹和柳下惠三位圣人各自不同的为官之道进行简要叙述后，

点明三者之间的共同点，那就是"仁"。3·9、10·1和12·6中的相关话语，都属于本场讨论论辩阶段（下划线）的一部分。同3·2中论辩部分一样，3·9和10·1中的论证，主要通过对同为圣人的伯夷、伊尹和柳下惠三人在恪守仁义道德原则上的"执于一端"，对比说明孔子在坚守仁义道德原则这一前提下为官方面的"通权达变"。

孟子曰："伯夷，非其君，不事；非其友，不友。不立于恶人之朝，不与恶人言；立于恶人之朝，与恶人言，如以朝衣朝冠坐于涂炭。推恶恶之心，思与乡人立，其冠不正，望望然去之，若将浼焉。是故诸侯虽有善其辞命而至者，不受也。不受也者，是亦不屑就已。柳下惠不羞污君，不卑小官；进不隐贤，必以其道；遗佚而不怨，厄穷而不悯。故曰：'尔为尔，我为我，虽袒裼裸裎于我侧，尔焉能浼我哉？'故由由然与之偕而不自失焉，援而止之而止。援而止之而止者，是亦不屑去已。"孟子曰："伯夷隘，柳下惠不恭。隘与不恭，君子不由也。"（3·9）

孟子曰："伯夷，目不视恶色，耳不听恶声。非其君，不事；非其民，不使。治则进，乱则退。横政之所出，横民之所止，不忍居也。思与乡人处，如以朝衣朝冠坐于涂炭也。当纣之时，居北海之滨，以待天下之清也。故闻伯夷之风者，顽夫廉，懦夫有立志。

"伊尹曰：'何事非君？何使非民？'治亦进，乱亦进，曰：'天之生斯民也，使先知觉后知，使先觉觉后觉。予，天民之先觉者也。予将以此道觉此民也。'思天下之民匹夫匹妇有不与被尧舜之泽者，若己推而内之沟中——其自任以天下之重也。

"柳下惠不羞污君，不辞小官。进不隐贤，必以其道。遗佚而不怨，厄穷而不悯。与乡人处，由由然不忍去也。'尔为尔，我为我，虽袒裼裸裎于我侧，尔焉能浼我哉？'故闻柳下惠之风者，鄙夫宽，薄夫敦。

"孔子之去齐，接淅而行；去鲁，曰：'迟迟吾行也，去父母国之道也。'可以速而速，可以久而久，可以处而处，可以仕而仕，孔子也。"

孟子曰："伯夷，圣之清者也；伊尹，圣之任者也；柳下惠，圣之和者也；孔子，圣之时者也。孔子之谓集大成。集大成也者，金声而玉振之也。金声也者，始条理也；玉振之也者，终条理也。始条理者，智之事也；终条理者，圣之事也。智，譬则巧也；圣，譬则力也。由射于百步之外也，其至，尔力也；其中，非尔力也。"（10·1）

淳于髡曰："先名实者，为人也；后名实者，自为也。夫子在三卿之中，名实未加于上下而去之，仁者固如此乎？"

孟子曰："居下位，不以贤事不肖者，伯夷也；五就汤，五就桀者，伊尹也；不恶污君，不辞小官者，柳下惠。三子者不同道，其趋一也。一者何也？曰：仁也。君子亦仁而已矣，何必同？"……（12·6）

10·4 的最后部分，讨论的是孔子的出仕之道，也对应于有关仁义道德原则下为官问题讨论的论辩阶段（下划线）。

万章问曰："敢问交际何心也？"

孟子曰："恭也。"

曰："'却之却之为不恭'，何哉？"

曰："尊者赐之，曰：'其所取之者义乎，不义乎？'而后受之，以是为不恭，故弗却也。"

曰："请无以辞却之，以心却之，曰：'其取诸民之不义也。'而以他辞无受，不可乎？"

曰："其交也以道，其接也以礼，斯孔子受之矣。"

万章曰："今有御人于国门之外者，其交也以道，其馈也以礼，斯可受御与？"

曰："不可；《康诰》曰：'杀越人于货，闵不畏死，凡民罔不谶。'是不待教而诛者也。殷受夏，周受殷，所不辞也；于今为烈，如之何其受之？"

曰："今之诸侯取之于民也，犹御也。苟善其礼际矣，斯君子受之，敢问何说也？"

曰："子以为有王者作，将比今之诸侯而诛之乎，其教之不改而后诛之乎？夫谓非其有而取之者盗也，充类至义之尽也。孔子之仕于鲁也，鲁人猎较，孔子亦猎较。猎较犹可，而况受其赐乎？"

曰："然则孔子之仕也，非事道与？"

曰："事道也。"

"事道奚猎较也？"

曰："孔子先簿正祭器，不以四方之食供簿正。"

曰："奚不去也？"

曰："为之兆也。兆足以行矣，而不行，而后去，是以未尝有所终三年淹也。孔子有见行可之仕，有际可之仕，有公养之仕。于季桓子，见行可之仕也；于卫灵公，际可之仕也；于卫孝公，公养之仕也。"（10·4）

上述3·2、3·9、10·1、10·4和12·6，都谈及孔子善于遵循仁义道德原则，同时，在为官方面，也善于通权达变。此外，14·37也谈及孔子在与人交往方面，如果找不到坚守仁义中道的人交往，就在权衡过后选择"狂者"或者"狷者"交往，这说明的是孔子在仁义道德原则下与人交往方面的权变；其中，万章对孔子选择与狂士交往表示疑惑，属于冲突阶段（粗体），而孟子对万章的问题做出解答（受众需求的适应）的同时，明确指出孔子做出此种选择的关键原因，即"不得中道""故思其次也"（潜在论题的选择），孟子的应答话语对应于论辩阶段（下划线）。

万章问曰："孔子在陈曰：'盍归乎来！吾党之小子狂简，进取，不忘其初。'孔子在陈，何思鲁之狂士？"

孟子曰："孔子'不得中道而与之，必也狂狷乎！狂者进取，狷者有所不为也'。孔子岂不欲中道哉？不可必得，故思其次也。"……（14·37）

3·2、10·1、10·4、12·6和14·37，共同说明孔子在坚守仁义道德原则的同时，无论是为官还是与人交往，都会根据实际情况进行权变而不偏执于一端。其中，3·2、3·9和10·1说明的是伯夷无论在内心还是外表上都是坚守仁义道德的圣人，却太过清高而显得狭隘；柳下惠则是内心坚守仁义道德的圣人，却外表过于随和而显得不够庄重（3·9、10·1）；伊尹无论顺世还是乱世，都是能坚守仁义道德的圣人，却仍偏执于一端（3·2、10·1）。再结合13·26中孟子在分别说明杨朱"为我"和墨子"兼爱"这两个极端事例之后，以鲁国贤人子莫"执中"为例，以及8·20中以儒家所尊崇的先王之一的商汤"执中"为例，说明"执中"的做法才更接近儒家的仁义中道准则；[1]13·26中还提出，"执中无权，犹执一也"，说明这种只知坚守仁义中道准则、不知权变而偏执一端的做法，是会伤害儒家仁义中道准则的。因此，不难看出，8·20中有关"汤执中"的描述，以及13·26，都属于本场讨论论辩阶段（下划线）的一部分；其中，对伯夷、柳下惠和伊尹三位圣人各自不同的为官之道的描述，是从反面来论证说明坚守仁义道德却偏执一端的做法，不符合真正的仁义中道准则，而对孔子在为官和与人交往方面的权变做法，则是从正面来论证说明真正的儒家仁义中道准则，实质上是要求君子在坚守仁义道德的同时，考虑实际情况进行权变而不偏执于一端。

孟子曰："禹恶旨酒而好善言。汤执中，立贤无方。……"（8·20）

孟子曰："杨子取为我，拔一毛而利天下，不为也。墨子兼爱，摩顶放踵利天下，为之。子莫执中。执中为近之。执中无

1　参见李存山：《尽心篇》，陈来、王志民主编：《〈孟子〉七篇解读》，齐鲁书社，2018年，第883页。

<u>权，犹执一也。所恶执一者，为其贼道也，举一而废百也。"</u>（13·26）

　　1·5、1·6、2·11、4·1、4·8和7·14，涉及孟子经权之辩下的"战争观"。一方面，1·6中，在梁襄王询问孟子"天下恶乎定？""孰能一之？"时，孟子分别以"定于一""不嗜杀人者能一之"作答（受众需求的适应），直接表明孟子不赞成发动战争，尤其是以杀人为手段乃至目的的战争（潜在论题的选择），所以，其中孟子的答复，属于经权之辩下有关战争问题的论辩阶段（下划线）。此外，在7·14中，孟子对那些好战、善战者，更是直接表明了他的反对态度，那就是要让"善战者服上刑"，其中也有属于论辩阶段（下划线）的话语。

　　　孟子见梁襄王，出，语人曰："望之不似人君，就之而不见所畏焉。卒然问曰：'天下恶乎定？'
　　"吾对曰：'定于一。'
　　"'孰能一之？'
　　"对曰：'<u>不嗜杀人者能一之。</u>'……"（1·6）
　　　孟子曰："求也为季氏宰，无能改于其德，而赋粟倍他日。孔子曰：'求非我徒也，小子鸣鼓而攻之可也。'<u>由此观之，君不行仁政而富之，皆弃于孔子者也，况于为之强战？争地以战，杀人盈野；争城以战，杀人盈城，此所谓率土地而食人肉，罪不容于死。故善战者服上刑</u>，连诸侯者次之，辟草莱、任土地者次之。"（7·14）

　　然而，另一方面，1·5中，在梁惠王意图一雪前耻而向孟子咨询良策时，孟子借机劝勉梁惠王行仁政王道（潜在论题的选择），以仁义之师讨伐敌国非仁义之师。在2·11中，孟子引述《尚书》中商汤征伐四方受到老百姓的欢迎与企盼，这与齐国对燕国的征伐受到天下其他诸侯国的围攻形成鲜明的对比（潜在论题的选择），又以修辞问句"如之何其可也?"（表达技巧的使用）引出齐人伐燕招致其他诸侯国联合围攻的根本原因，正是"倍地而不行仁政"（潜在论题的选择）。1·5 和 2·11 都表明，孟子并不是绝对地反对战争，相反，在 1·5 中，孟子支持并鼓励梁惠王以仁义之师讨伐非仁义的国君，而在 2·11 中，孟子对商汤为救民于水火以令天下安定统一而进行的征伐，也是大加赞赏的，却对齐国趁着燕国内乱而讨伐燕国的这种恃强凌弱式的战争表示不齿。在这里，孟子实际的目的，在于借由商汤征伐与齐王伐燕所引起的截然不同的民众反应，向齐王传递其"王道仁政"的政治主张（潜在论题的选择）。1·5 和 2·11 中，下划线部分都对应于孟子有关战争观与其反方展开讨论的论辩阶段。

> 梁惠王曰："晋国，天下莫强焉，叟之所知也。及寡人之身，东败于齐，长子死焉；西丧地于秦七百里；南辱于楚。寡人耻之，愿比死者壹洒之，如之何则可?"
>
> 孟子对曰："地方百里而可以王。王如施仁政于民，省刑罚，薄税敛，深耕易耨；壮者以暇日修其孝悌忠信，入以事其父兄，出以事其长上，可使制梃以挞秦楚之坚甲利兵矣。
>
> "彼夺其民时，使不得耕耨以养其父母。父母冻饿，兄弟妻子离散。彼陷溺其民，王往而征之，夫谁与王敌？故曰：'仁者无敌。'王请勿疑!"（1·5）
>
> 齐人伐燕，取之。诸侯将谋救燕。宣王曰："诸侯多谋伐寡人者，何以待之?"
>
> 孟子对曰："臣闻七十里为政于天下者，汤是也。未闻以千里畏人者也。《书》曰：'汤一征，自葛始。'天下信之，东面而征，西夷怨；南面而征，北狄怨，曰：'奚为后我?'民望之，若大旱之望云霓也。归市者不止，耕者不变，诛其君而吊其民，若时雨降。民大悦。《书》曰：'徯我后，后来其苏。'今燕虐其民，王往而征之，民以为将拯己于水火之中也，箪食壶浆以迎王师。若杀其父兄，系累其子弟，毁其宗庙，迁其重器，如之何其

可也？天下固畏齐之强也，今又倍地而不行仁政，是动天下之兵
也。王速出令，反其旄倪，止其重器，谋于燕众，置君而后去
之，则犹可及止也。"（2·11）[1]

在 4·1 中，孟子通过对"天时""地利"和"人和"三者之间关系
的描述，直接提出，可以"以天下之所顺，攻亲戚之所畔"，也就是说，
孟子赞成的是，由天下之人都愿意归顺的"仁义贤君"向众叛亲离的、非
仁义的"暴君"所发起的战争。

孟子曰："天时不如地利，地利不如人和。三里之城，七里
之郭，环而攻之而不胜。夫环而攻之，必有得天时者矣；然而不
胜者，是天时不如地利也。城非不高也，池非不深也，兵革非不
坚利也，米粟非不多也；委而去之，是地利不如人和也。故曰：
域民不以封疆之界，固国不以山谿之险，威天下不以兵革之利。
得道者多助，失道者寡助。寡助之至，亲戚畔之；多助之至，天
下顺之。以天下之所顺，攻亲戚之所畔；故君子有不战，战必胜
矣。"（4·1）

在 4·8 中，齐国大臣沈同询问孟子，是否可以讨伐燕国，孟子的回
答是肯定的，理由是燕王子哙在没有经过天下人同意的情况下，私自将王
位转让给子之，而子之也没有经过天下人的认可就私下接受了王位，这说
明，孟子认为可以对燕国进行讨伐的依据，是燕国王位的传递不符合只有
天子（即按照天命行使权力的国君）才能决定诸侯、土地和人民的归属这
一古制。[2] 换句话说，孟子赞成对不依天命而私相授予与接受王位的国

1　以上所引述的 1·5、1·6、2·11 和 7·14，在本书 2.4.2 节"孟子的经权观"中有更为
　　详细的解读，所以，此处的解读从简。此外，由于这四个章节中的话语在 2.4.2 节中和在
　　此处，谈及的是有关不同意见分歧而展开的不同讨论，在 2.4.2 节和此处对四个章节中相
　　同的话语，采用了不同的标识。

2　参见陈来：《梁惠王篇》，陈来、王志民主编：《〈孟子〉七篇解读》，齐鲁书社，2018 年，第 213 页。

君进行讨伐，而这种讨伐，本质上也属于对不遵循儒家仁义中道准则的非仁义国君的讨伐，所以，孟子在这里使用了"潜在论题的选择"方面的策略操控。

> 沈同以其私问曰："燕可伐与？"
>
> 孟子曰："可；子哙不得与人燕，子之不得受燕于子哙。有仕于此，而子悦之，不告于王而私与之吾子之禄爵；夫士也，亦无王命而私受之于子，则可乎？——何以异于是？"
>
> 齐人伐燕。……（4·8）

结合 1·5、1·6、2·11、4·1、4·8 和 7·14 这 6 个章节来看，孟子对于战争与征伐所要论证说明的是"儒家的仁义中道准则并非绝对地反对战争与征伐"。除了前述以孔子为官和与人交往为例，孟子对该战争观的论证，也属于从正面论证说明何为真正的儒家仁义中道准则。

此外，孟子的义利观，也就是对"义"与"利"之间关系的论证，构成了正面论证何为真正的儒家仁义中道准则的第三个经典范例。孟子义利观的相关话语，出现在 1·1、1·3、1·7、2·5 和 5·3 中。

在《孟子》首章 1·1 中，孟子去见梁惠王时，梁惠王问孟子的当头第一句话就是，有什么可以有利于我的国家的？而孟子在应答中，开门见山地反驳了梁惠王"利"字当头的想法，这是对受众需求的反向考虑，仍然属于"受众需求的适应"方面的策略操控；然后，孟子直接提出自己的仁义主张（潜在论题的选择）。由此，开启了孟子与其明示和潜在反方之间所展开的知名的"义利之辩"。梁惠王与孟子之间一开始的一问一答，凸显出二者在看待"利"方面的意见分歧，属于围绕"君子是否只能绝对地坚守儒家仁义道德准则"这一主要意见分歧而展开讨论的冲突阶段（粗体）。孟子接下来以"上下交征利而国危"为由，对国君不可"后义而先利"，而应优先考虑"仁义"的主张展开了论证，相关话语属于论辩阶段（下划线）。此外，在孟子的应答话语中，首尾以"亦有仁义而已矣""何必曰利？"相呼应，加强了孟子"先义后利"的主张，体现的是孟子在"表达技巧的使用"方面的策略操控。

> 　　孟子见梁惠王。王曰："叟！不远千里而来，亦将有以利吾国乎?"
> 　　孟子对曰："王！何必曰利？亦有仁义而已矣。王曰:'何以利吾国?'大夫曰:'何以利吾家?'士庶人曰:'何以利吾身?'上下交征利而国危矣。万乘之国，弑其君者，必千乘之家；千乘之国，弑其君者，必百乘之家。万取千焉，千取百焉，不为不多矣。苟为后义而先利，不夺不餍。未有仁而遗其亲者也，未有义而后其君者也。王亦曰仁义而已矣，何必曰利?"
> （1·1）

　　在2·5中，当孟子劝谏齐宣王学习周文王发政施仁时，齐宣王坦诚其"好货""好色"，言外之意就是，他很难做到周文王那样。孟子则首先顺着齐宣王以"好货""好色"为由不能施行仁政的话题（潜在论题的选择与受众需求的适应），以同样"好货"的周朝创业始祖公刘和同样"好色"的周太王古公亶父为例；然后，以"与百姓同之，于王何有?"的修辞问句结尾（表达技巧的使用），强调说明国君只要能与天下老百姓一起分享其对财富和美色的喜好，那么国君"好货""好色"就不会影响到称王天下。换句话说，孟子在这里实际上想要说明的是，国君如果能够让人民也享受到财物与美色的快乐，就可以被允许私下享受财物和美色。因此，齐宣王对自己不能像周文王一样发政施仁而提出的"好货""好色"的话语，表明齐宣王和孟子就何以使"义"（发政施仁）、"利"（对财物和美色的喜好）双行方面存在意见分歧，属于就主要的意见分歧"君子是否只能绝对地坚守儒家仁义道德准则"而展开讨论的冲突阶段（粗体），而孟子的应答属于论辩阶段（下划线）。

> 　　……（孟子）曰："王如善之，则何为不行?"
> 　　王曰："寡人有疾，寡人好货。"

对曰："昔者公刘好货，《诗》云：'乃积乃仓，乃裹餱粮，于橐于囊。思戢用光。弓矢斯张，干戈戚扬，爰方启行。'故居者有积仓，行者有裹囊也，然后可以爰方启行。王如好货，与百姓同之，于王何有？"

王曰："**寡人有疾，寡人好色**。"

对曰："昔者太王好色，爱厥妃。《诗》云：'古公亶父，来朝走马，率西水浒，至于岐下，爰及姜女，聿来胥宇。'当是时也，内无怨女，外无旷夫。王如好色，与百姓同之，于王何有？"（2·5）

1·1 论证说明的是，国君应该优先考虑仁义而非利益；2·5 论证说明的是，国君如果能够让人民也享受到财物与美色带来的快乐，就可以被允许私下享受财物和美色。 二者共同论证说明的是"儒家仁义中道准则允许在保证公利（义）的前提下获取私利"。

此外，在 5·3 中，当滕文公向孟子请教治国理政的方略时，孟子首先谈的是"民事不可缓"，意味着孟子将"民事"置于国君治国理政的要务之列，属于孟子在"潜在论题的选择"方面的策略操控。 结合 14·28 中"诸侯之宝三：土地、人民、政事"可知，5·3 中的"民事"指的是人民和政事。 接着，孟子直接指出"民之为道"，那就是老百姓有固定的产业之后，才会懂得人文的道理，而没有固定的产业，就不太懂得人文的道理。[1] 通过对"恒产"和"恒心"二者在老百姓心目中优先次序的描述，孟子似乎也在暗示说明，物质财富与精神追求之于老百姓的偏好顺序；然后，通过引用阳虎有关"富"和"仁"二者不可得兼的言论，引出

---

1 参见杨海文：《滕文公篇》，陈来、王志民主编：《〈孟子〉七篇解读》，齐鲁书社，2018 年，第 274 页。

孟子本人有关"富"与"仁"或者说是"利"与"义"之间关系的讨论。[1] 结合孟子对老百姓看待固定产业与人文道理的优先次序，可以推断出，孟子看待"富"与"仁"之间的关系，显然不同于阳虎，而是至少认为，施行仁义与获得财富并不是相互对立的。因此，5·3中，对"民之为道"的描述，属于有关义利关系所展开讨论的开始阶段（斜体），也就是孟子与滕文公及其他潜在反方之间的共同出发点，而对阳虎言论的引用，则属于冲突阶段（粗体），即明确意见分歧的话语。

> 滕文公问为国。
>
> 孟子曰："民事不可缓也。《诗》云：'昼尔于茅，宵尔索绹；亟其乘屋，其始播百谷。'民之为道也，有恒产者有恒心，无恒产者无恒心。苟无恒心，放辟邪侈，无不为已。及陷乎罪，然后从而刑之，是罔民也。焉有仁人在位罔民而可为也？是故贤君必恭俭礼下，取于民有制。**阳虎曰：'为富不仁矣，为仁不富矣。'**……"（5·3）

在1·3中，梁惠王以自己尽心尽力治理国家，但本国老百姓的人数还是不及邻国，向孟子请教是何缘故。孟子以梁惠王知晓的战场上逃兵"五十步笑百步"为例（受众需求的适应），说明单纯比较老百姓的人数多少是没有意义的，从而将话题转到国君以"王道"来治国理政的关键（潜在论题的选择），就在于首先使老百姓"养生丧死无憾"，也就是先满足老百姓在物质生活上的基本需求；然后，"谨庠序之教，申之以孝悌之义"，也就是对老百姓进行精神上的教化，这其实就体现了孟子认为国君应该让老百姓"先富后仁"的主张。

1　需要指出的是：阳虎是与孔子同时代的人，阳虎所说的"仁"，应该也是孔子所提倡的"仁德"，而孟子虽然引述的是阳虎的原话，但结合孟子"义利观"的整体语境来理解的话，孟子所要谈论的与财富、利益相对的"仁"，应被理解为在孔子"仁德"基础上发展而来的、孟子的"仁义"思想，也即广义上的"仁"。

梁惠王曰:"寡人之于国也,尽心焉耳矣。河内凶,则移其民于河东,移其粟于河内。河东凶亦然。察邻国之政,无如寡人之用心者。邻国之民不加少,寡人之民不加多,何也?"

孟子对曰:"王好战,请以战喻。填然鼓之,兵刃既接,弃甲曳兵而走。或百步而后止,或五十步而后止。以五十步笑百步,则何如?"

(梁惠王)曰:"不可;直不百步耳,是亦走也。"

(孟子)曰:"王如知此,则无望民之多于邻国也。

"不违农时,谷不可胜食也;数罟不入洿池,鱼鳖不可胜食也;斧斤以时入山林,材木不可胜用也。谷与鱼鳖不可胜食,材木不可胜用,是使民养生丧死无憾也。养生丧死无憾,王道之始也。

五亩之宅,树之以桑,五十者可以衣帛矣。鸡豚狗彘之畜,无失其时,七十者可以食肉矣。百亩之田,勿夺其时,数口之家可以无饥矣。谨庠序之教,申之以孝悌之义,颁白者不负戴于道路矣。七十者衣帛食肉,黎民不饥不寒,然而不王者,未之有也。……"(1·3)

同 5·3 类似,1·7 也谈及"恒产""恒心"之于老百姓的关系,并直接提出,贤明的君主应该首先"制民之产""然后驱而之善";还与 1·3 类似,1·7 也提及施行王道的具体举措,即"五亩之宅""百亩之田"何以实现老百姓"养生丧死无憾",再"谨庠序之教,申之以孝悌之义"。这些都属于孟子在"潜在论题的选择"方面的策略操控,也就是在孟子与各诸侯国国君交谈时,他始终围绕的都是其欲推行的"王道仁政"这一政治主张;同时,这里也表明了孟子"先富后仁"的主张。

……王曰:"吾惛,不能进于是矣。愿夫子辅吾志,明以教我。我虽不敏,请尝试之。"

曰:"无恒产而有恒心者,惟士为能。若民,则无恒产,因无恒心。苟无恒心，放辟邪侈，无不为已。及陷于罪，然后从而刑之，是罔民也。焉有仁人在位罔民而可为也？是故明君制民之产，必使仰足以事父母，俯足以畜妻子，乐岁终身饱，凶年免于死亡；然后驱而之善，故民之从之也轻。

"今也制民之产，仰不足以事父母，俯不足以畜妻子；乐岁终身苦，凶年不免于死亡。此惟救死而恐不赡，奚暇治礼义哉？

"王欲行之，则盍反其本矣：五亩之宅，树之以桑，五十者可以衣帛矣。鸡豚狗彘之畜，无失其时，七十者可以食肉矣。百亩之田，勿夺其时，八口之家可以无饥矣。谨庠序之教，申之以孝悌之义，颁白者不负戴于道路矣。老者衣帛食肉，黎民不饥不寒，然而不王者，未之有也。"（1·7）

从以上对1·1、1·3、1·7、2·5和5·3的分析来看，孟子对义利关系的论证，所持有的主张是"在儒家的仁义中道准则下义与利并不是绝对对立的"。一方面，儒家的仁义中道准则并不反对获得财富，因为施行仁义与获得财富并不总是相悖的（5·3），并且施行王道仁政的君主，会首先满足老百姓财富方面的基本需求，然后才让他们修治儒家的仁义道德（1·3、1·7）。另一方面，儒家仁义中道准则是允许在保证公利（义）的基础上获取私利的，因为国君基于国家长治久安的考虑，应该优先考虑仁义而不是利益（1·1），并且国君如果能够让人民也享用到财富和美色的话，是可以被允许私下享受财物和美色的（2·5）。

综合以上从反面角度来论证哪些做法不符合真正的儒家仁义中道准则（3·2、3·9、10·1、12·6、13·26），以及从正面角度分别以孔子为官与交往方面的权变论证（3·2、10·1、10·4、14·37）、孟子"战争观"的论证（1·5、1·6、2·11、4·1、4·8、7·14）和孟子"义利观"的论证（1·1、1·3、1·7、2·5、5·3）为例，说明哪些做法才符合真正的儒家仁义中道准则。第二场讨论中孟子的第二个分立场"坚守儒家仁义中道准则，不能够偏执于一端"的论辩结构，如图5-2.1b所示。

在图 5‐2.1b 中，2.1b.1a 和 2.1b.（1b），分别从正、反两方面共同支撑分立场 2.1b "坚守儒家仁义中道准则，不能够偏执于一端"，采用的是因果型论证型式，构成的是补充性的并列型论辩结构。 2.1b.1a.1、2.1b.1a.2 和 2.1b.1a.3，以伯夷、柳下惠和伊尹这三位坚守仁义道德却偏执一端的圣人为例，分别独立支撑 2.1b.1a，采用的都是征兆型论证型式，构成的是多重型论辩结构。 2.1b.（1b.1）、2.1b.（1b.2）和 2.1b.（1b.3），以孔子的权变做法、儒家仁义中道准则下的战争观和义利观为例，分别独立支撑 2.1b.（1b），采用的是征兆型论证型式和多重型论辩结构。 2.1b.（1b.1）.1a 和 2.1b.（1b.1）.1b，以孔子为官和与人交往方面的权变做法为例，共同支撑 2.1b.（1b.1），采用的是征兆型论证型式，构成的是累积性的并列型论辩结构。 2.1b.（1b.2.1a）和 2.1b.（1b.2）.1b，从正、反两方面共同支撑 2.1b.（1b.2），采用的是征兆型论证型式，构成的是补充性的并列型论辩结构。 2.1b.（1b.2.1a）.1a 和 2.1b.（1b.2.1a）.1b，从反对杀人的战争和反对恃强凌弱的战争两个方面，共同支撑 2.1b.（1b.2.1a），采用的也是征兆型论证型式，构成的是累积性的并列型论辩结构。 2.1b.（1b.2）.1b.1 支撑 2.1b.（1b.2）.1b，以及 2.1b.（1b.2）.1b.1.1 支撑 2.1b.（1b.2）.1b.1，采用的都是因果型论证型式，构成的都是单一型论辩结构。 2.1b.（1b.3.1a）和 2.1b.（1b.3.1b），从不反对获得财富和允许公利前提下的私利这正、反两个角度，共同支撑 2.1b.（1b.3），采用的是因果型论证型式，构成的是补充性的并列型论辩结构。 2.1b.（1b.3.1a）.1a、2.1b.（1b.3.1a）.1b 和 2.1b.（1b.3.1a）.1c，共同支撑 2.1b.（1b.3.1a），以及 2.1b.（1b.3.1b）.1a 和 2.1b.（1b.3.1b）.1b，共同支撑 2.1b.（1b.3.1b），采用的都是因果型论证型式，构成的也都是累积性的并列型论辩结构。

2.1b 坚守儒家仁义中道准则，不能够偏执于一端（13·26）
　　2.1b.1a 坚守仁义道德却偏执一端的做法，不符合真正的儒家仁义中道准则（13·26）
　　　　2.1b.1a.1 伯夷是无论在还是外表上都坚守仁义道德的圣人，却太过

清高而显得狭隘（3·2、3·9、10·1）

2.1b.1a.2 柳下惠是内心坚守仁义道德的圣人，却外表过于随和而显得
不够庄重（3·9、10·1）

2.1b.1a.3 伊尹是能坚守仁义道德且非常有责任心的圣人，但仍偏执于
一端（3·2、10·1）

2.1b.（1b）（坚守仁义道德原则的同时，根据实际情况进行权变而不偏执
于一端的做法，才符合真正的儒家仁义中道准则）

2.1b.（1b.1）（孔子善于在坚守仁义道德原则的同时进行权变）

2.1b.（1b.1）.1a 孔子在遵循仁义道德原则的前提下，会根据实际
情况选择是否担任官职（3·2、10·1、10·4）

2.1b.（1b.1）.1b 孔子找不着坚守仁义中道的人交往，经过权衡后就
退而求其次，找狂者或者狷者交往了（14·37）

2.1b.（1b.2）（儒家的仁义中道准则并非绝对地反对战争与征伐）

2.1b.（1b.2.1a）（儒家的仁义中道准则反对不以拯救苍生为指导
原则的战争）（2·11）

2.1b.（1b.2.1a）.1a 儒家的仁义中道准则反对以杀人为手段
乃至目的的战争（1·6、7·14）

2.1b.（1b.2.1a）.1b 儒家的仁义中道准则反对恃强凌弱的战
争（2·11）

2.1b.（1b.2）.1b 儒家的仁义中道准则支持能让天下安定统一的战
争（2·11）

2.1b.（1b.2）.1b.1 儒家的仁义中道准则支持以仁义之师讨伐
非仁义的国君（1·5、4·1）

2.1b.（1b.2）.1b.1.1 儒家的仁义中道准则支持讨伐不依天
命而私相授予王位的国君（4·8）

2.1b.（1b.3）（在儒家的仁义中道准则下，义与利并不是绝对对立的）

2.1b.（1b.3.1a）〔儒家的仁义中道准则并不反对获得财富（利）〕

2.1b.（1b.3.1a）.1a 施行仁义与获得财富并不是相互对立的
（5·3）

2.1b.（1b.3.1a）.1b 施行王道仁政就是要让老百姓首先拥有
足够的财富（1·3、1·7）

2.1b.（1b.3.1a）.1c 施行王道仁政的贤明君主在满足老百姓财
富方面的基本需求之后，能够更容易让老
百姓修治儒家的仁义道德（1·3、1·7）

2.1b.（1b.3.1b）〔儒家仁义中道准则允许在保证公利（义）的前
提下获取私利〕

2.1b.（1b.3.1b）.1a 国君基于国家长治久安的考量，应该优
先考虑仁义而非利益（1·1）

2.1b. （1b. 3.1b）. 1b 国君如果能让人民也享受到财物与美色
带来的快乐，就可以被允许私下享受财
物和美色（2·5）

图 5－2.1b　经权之辩中有关"坚守儒家仁义中道准则，是否能够偏执于一端"
的论辩结构图

除了分立场 2.（1a）"运用儒家仁义中道准则，需要考虑内部各规
则之间的差异而进行相应的权变"和分立场 2.1b"坚守儒家仁义中道准
则，不能够偏执于一端"，对主立场 2"坚守儒家仁义中道准则，需要依
据实际情况进行权变而不可执其一端"，孟子还提出了第三个分立场 2.
1c，即"儒家仁义中道准则在实际应用中进行权变，所依据的基础是不同
情境下的'义'"。 对该分立场进行论证的论辩性话语，出现在 4·3、
8·11、10·4、10·6 和 13·33 中。

在 8·11 中，孟子讲到"言不必信，行不必果"，表面上看，似乎与
我们通常所认可的言行要一致、做事要有始有终的为人处事原则相悖，但
仔细品味的话，发现这里的"言不必信，行不必果"，指的是说话不一定
非要守信，行动也不一定非要有结果，因为"惟义所在"，即只要言行能
够满足具体情况下的"义"，也就是适宜于相应的情境就可以了。 结合
孟子对于经权关系的论证来看，这里实际上阐明的是，经权之辩下对儒家
仁义中道准则在实际应用中进行权变所依据的基础，即不同情境下的
"义"。 孟子指出的这一权变基础，与孔子在《里仁第四》中所讲的
"君子之于天下也，无适也，无莫也，义之与比"，是一致的。 因此，
8·11 属于经权之辩下围绕"君子是否应该绝对地坚守儒家仁义中道准
则"这一主要意见分歧所展开讨论的论辩阶段（下划线）。

孟子曰： <u>"大人者，言不必信，行不必果，惟义所在。</u>"
（8·11）

对于何为"义"，孟子在 4·3、10·4、10·6 和 13·33 中给出了不
同情境下的阐释。 在 13·33 中，针对齐国的王子垫询问读书人应当做什

么事，以及崇尚什么样的志向，孟子直接点明，读书人应该崇尚仁义道德
（潜在论题的选择），并举例说明了何为"非仁"与"非义"，其中，拿
取不属于自己的东西就不符合"义"；孟子还借用隐喻，将按照适宜于相
应情境的"义"来行事，比喻为行走在正确的"路"上（表达技巧的使
用）。13·33 中有关"义"的解释性描述，既属于经权之辩下围绕第二
个主要意见分歧所展开讨论的开始阶段（斜体），也属于论辩阶段（下划
线）的一部分。

> 王子垫问曰："士何事？"
> 孟子曰："尚志。"
> 曰："何谓尚志？"
> 曰："仁义而已矣。杀一无罪非仁也，*非其有而取之非义*
> *也。居恶在？仁是也；路恶在？义是也。居仁由义，大人之事备*
> *矣。*"（13·33）

13·33 中将拿取不属于自己的东西定义为"非义"，而在 10·4
中，孟子指出，"夫谓非其有而取之者盗也，充类至义之尽也"，意思是
说，如果将拿取不属于自己的东西的人都称为强盗，这就走向"义"的极
端了。这说明，对于拿取不属于自己的东西，是否应该绝对地被划分为
"非义"，孟子是反对走极端的。此外，在 10·4（见前述引文）中，
万章以人际交往中收受礼物为话题，向孟子进行了连环式发问，孟子也逐
一对万章的疑问给出了回复；在这里，万章的发问，表明的是万章对于仁
义道德原则下收受礼物时的不同做法持有疑问，所以，万章的提问部分都
属于本场讨论围绕"君子是否应该绝对地坚守儒家仁义中道准则"这一意
见分歧的冲突阶段（粗体），而孟子对万章前一个问题的答复，构成了万
章下一个问题的出发点，也就是孟子与万章所持有的共同出发点。从这
种意义上看，孟子在回复万章的前一个提问（受众需求的适应）时，已经
为万章的下一个提问埋下了伏笔，从而不断将万章的思路引向孟子意欲达
到的方向，这也可以说是孟子在"潜在论题的选择"方面的策略操控，而

孟子答复部分的话语，属于开始阶段（斜体），同时也属于有关收受礼物这一问题的论辩阶段（下划线）。[1] 10·4 中，针对万章"'却之却之为不恭'，何哉？"的疑问，孟子以长者馈赠礼物为例，说明在接受长者赠送的礼物时，不用追问礼物的得来是否符合"义"，而只需要怀揣恭敬之情，并按照赠礼与受礼的礼仪来接受礼物就可以了。因此，10·4 和 13·33 中的相应话语，所论证的是"对于不同情境下'义'的理解不能偏执于一端"。

4·3 和 10·6，也都涉及孟子对于收受礼物问题的讨论，其中，与孟子进行直接对话的分别是弟子陈臻和万章。在 4·3 中，针对孟子分别离开齐国、宋国和薛国时，对于三国国君的赠礼，孟子有时候接受、有时候不接受的做法，陈臻表示不理解，这也是涉及"君子是否应该绝对地坚守儒家仁义中道准则"这一意见分歧所展开讨论的冲突阶段（粗体）的一部分，而孟子以"皆是也"作答，并针对其离开三个诸侯国时面临的实际情况来解答陈臻的疑惑，即孟子离开齐国时，因为没有急需，又不想收受贿赂而没有接受齐王的金银馈赠；在离开宋国时，因为有急需，而以行李盘缠的名义接受了宋王的馈赠；在薛国时，也是因为有急需，而以打造防身武器的名义接受了薛王的馈赠。这些都是孟子根据实际情境所做出的是否接受馈赠的权变做法，都是符合"义"的。因此，4·3 中孟子对于陈臻疑惑的解答，属于本场讨论中有关受礼问题的论辩阶段（下划线）。

> 陈臻问曰："**前日于齐，王馈兼金一百，而不受；于宋，馈七十镒而受；于薛，馈五十镒而受。前日之不受是，则今日之受非也；今日之受是，则前日之不受非也。夫子必居一于此矣。**"
>
> 孟子曰："<u>皆是也。当在宋也，予将有远行，行者必以赆；辞曰：'馈赆。'予何为不受？当在薛也，予有戒心；辞曰：'闻</u>

---

1 需要指出的是：10·4 中孟子的答复部分"孔子先簿正祭器，不以四方之食供簿正"，显然与万章的问题"事道奚猎较也"衔接不上。对此，一般认为是古书缺简导致的，所以，此处无法判断孟子的这句答语是否与本场讨论相关，但这并不影响对本场讨论其他相关话语的重构。

戒，故为兵馈之。'予何为不受？若于齐，则未有处也。无处而馈之，是货之也。焉有君子而可以货取乎？"（4·3）

10·6 是孟子与万章就未出仕的士人，是否应该接受国君馈赠的问题所展开的对话。其中，与 10·4 类似的是，万章的连环式提问，属于经权之辩中围绕意见分歧"君子是否应该绝对地坚守儒家仁义中道准则"所展开讨论的冲突阶段（粗体），而孟子的逐一应答，既属于论辩阶段（下划线），也属于开始阶段（斜体），因为除了孟子的最后一次应答，孟子对于万章前一个问题的回答，都构成了万章下一个问题的出发点（潜在论题的选择与受众需求的适应）。在 10·6 中，针对未出仕的士人是否应该接受国君馈赠的问题，孟子所提供的标准就是，将国君对未出仕的士人的"馈赠"，分离为对从外国迁入本国且尚未出仕的士人"偶尔特殊性的周济"和"经常性的赏赐"（潜在论题的选择），并以鲁缪公屡次派人送熟肉给子思，子思却不高兴为例，说明尚未出仕的士人在的确有困难的情况下，可以接受国君"偶尔特殊性的接济"，但如果这种接受与赠送变成"经常性的赏赐"行为，就又不符合"义"了。

万章曰："士之不托诸侯，何也？"

孟子曰："不敢也。诸侯失国，而后托于诸侯，礼也；士之托于诸侯，非礼也。"

万章曰："君馈之粟，则受之乎？"

曰：*"受之。"*

"受之何义也？"

曰：*"君之于氓也，固周之。"*

曰："周之则受，赐之则不受，何也？"

曰：*"不敢也。"*

曰："敢问其不敢何也？"

曰：*"抱关击柝者皆有常职以食于上。无常职而赐于上者，以为不恭也。"*

曰:"**君馈之,则受之,不识可常继乎?**"

曰:"缪公之于子思也,亟问,亟馈鼎肉。子思不悦。于卒也,摽使者出诸大门之外,北面稽首再拜而不受,曰:'今而后知君之犬马畜伋。'盖自是台无馈也。悦贤不能举,又不能养也,可谓悦贤乎?"

曰:"**敢问国君欲养君子,如何斯可谓养矣?**"

曰:"以君命将之,再拜稽首而受。其后廪人继粟,庖人继肉,不以君命将之。子思以为鼎肉使己仆仆尔亟拜也,非养君子之道也。尧之于舜也,使其子九男事之,二女女焉,百官牛羊仓廪备,以养舜于畎亩之中,后举而加诸上位,故曰,王公之尊贤者也。"(10·6)

4·3 以孟子离开齐国、宋国和薛国时,对各国国君的馈赠采取了权变性处理为例,10·6 以未出仕的士人应该如何看待国君的馈赠为例,二者都论证说明的是"收受礼物需要根据不同情境下的'义'进行权变性的考量"。

综合 4·3、8·11、10·4、10·6 和 13·33 这 5 个章节来看,经权之辩下第二场讨论中第三个分立场"儒家仁义中道准则在实际应用中进行权变,所依据的基础是不同情境下的'义'"的论辩结构,如图 5-2.1c 所示。

在图 5-2.1c 中,2.1c.(1a)和 2.1c.(1b),共同支撑分立场 2.1c;其中,2.1c.(1a)对 2.1c 的论证采用的是因果型论证型式,而 2.1c.(1b)对 2.1c 的论证以受礼问题上的权变为例,采用的是征兆型论证型式,两条论证相互增强了彼此的论证力,所以,共同构成的是累积性的并列型论辩结构。2.1c.(1a).1a 和 2.1c.(1a).1b,共同支撑 2.1c.(1a),采用的是因果型论证型式,构成的也是累积性的并列型论辩结构。2.1c.(1a).1b.1 以对待长者赠礼的权变做法为例来论证支撑 2.1c.(1a).1b,采用的是征兆型论证型式,构成的是单一型论辩结构。2.1c.(1b).1a、2.1c.(1b).1b 和 2.1c.(1b).1c 这组论证,以及 2.1c.(1b).2a 和 2.1c.(1b).2b 这组论证,以孟子本人对国君馈赠礼物的处理和未出仕的士人对国君馈赠的处理为例,分别独立支撑 2.1c.

（1b），构成的是多重型论辩结构；其中，第一组论证中2.1c.（1b）.
1a以孟子根据"义"没有接受齐王馈赠为例，2.1c.（1b）.1b和2.1c.
（1b）.1c，以孟子也是根据"义"却接受了宋王和薛王的馈赠为例，三
者共同支撑2.1c.（1b），采用的是征兆型论证型式，构成的是补充性的
并列型论辩结构，而2.1c.（1b）.2a和2.1c.（1b）.2b以未出仕的士人
在有困难和无功两种情况下应该对待国君赠礼的态度为例，共同支撑
2.1c.（1b），采用的也是征兆型论证型式，构成的也是补充性的并列型
论辩结构。

2.1c 儒家仁义中道准则在实际应用中进行权变，所依据的基础是不同情境下的"义"
　　（8·11）
　　　　2.1c.（1a）（对于不同情境下"义"的理解不能偏执一端）
　　　　　　2.1c.（1a）.1a 拿取不属于自己的东西，这是不符合"义"的（13·
　　　　　　　　33）
　　　　　　2.1c.（1a）.1b 将拿取不属于自己的东西的人都称为强盗，这就走向
　　　　　　　　"义"的极端了（10·4）
　　　　　　　2.1c.（1a）.1b.1 长者赠送礼物时，不用追问礼物得来是否符合
　　　　　　　　　　"义"，而只需怀揣恭敬之情并按照赠礼与受礼
　　　　　　　　　　的礼仪接受即可（10·4）
　　　　2.1c.（1b）（对于受礼问题，需要根据不同情境下的"义"进行权变性的考
　　　　　　量）
　　　　　　2.1c.（1b）.1a 孟子离开齐国时因无急需又不想收受贿赂，而没有接受
　　　　　　　　齐王的馈赠（4·3）
　　　　　　2.1c.（1b）.1b 孟子离开宋国时因有急需，而以行李盘缠的名义接受了
　　　　　　　　宋王的馈赠（4·3）
　　　　　　2.1c.（1b）.1c 孟子离开薛国时因有急需，而以打造防身武器的名义接
　　　　　　　　受了薛王的馈赠（4·3）
　　　　　　2.1c.（1b）.2a 未出仕的士人在有困难的情况下，可以偶尔接受国君特
　　　　　　　　殊性的接济（10·6）
　　　　　　2.1c.（1b）.2b 未出仕的士人在无功的情况下，不可以经常接受国君一
　　　　　　　　般性的赏赐（10·6）

**图5-2.1c　经权之辩中有关"儒家仁义中道准则在实际应用中进行权变，
所依据的基础是否为不同情境下的'义'"的论辩结构图**

综合图5-2.（1a）、图5-2.1b和图5-2.1c来看，有关经权之

辩，在与其反方所展开的第二场讨论中，孟子以 2.（1a）"运用儒家仁义中道准则，需要考虑内部各规则之间的差异而进行相应的权变"、2.1b"坚守儒家仁义中道准则，不能够偏执于一端"和 2.1c"儒家仁义中道准则在实际应用中进行权变，所依据的基础是不同情境下的'义'"三条论证，共同支撑主立场 2"坚守儒家仁义中道准则，需要根据实际情况进行权变而不可执其一端"，采用的是因果型论证型式。 由于 2.（1a）和 2.1c 都是从正面的角度对主立场 2 进行论证，而 2.1b 是从反面的角度对 2.（1a）和 2.1c 进行的补充，所以，三者共同构成的是补充性的并列型论辩结构。 关于经权之辩第二场讨论的整体论证，如图 5－2 所示：

2 坚守儒家仁义中道准则，需要根据实际情况进行权变而不可执其一端（14·5）

　　　　2.（1a）（运用儒家仁义中道准则，需要考虑内部各规则之间的差异而进行相应的权变）

　　　　　　……［省略部分见图 5－2.（1a）］

　　　　2.1b 坚守儒家仁义中道准则，不能够偏执于一端（13·26）

　　　　　　……（省略部分见图 5－2.1b）

　　　　2.1c 儒家仁义中道准则在实际应用中进行权变，所依据的基础是不同情境下的"义"（8.11）

　　　　　　……（省略部分见图 5－2.1c）

图 5－2　经权之辩中有关"君子是否只能绝对地坚守儒家仁义中道准则"的论辩结构图

5.4　小结

本章运用语用论辩学的分析框架，对《孟子》文本中有关经权之辩的论辩性话语进行了论证重构与分析，结果表明：有关经权之辩，孟子及其明示和隐含的反方之间，分别围绕着两个主要的"单一非混合型意见分歧"展开了两场讨论，即"是否可以降低儒家仁义中道准则的原则性"和"君子是否只能绝对地坚守儒家仁义中道准则"，并且，对第一个主要意见分歧的讨论结果，构成了对第二个主要意见分歧进行讨论的部分出发点；孟子对这两个意见分歧所持有的立场，分别是"君子应该坚守不偏不倚的儒家仁义中道准则"（相关论证见图 5 - 1）、"坚守儒家仁义中道准则，需要根据实际情况进行权变而不可执其一端"（相关论证见图 5 - 2）。

从图 5 - 1 和图 5 - 2 来看，在经权之辩中，孟子采用了征兆型（28次）、因果型（10 次）和比较型（2 次）论证型式，各条论证之间构成的有累积性（11 次）和补充性（7 次）的并列型论辩结构、多重型论辩结构（8 次）和单一型论辩结构（4 次）。 其中，征兆型论证型式的使用，多以举例论证为主，而补充性并列型论辩结构的使用，表明孟子在论证过程中直接对反方的可能质疑给出了批判性回应，这一点也直接体现了孟子在"受众需求的适应"和"潜在论题的选择"两方面的策略操控。 此外，孟子也使用了"表达技巧的使用"方面的策略操控。 在两场讨论各自的论辩阶段，以上三方面的策略性操控、征兆型和因果型论证型式，以及并列型（累积性的和补充性的）和多重型论辩结构的结合使用，使得作为论辩正方的孟子，对其明示和隐含的反方的质疑与反对做出了合理的应对，同时，通过考虑受众需求而提出的论证，也往往令反方对论证得出的结果无力反驳，从而实现了论辩阶段的论辩合理性和修辞有效性目标。

第 6 章

孟子论辩性话语中的策略性设计

6.1　概述

　　第 3 章到第 5 章，分别对《孟子》文本中有关"人禽之辩""王霸之辩"和"经权之辩"三大主题的论辩性话语，运用语用论辩理论框架下的批判性讨论理想模型和策略操控理念进行了论证重构与分析。 在重构得到的分析概览的基础上，本章将继续根据策略操控理念，从"潜在论题的选择""受众需求的适应"和"表达技巧的使用"三个维度，综合分析孟子在三大主题的各个论辩性语步中所执行的、系统融贯的并且有助于实现论证者的论辩合理性和修辞有效性目标的策略性操控，从中归纳出孟子论辩性话语中所使用的论辩策略。

　　在《孟子》文本以对话形式出现的话语中，针对与其直接进行对话并对其立场持有异见的人，如人禽之辩中的告子（11·1、11·2、11·3、11·4）、王霸之辩中的陈代（6·1）、经权之辩中的齐宣王（2·5）和淳于髡（7·17、12·6），或者对其立场持有质疑态度的人，如人禽之辩中的公都子（11·6），孟子往往综合运用"潜在论题的选择""受众需求的适应"和"表达技巧的使用"三方面的策略操控，对反方的立场进行反驳。 先是顺着反方所提出的论题（潜在论题的选择和受众需求的适应），然后一步步巧妙地引出反方论证中不一致乃至自相矛盾的地方，并通过以"孟子曰"开头、独白形式出现的相关话语，为其反驳提供进一步的支撑，最终起到间接论证孟子自身立场的目的。 这种以反驳对方立场及其论证的方式，达到间接证成已方立场目的的策略，被称为"间接证成策略"。 在三大主题的论证过程中，孟子所使用的"间接证成策略"，有分离策略、基于反驳性类比的归谬法和诉诸对方论证策略。

　　除"间接证成策略"之外，孟子在"人禽之辩""王霸之辩"和"经权之辩"的话语中，还运用了"直接证成策略"，即巧妙地将反方明示的疑问引向孟子自己意欲探讨的论题（潜在论题的选择），同时，从正面和反面两个角度列举论证理由，或者通过类比的方式，对自身立场进行直接论证（潜在论题的选择和受众需求的适应），比如借由与之直接对话并与其持有不同立场的反方，如王霸之辩中的梁惠王（1·1），或者对其立场持有质疑态度的对话者，如人禽之辩中的公都子（11·6），王霸之辩中的梁惠王（1·3、1·4、1·5）、梁襄王（1·6）、齐宣王（1·7）、邹穆公（2·12）、公孙丑（3·1）和万章（9·5），以及经权之辩中的公孙丑（3·2、13·41）、陈臻（4·3）、沈同（4·8）、万章（9·2、10·4、10·6、14·37）、王子垫（13·33）和桃应（13·35），间或也有由孟子首先向对方发问的情况，如王霸之辩中的平陆大夫（4·4），等等。 孟子在三大主题的论证过程中所采用的这种直接证成性论辩策略，有正反论证策略和类比论证策略。

　　无论是"间接证成策略"还是"直接证成策略"的使用，在"表达技巧的使用"方面，孟子往往通过修辞性问句，包括自问自答式的设问句，以及只问不答式的反问句的大量使用，配合其间接证成或直接证成自身立场的目的。

　　从本书1.4.2节可知，在批判性讨论的各个阶段，即冲突阶段、开始阶段、论辩阶段和结论阶段，论证者都可能使用某种论辩策略。 本章将结合第3章到第5章有关各场讨论中孟子对其立场进行论证的论辩结构图，以及对相关话语所做的具体的策略操控分析，归纳出孟子在为其立场进行讨论的"论辩阶段"中所采用的各种证成性的论辩策略，包括"间接证成策略"和"直接证成策略"。[1] 下面，将分别对孟子在三大主题相关的、各场讨论的论辩阶段所采用的论辩策略，进行逐一说明。

6.2 间接证成策略

在有关"人禽之辩""王霸之辩"和"经权之辩"三大主题、针对相应主要意见分歧所展开的各场讨论的论辩阶段中，孟子所采用的间接证成性论辩策略，主要是以反驳对方立场以及反驳对方对己方立场的论证方式来展开的，这种借由反驳的方式达到最终间接证成己方立场的论辩策略，包括分离策略、基于反驳性类比的归谬法和诉诸对方论证策略。

6.2.1 分离策略

在很多领域中，"分离策略"都是很常见的一种讨论技巧。 在本书第 2 章探讨"孟子论辩性话语合理性的哲学基础"时，我们已经看到，通过分析孟子使用的分离策略，可以明晰其意在凸显的"实质"层面，进而明确孟子论辩性话语合理性的"一体两面"的哲学基础，即以"人性善"为"一体"的儒家道德形上学基础，而"两面"指的是"人性善"在德行伦理理性方面的体现，即"仁义"，以及在实践伦理理性方面的体现，即"经权相济下的执中"。 在 12·6 中，孟子认为伯夷、伊尹和柳下惠三位圣人虽然"不同道"，但"其趋一也"，而三者共同的一点就是"仁"，并且孟子直言"君子亦仁而已矣，何必同？"由此可以看到，孟子对于广义上"仁"（包含狭义上的"仁"与"义"）的界定，也是需要

---

1 第 3 章到第 5 章在对孟子有关"人禽之辩""王霸之辩"和"经权之辩"的论辩性话语进行重构分析的过程中，对相关话语中所使用的策略操控三个方面已有较具体的明示分析；因此，本章谈及"策略操控"理念下孟子论辩性话语中所使用的各种"论辩策略"时，相关话语中具体的策略操控分析直接参考的是第 3 章到第 5 章，而此处主要提及的，是从相关主题下有关孟子立场的论辩结构图中可以归纳得出的、一些典型的论辩策略的使用。

结合"经权相济"之"道"来理解的。因此，我们可以说，孟子论辩性话语合理性的哲学基础——"一体两面"中的"两面"，即"人性善"统领下的"仁义"和"经权相济下的执中"，也是"一体"下相互关联、不可分割的"两个侧面"。下面，我们所探讨的"分离策略"，主要指的是孟子在"人禽之辩""王霸之辩"和"经权之辩"三大主题下，为反驳他人立场而采取的一种反驳式的证成性论辩策略，其中也会涉及第 2 章中已经提及的使用分离策略的部分例子（见附录，表 1－1）。

从附录图 3－1、图 3－2 和图 3－3 中可以看出，在有关人禽之辩的三场批判性讨论的论辩阶段，孟子都熟练地运用了分离策略。

在图 3－1 的分论证（1）.1a 中，为了反驳告子"生之谓性"的主张，孟子使用"白"为例（11·3）。从语用学的视角来看，"白"是一个抽象概念，包含了具有"白"这一属性的任何特定对象。[1] 作为抽象概念的"白"，对应于哲学上的"实质"层面，而具有"白"这一属性的具体的白色物体，就对应于哲学上的"表象"层面。通过介绍"白"所对应的两个不同层面，孟子在分论证（1.1b）中所意在澄清的是，正如"白"分为实质层面与表象层面一样，告子所谓的饮食男女这种生理层面的"生"，涉及的就是如犬之性和牛之性那样的表象层面，而在人性中，除了生理上的表象层面，还有实质层面，即体现为"仁义"的向善倾向。此外，孟子对告子"生之谓性"主张的反驳，也不是直接进行的，相反，孟子考虑到了"受众需求"，包括作为直接受众的告子以及 11·6 中其他潜在的反对孟子人性善主张的那些人的需求，即以作为一种属性的"白"与具有该属性的白色物品，如白羽、白雪、白玉，以及犬之性和牛之性等众所周知的、易于被受众所接受的事物为例，通过分离策略的使用，实现论证的修辞有效性。对 11·3 和 11·6 中孟子话语所使用的具体的策略性操控分析，可参见本书 3.2 节"重构'生是否即为性'"。

在图 3－2 的分论证（2）.1e 中，孟子再次在论辩阶段将"一个人的

1　参见陈洪杏:《"孟告之辩"再读解——辅以语言学角度论证孟子逻辑的一以贯之》,《哲学动态》,2013 年第 8 期。

资质"与"一个人的不善行为"分离开来，其中也反映了孟子对"潜在论题"的考虑。 在11·6中，孟子的学生公都子，首先引述了当时流行的另外三种人性观，即人性没有善与不善之分，人性可以是善的也可以是不善的，以及有些人性是善的而有些人性是不善的；然后，直接问他的老师孟子：现在老师您说人性善，那么是不是其他观点都是不对的呢？ 针对公都子提出的疑问，孟子并没有直接对其他人性观进行反驳，而是选择使用分离策略，澄清他所谓的"人性善"究竟为何意。 在孟子看来，持有其他人性观的人，只是错误地将"一个人的资质"与"一个人的不善行为"都纳入"人性"之中了，而实际上，只有前者才是人性的一部分。为了支撑11·7中提出的分立场（2）.1e"一个人做出不善的事，并不是他的本性使然"（见图3-2），孟子分别采用了基于征兆关系的征兆型论证型式和基于类比关系的比较型论证型式，即通过11·7中列举年轻人在丰年和灾年时的不同表现［（2）.1e.（1a）.2］，论证支撑分立场（2）.1e.（1a）"一个人做出不善的事是由外界环境导致的"（征兆型论证型式）；通过11·2中水的逆向流动［（2）.1e.（1a）.1］，11·7中同一时间与地点耕种的大麦却生长不均匀［（2）.1e.（1a）.3］，以及11·8中牛山从草木繁茂到贫瘠荒芜［（2）.1e.（1a）.4］，类比11·7中拥有相似的天生资质却由于外界环境导致有些人做出不善的行为（比较型论证型式）；又从11·2中外部环境的影响［（2）.1e.（1a）］和11·8中个人自暴自弃两个方面［（2）.1e.1b］，共同支撑11·7中提出的分立场（2）.1e"一个人做出不善的事，并不是他的本性使然"（征兆型论证型式）。 对11·2、11·6、11·7和11·8中孟子话语的具体策略性操控分析，可参见3.3节"重构'人性是否为善'"。

整体上看图3-2的话，我们也会发现，论辩结构图3-2使用了基于因果关系的论证型式。 其中，孟子将"人性善"，分离成了抽象的"人性中固有的向善性"（实质层面），以及具体的3·6中的"恻隐之心这种人人生而具有的品性"［（2）.1a］、11·6中的"一个人行善的自然倾向"［（2）.1b］、11·6中的"热爱理义这种美德的共同倾向"［（2）.1c］和11·7中的"成为圣人的潜能"［（2.1d）］，后四者都属于表象层面。 该分离策略的使用，也是孟子在第二场讨论（有关"人性是否为善"这一主要意见分歧）的论辩阶段，对"潜在论题"的考虑；也就是说，在这里，孟子所选择的，都是根据人们的实际经验而更容易为人们所认知和接受的一些论题。 在这种意义上，我们也可以说，该分离策略的使用，同样是孟子考虑了"受众需求的适应"方面的策略性操控。关于 3·6、11·6 和 11·7 中具体的策略性操控分析，可参见本书3.3 节。

在图 3-3 的分论证（3）.3 中，孟子再一次使用了分离策略，即将"仁义之行"分离为"由仁义行"与"为了表现出仁义而行动"。 这两个被分离出来的概念，也反映出"实质层面"，即听从一个人本性中内有的仁义指引，以及"表象层面"，即做出刻意而为的仁义之举。 同分论证（3）.1 和（3）.2 一起，在分论证（3）.3 中，孟子运用分离策略，将舜的例子作为典型，支撑"仁和义都是人性善的内在体现"这一主张。该分离策略的使用，也反映出孟子在 8·19 中表达技巧上的策略性考虑，即对比使用了"由（本性中的）仁义而行"与"（刻意地）行仁义"；其中，前者暗含的是一种自然状态下的行为，而后者蕴涵的则是刻意为之（更具体的策略性操控分析，可参见本书 3.4 节）。

在王霸之辩中，孟子在有关第三个主要意见分歧"君主施行王道仁政，是否需要摒弃霸道霸政"与反方所展开讨论的开始阶段和论辩阶段，也运用了分离策略。 在 3·3 中，孟子首先将"为仁"分离为"以力假仁"（表象层面）和"以德行仁"（实质层面）（见附录，表 1-1），从而界定了"霸（道）"与"王（道）"两个概念，也确定了孟子与其明示和隐含反方之间就"君主施行王道仁政，是否需要摒弃霸道霸政"这一意见分歧进行讨论的共同出发点；同时，对"霸道"与"王道"在是否施行仁义道德这一本质上的区分，也分别构成了图 4-3 中的分论证（3.1）.1a 和（3.1）.1b。 因此，该分离策略的使用，同时对应于批判性讨论的开始阶段和论辩阶段。 基于前述概念界定，在 3·3 中，孟子进一步将"人民的服从"分离为"因武力而被迫服从"（表象层面）和"因德政而主动归服"（实质层面）（见附录，表 1-1），并且，分离后的两个层面分别构成了图 4－3 中的分论证（3.2）.1a 和（3.2）.1b。 因此，该分离策略的使用，对应于王霸之辩中关于第三个主要意见分歧所展开讨论的论辩阶段（其中具体的策略性操控分析，参见本书 4.4 节）。

在经权之辩有关第二个主要意见分歧"君子是否只能绝对地坚守儒家仁义中道准则"与反方进行讨论的论辩阶段，孟子也通过分离策略，将"追求利"与"征伐"分离为实质层面与表象层面，论证支撑其主立场下的一个分立场"真正的儒家仁义中道准则是坚守仁义道德原则的同时，根据实际情况进行权变而不偏执于一端"。

在《孟子》首章 1 · 1 中，面对梁惠王开门见山、"利"字当先的询问（"叟！ 不远千里而来，亦将有以利吾国乎？"），孟子当仁不让地直接抛出了"仁义为主""先义后利"的主张（"王！ 何必曰利？ 亦有仁义而已矣"）以及相应的理由，这部分构成了论辩结构图 5－2 中的论证 2.1b.（1b.3.1b）.1a"国君基于国家长治久安的考虑，应该优先考虑仁义而非利益"。 再结合 2 · 5，当齐宣王提出他有"好货""好色"的毛病，从而可能会影响其行仁政时，孟子并没有直接否定齐宣王这两个毛病，而是分别以周朝创业始祖公刘的"好货"和周太王古公亶父的"好色"为例，提出"国君如果能让人民也享受到财物与美色带来的快乐，就可以被允许私下享受财物和美色"［2.1b.（1b.3.1b）.1b］的主张。 综合 1 · 1 和 2 · 5（具体的策略性操控分析，参见本书 5.3 节），我们不难发现，经权之辩中，在围绕第二个主要意见分歧所展开讨论的论辩阶段，孟子实际上将"追求利"分离成了"追求一己私利"（1 · 1，表象层面）和"追求公利"（2 · 5，实质层面），并通过其力主的实质层面，对梁惠王"利字当头"的主张（1 · 1），以及齐宣王以"好货""好色"为由对行仁政的质疑（2 · 5），进行了合理且有效的反驳。

对于战争与征伐的看法，孟子也运用了分离策略，主张一分为二地看待。 在 1 · 6 中，针对梁襄王有关天下如何才能实现安定统一的询问，孟子以"定于一""不嗜杀人者能一之"作答，再结合王霸之辩的第一场讨论中，孟子与其反方之间的共同讨论结果"天下安定统一是历史发展至今的必然趋势"（见附录，图 4－1），我们可以看到，孟子不赞成通过杀人来实现天下统一（论辩阶段）。在 7·14 中，孟子更是在论辩阶段单刀直入地提出"善战者服上刑"的主张，表明孟子对于因为争夺土地、城池而经常发动战争之人的痛恨。1·6 和 7·14，对应于图 5-2 中的论证 2.1b.（1b.2.1a）.1a"儒家的仁义中道准则反对以杀人为手段乃至目的的战争"。在 2·11 中，针对齐国讨伐燕国后招致其他诸侯国围攻的局面，齐宣王询问孟子的看法，孟子先以商汤为民请命、四处征伐，因而受到天下老百姓的支持为例，然后，对"齐国伐燕"进行写实分析，表明齐国讨伐燕国之初受到燕国老百姓的欢迎，而如今却招致包括燕国老百姓在内的天下人反对，根本原因就在于齐国讨伐燕国，本质上是属于不行仁政、恃强凌弱式的征伐。2·11 对应于图 5-2 中的论证 2.1b.（1b.2.1a）"儒家的仁义中道准则反对不以拯救苍生为目的的战争"，2.1b.（1b.2.1a）.1b"儒家的仁义中道准则反对恃强凌弱的战争"，以及 2.1b.（1b.2）.1b"儒家的仁义中道准则支持能让天下安定统一的战争"。在 4·8 中，针对燕王子哙未依天命而将王位私相授予相国子之的做法，孟子直接表明其对燕王做法的态度，即可以对燕国进行征伐，这部分对应于图 5-2 中的论证 2.1b.（1b.2）.1b.1.1"儒家的仁义中道准则支持讨伐不依天命而私相授予王位的国君"。结合 1·5 中孟子提出的"仁者无敌"，和 4·1 中孟子提出的"以天下之所顺，攻亲戚之所畔；故君子有不战，战必胜矣"，说明孟子并非绝对地反对战争与征伐，二者对应于图 5-2 中的论证 2.1b.（1b.2）.1b.1"儒家的仁义中道准则支持以仁义之师讨伐非仁义的国君"。综合 1·5、1·6、2·11、4·1、4·8 和 7·14（其中具体的策略性操控分析，参见本书 5.3 节），我们不难看出，在经权之辩有关"君子是否只能绝对地坚守儒家仁义中道准则"这一意见分歧所展开讨论的论辩阶段中，孟子以战争和征伐为例，实际上将"征伐"分离为"为私利而进行的征伐"（1·6、2·11、7·14，表象层面）和"为公利而进行的征伐"（1·5、2·11、4·1、4·8，实质层面），并通过对"实质层面"的正面论证和对"表象层面"的反面论证，共同支撑有关相应意见分歧的、孟子主立场下的一个分立场 2.1b.（1b.2）"儒家的仁义中道准则并非绝对地反对战争与征伐"。在以上各章节中，孟子对"征伐"概念在表象层面和实质层面的分离，实则是对包括梁襄王（1·6）、齐宣王（2·11）和齐国大臣沈同（4·8）在内的、持有以武力征服天下这一潜在立场的各类人的反驳，因为他们的立场与孟子以王道仁政统一天下的主张是相悖的。

6.2.2　基于反驳性类比的归谬法

"归谬法"作为一种论辩性技巧，可以追溯到亚里士多德。詹森（Henrike Jansen）将"归谬法"归纳为论证中的一种反驳性策略，认为归谬法被使用在非形式化的语境中，并通过诉诸一个假设性命题的、逻辑蕴涵的但也是可笑的后果，达到反驳该命题的目的。在对归谬法的历史背景及其在现代论证理论中的分类进行全面考查之后，詹森认为，归谬法应被分为"强势归谬"（指向被反驳陈述中的不一致）与"弱势归谬"（指向一种错误或者不可能）；其中，"弱势归谬"与人们对被反驳的陈述的一般看法相冲突，被进一步细分为"基于反例的归谬法"与"基于反驳性类比的归谬法"。[1]

孙中原曾对古代中国文本，比如《墨经》《孟子》《庄子》《公孙龙子》中归谬法的使用，进行了广泛的描述性研究。[2] 其他学者如理雅各（James Legge）[3]、陈艾伦[4]、韩振华[5] 等，也将归谬法视为一种推理形式，对《孟子》文本 11·1、11·3 和 11·4 中告子和孟子之间展开的三

1　参见 Henrike Jansen, "Refuting a Standpoint by Appealing to Its Outcomes: *Reductio ad Absurdum* vs. Argument from Consequences", *Informal Logic*, vol. 27, no. 3 (Sep. 2007), pp. 249–253。

2　参见孙中原:《古代百家争鸣的一种有效工具——论墨家的矛盾律与归谬类比》,《中国文化研究》,1999 年第 2 期;孙中原:《辩论术、归谬法与逻辑学——论墨家的归谬推理》,中国社会科学网,http://www.cssn.cn/zhx/zx_ljx/20150 7/t20150702_20635 12. shtml,2015 年 7 月 2 日。

3　参见 James Legge, *The Life and Works of Mencius*, London/Philadelphia: Trübner & Co., J. B. Lippincott, 1875, p.57。

4　参见 Alan K. L. Chan, *Mencius: Contexts and Interpretations*, Hawaii: University of Hawaii's Press, 2002, p.108。

5　参见韩振华:《孟子是个讲"逻辑"的人吗?——基于对西方汉学视角的考察》,《复旦学报(社会科学版)》,2014 年第 1 期。

场辩论中所使用的归谬法进行了研究。 本书将对孟子有关人禽之辩的话语，尤其是论辩结构图 3 - 1 和图 3 - 3 中所使用的归谬法，特别是其中"基于反驳性类比的弱势归谬法"，运用语用论辩学中的策略操控理念，逐一进行描述。 需要说明的是：本书中对孟子话语的论证刻画研究，始终以孟子为正方，以对孟子所持立场的论证作为研究对象；因此，此处分析的孟子话语中所使用的归谬法，本质上仍然是以反驳对方的方式，达到最终间接证成孟子自身立场的目的，也被归为"间接证成性论辩策略"。

　　例如：11·3 中告子声称"生之谓性"之后，孟子的回应是：如果我们承认"生之谓性"，那么我们也会同意"白之谓白"，而如果我们同意"白之谓白"的说法，那么势必也会同意"人之性与犬之性或者牛之性相同"的结论。 由于按照以上思路推导出来的结论是错误的，毕竟人类一直自认为是不同于鸡犬豕牛羊马之类的高级动物，我们就必须否定告子最初的"生之谓性"主张。 因此，这里就使用了"基于反驳性类比的弱势归谬法"，其中涉及基于比较关系的论证型式。 综合我们在本章 6.2.1 节中对分离策略使用情况的探讨，我们现在必须接受孟子在 8·19 中明确表达出来的观点，即人性与鸟兽之性稍有不同。 这里基于反驳性类比的弱势归谬法的应用，以及本章 6.2.1 节中有关分离策略的探讨，有助于证成图 3 - 1 中的立场（1）"饮食男女这一生理层面并非人性的全部内容"；同时，孟子在采用归谬法进行反驳时，选用的都是"白"、白色的物品、犬之性、牛之性等为受众所熟知并易于接受的话题，从而体现出孟子在"潜在论题的选择"方面的策略性操控（更具体的策略性操控分析，可参见本书 3.2 节），对应于图 3 - 1 中的分论证（1）.1a、（1）.1a.1a、（1）.1a.（1b）、（1.1b）.1a 和（1.1b）.1b。

　　再看另一个使用基于反驳性类比的弱势归谬法的例子。 在 11·1 和 11·4 中，告子和孟子围绕"人性"与"仁义"之间的关系展开了辩论。 11·1 中告子提出"以人性为仁义，犹以杞柳为桮棬"的观点，对此，孟子首先遵从告子的这一说法，然后指出"杞柳"与"桮棬"之间以及"人性"与"仁义"之间关系上的本质差异，即用"杞柳"制作"桮棬"会伤害到杞柳本身，而"仁义"却并不是通过伤害一个人来得到的。 因此，孟子在这里再次使用了基于反驳性类比的弱势归谬法，对告子所提出的"人性与仁义的关系可类比于杞柳与桮棬的关系"进行了反驳。 这里归谬法的使用，也体现出孟子在论证支撑图 3 - 3 中的分立场（3）.1（"与损害杞柳而制成杯子和碗不同，仁和义并非是通过损害一个人而从人性中制造出来的"）时，在"潜在论题"方面的策略性选择，即选择论辩对手告子自己所提出的"杞柳与桮棬的关系类似于人性与仁义的关系"这一话题进行反驳。 11 · 4 中告子和孟子之间就"仁和义是否都是人性善的内在体现"所展开的辩论，也遵循了与此类似的反驳模式，同时也体现出孟子在图 3 - 3 中的分立场（3）.2.1b.1（"对年长者的尊敬之情存在于一个人的心中，就像亲爱自己的弟弟和喜欢烤肉这些内在的情感一样"）中，对"潜在论题"的策略性选择，即同样选择了对论辩对手告子所提出的话题进行一一反驳（更具体的策略性操控分析，可参见本书 3.4 节）。

6.2.3　诉诸对方论证

在语用论辩学中，"诉诸对方论证"（conciliation）的策略，被定义为"受众需求的适应"方面的策略性操控，即通过适应对方的需求而明确地采用"对方的论证"，[1] 进而达到为"自己的立场"进行辩护的目的。[2] 诉诸对方论证，本质上也是诉诸对方让步的一种论证方式，[3] 而通过诉诸对方的让步来达到论证自身立场的目的，实际上也采用了"潜在论题的选择"方面的策略性操控。 在有关人性论证的话语中，尤其是在孟

1　这里"对方的论证"，指的是对方为了反驳其对手的立场，或者支撑其自身的立场所提出的论证，包括对方所提出的各条分论证本身、分论证之间的关系以及所涉及的论题等。

2　参见 Frans H. van Eemeren and Peter Houtlosser, "Strategic Maneuvering: Examining Argumentation in Context", in Frans H. van Eemeren, eds. , *Examining Argumentation in Context: Fifteen Studies on Strategic Maneuvering*, Amsterdam / Philadelphia: John Benjamins Publishing Company, 2009, p. 13; Frans H. van Eemeren, *Strategic Maneuvering in Argumentative Discourse: Extending the Pragma-Dialectical Theory of Argumentation*, Amsterdam / Philadelphia: John Benjamins Publishing Company, 2010, p. 165。

3　参见 Frans H. van Eemeren and Rob Grootendorst, *Argumentation, Communication, and Fallacies: A Pragma-Dialectical Perspective*, New Jersey: Lawrence Erlbaum Associates, Inc. , 1992, p. 155。

子与告子之间进行的四场辩论中，孟子就反复运用了诉诸对方论证的策略来反驳对方的主张。

在 11·1 中，针对告子将"性"比喻为"杞柳"、将"义"比喻为"桮棬"，并且将"人性"与"仁义"之间的关系同"杞柳"与"桮棬"之间的关系进行类比，孟子选择首先顺着告子提出的论题，然后指出，从"杞柳"到"桮棬"需要破坏杞柳的本性，而"仁义"并不是通过伤害一个人而得到的，由此达到借对方的论题反驳对方立场的目的，这部分就对应于重构后的图 3－3 中的分论证（3）.1"与损害杞柳而制成杯子和碗不同，仁和义并非是通过损害一个人而从人性中制造出来的"。孟子在这里使用的是基于对方前提的论辩策略，也即诉诸对方论证的策略，这一论辩策略可以有效实现"以其人之道，还治其人之身"的论证效果。

在 11·2 中，告子声称"性犹湍水也，决诸东方则东流，决诸西方则西流。人性之无分于善不善也，犹水之无分于东西也"。作为回应，孟子首先通过重复告子前半部分的主张，承认并强调了人性就像流水一样，并且也认为，流水的确没有向东流或者向西流的倾向，但接着，孟子继续沿着"（人）性如湍水"这一类比思路，指出流水有向下流的倾向，而这种向下流的倾向是已经蕴涵在流水本性之中的。因此，通过基于"人性"与"水性"之间类比关系的论证型式，孟子提出了图 3－2 中的分论证（2）.1b.1"没有人缺乏行善的倾向，正如没有水缺乏向下流的倾向一样"（见附录，图 3－2）；这一分论证又得到了（2）.1b.1.1 的支持，其中，孟子以舜为例，说明一个人生而具有要行善的自然潜能，只是这种潜能需要被激发出来。在这里，孟子就是通过诉诸论辩对手告子提出的部分论证，采用"受众需求的适应"方面的策略性操控方式，寻找出告子论证中的漏洞，最终达到反驳告子主张，进而间接论证支撑自身主张的目的，所以，孟子在这里也使用了诉诸对方论证的论辩策略。

在 11·3 中，针对告子"生之谓性"的言论，孟子并没有直接表明自己的观点，而是先顺着告子对"生"与"性"二者之间的关系类比，以"白之谓白"逐步引出白羽、白雪和白玉之"白"的类比，直至将"犬之性""牛之性"与"人之性"进行类比，得到一个不言而喻的结论，那就是"人之性"显然不止于犬、牛等动物本能的、生理层面的"性"，由此达到基于对方前提而最终反驳对方立场的目的，相应论证见人禽之辩有关"生是否为性"的论辩结构图 3 - 1。 孟子在这里再次合理且有效地使用了诉诸对方论证的策略。

在 11 · 4 中，针对告子提出"仁内义外"的主张，孟子首先让告子进一步澄清其主张；然后，顺着告子为澄清其主张所列举的"长长""白""爱弟"等例子下的推理思路；最后，以"耆炙"收尾，说明无论是秦国人的烤肉还是自己国家的烤肉，爱好烤肉的心思都是内在而非外在于爱好者内心的。 孟子在这里再一次展示了其对诉诸对方论证策略的有效使用，最终达到对告子"仁内义外"主张的反驳，并间接论证支撑了其未明示表达的立场，即"仁和义都是人性善的内在体现"，相应论证见人禽之辩中有关"仁和义是否都是人性善的内在体现"的论辩结构图 3 - 3 中的（3）. 2.1b.1"对年长者的尊敬之情存在于一个人的心中，就像亲爱自己的弟弟和喜欢烤肉这些内在的情感一样"。

从以上对孟子所使用的间接证成策略的分析中，可以看到，诉诸对方论证策略中所涉及的实例，包含了基于反驳性类比的归谬法中所谈及的实例，说明孟子在使用诉诸对方论证策略时，可能同时诉诸的也是反方所提出的类比关系。 尽管二者存在部分重叠，但并不等同，因而被划分为两种不同的间接证成策略。

6.3　直接证成策略

除 6.2 节所阐述的三种间接证成性论辩策略之外，在"人禽之辩""王霸之辩"和"经权之辩"三大主题下，在与各个主要意见分歧相关的各场讨论的论辩阶段，孟子还策略性地使用了直接证成己方立场的论辩策略，包括同时列举正面和反面论证理由的"正反论证策略"，和通过类比的方式进行直接证成的"类比论证策略"。

6.3.1　正反论证

　　"正反论证"指的是为了证成某观点,论证者在所提供的理由中既包含有从正面角度进行论证的理由,也包含有从反面角度进行考虑后提出的论证理由。 从语用论辩学的视角来看,论证者在论证过程中纳入反面角度的理由,其实是对反方明示或者隐含的质疑与反对意见的考虑与回应,是论证者在"潜在论题的选择""受众需求的适应"和"表达技巧的使用"三方面综合性的策略操控,体现出论证者在进行全面论证方面的"论辩合理性",以及考虑受众需求以便增强论证可接受性方面的"修辞有效性"这两个目标的实现,整体上属于一种证成性论辩策略。[1] 在补充性

---

[1] 关于包含正、反两方面理由的论证,最早由卡尔·威尔曼(Carl Wellman)于 1971 年作为不同于"演绎"(deduction)和"归纳"(induction)的第三种推理类型,即"协同"(conduction)中的第三种模式而提出[参见 Carl Wellman, *Challenge and Response*: *Justification in Ethics*, London and Amsterdam: Southern Illinois University Press, 1971, p.57;有关"协同推理"(或"协同论证")的译法,参见熊明辉、妥斯根:《蒙医临床推理的逻辑》,《学术研究》,2018 年第 11 期],并且自 20 世纪 80 年代开始受到论证研究领域学者们的广泛关注。其中,国内学者如晋荣东、谢耘等综合前人的相关研究,将作为"协同推理的第三种模式"的论证译为"权衡论证"(pro and con argument /balance-of-considerations argument),并主要从逻辑推理的视角尝试探讨其逻辑结构与图解问题(参见 Jin Rongdong, " The Structure of Pro and Con Arguments: A Survey of the Theories", in J. Anthony Blair and Ralph H. Johnson, eds. , *Conductive Argument*: *An Overlooked Type of Defeasible Reasoning*, London: College Publications, 2011, pp.10 – 30;晋荣东:《权衡论证的结构与图解》,《逻辑学研究》,2016 年第 3 期;Xie Yun, " On the Logical Reconstruction of Conductive Arguments", in Frans H. van Eemeren and Bart Garssen, eds. , *From Argument Schemes to Argumentative Relations in the Wild*: *A Variety of Contributions to Argumentation Theory*, Switzerland: Springer International Publishing AG, 2020, pp.239 –254)。谢耘仍然以逻辑推理的视角为主,也尝试引入语用论辩学中的"策略操控"理念,将"权衡论证"中的"反面理由"在论证中的作用解释为"一种修辞技巧"(参见谢耘:《权衡论证:一种语用论辩学的分析》,《逻辑学研究》,2019 年第 5 期)。总的来看,逻辑推理视角下的"权衡论证"研究始终囿于正、反理由如何作用于同一结论的同时,又能不与传统的逻辑概念(比如传统上对"前提""结论"以及"前提"与"结论"之间的关系等在逻辑学中的理解)相悖的"困境"之中。本书对孟子论辩性话语中包含正、反两方面理由的论证的研究,依循的是融合有"逻辑"与"语用"两个维度的语用论辩学的视角,将其视为论证者在综合考虑"策略操控"三个方面的情况下做出的,同时实现论辩合理性和修辞有效性目标的"证成性论辩策略",并且正、反理由在同一论证中被重构为"补充性并列型论辩结构"。由于研究视角与理论基础方面的差异,为与作为一种论证类型的"权衡论证"进行区分,本书使用的是"正反论证策略"的说法。

的并列型论辩结构中，就包含有正、反两方面的理由对同一观点的论证。需要指出的是：这里的正反论证策略，和6.2.3节所探讨的诉诸对方论证策略，本质上都属于"诉诸对方让步"这一上位的论辩策略范畴；[1]其中，在正反论证策略中，论证者通过考虑反方可能的质疑或反对而主动提出反面理由来"直接证成"己方立场，但在诉诸对方论证策略中，论证者则是通过依循对方给出的论题来反驳对方立场，从而"间接证成"己方立场；因此，本书将二者划归为不同类型的证成策略。

孟子在"人禽之辩""王霸之辩"和"经权之辩"的话语中，都反复使用了正反论证的直接证成性论辩策略。

从人禽之辩中有关"人性是否为善"的论辩结构图3-2中，可以看到，11·6中针对公都子所引述的、包括明示反对者告子在内的其他人所持有的、不同于孟子"性善"观点的另外三种人性观，孟子没有直接反驳，而是首先从正面论述说明何为"善"，即人都有行善的自然倾向[（2）.1b]，同时从反面说明"不善"的根本原因不在于人性本身[（2）.1e]，接着继续从正面角度叙述说明"仁义礼智"等善性都是内在于人性之中的[（2）.1a]，并通过诉诸如《诗经》和孔子等权威来源，说明热爱理义这一美好品德是人们共同的倾向，进而论证前述仁义礼智内在于人性的表述[（2）.1c]。又比如：3·6从正面举例论证说明（2）.1a.1"任何人突然间看到一个小孩快要掉落井中时，都会产生恻隐之心"，11·7也从正面论证说明（2.1d）"我们都具有成为圣人的潜能"，以及13·16以舜为例，正面论证说明（2）.1b.1.1"当舜听到或者观察到一件善事时，他要行善的自然潜能就像江河决堤一样不可抑制地被激发出来"。而从反面进行论证的有：11·2所对应的论证（2）.1b.1"没有人缺乏行善的倾向，正如没有水缺乏向下流的倾向一样"，（2）.1e.（1a）"一个人做出不善的事是由外界环境导致的"，（2）.

1　参见 Frans H. van Eemeren, *Strategic Maneuvering in Argumentative Discourse*: *Extending the Pragma-Dialectical Theory of Argumentation*, Amsterdam / Philadelphia: John Benjamins Publishing Company, 2010, p.247, footnote。

1e.（1a）.1 "人会受到外界影响而做出不善的事，就像水受到外力影响而越过我们的额头或者反向山上流一样"，11·7 所对应的论证（2）.1e.（1a）.2 "大多数的年轻人在灾年而不是丰年时变得暴力"和（2）.1e.（1a）.3 "在相同的时间和地点播种的大麦，会由于土壤的肥沃程度不同和接受雨露滋养的多寡不同，而出现生长不均匀的现象"，以及 11·8 所对应的论证（2）.1e.（1a）.4 "牛山因为外部因素的干扰而从草木繁茂变得贫瘠荒芜"和（2）.1e.1b "一个人做出不善的事是由于自暴自弃"（见图 3-2）。 这些正、反论证，共同构成了论证主立场（2）"人性中存在固有的向善性"的部分依据。 对于 3·6、11·6、11·7、11·8 和 13·16 中具体的策略性操控分析，可参见本书 3.3 节。

从人禽之辩中有关 "仁和义是否都是人性善的内在体现"的论辩结构图 3-3 中，我们也可以看到，对主立场（3）"仁和义都是人性善的内在体现"的论证，也是从正、反两个角度进行的。 其中，正面论证的有：13·15 所对应的分论证（3）.2 "仁和义都是人人生而具备的德性"，（3）.2.1a "在不需要经过学习或思考的情况下，人们就能亲爱那些与他们关系亲近的人（'仁'的体现）"，（3）.2.1b "在不需要经过学习或思考的情况下，人们就能尊敬长辈（'义'的体现）"，以及 8·19 和 13·16 所对应的分论证（3）.3 "舜在听到或者观察到一次善行之后，就遵循自己内心的仁义之情，开始表现出想要行善的自然倾向"；从反面进行论证支撑主立场（3）的有：11·1 所对应的分论证（3）.1 "与损害杞柳而制成杯子和碗不同，仁和义并非是通过损害一个人而从人性中制造出来的"，和 11·4 所对应的（3）.2.1b.1 "对年长者的尊敬之情存在于一个人的心中，就像亲爱自己的弟弟和喜欢烤肉这些内在的情感一样"。这些正、反论证，共同构成了论证主立场（3）的部分依据。 需要指出的是：正反论证这一直接的证成性论辩策略，虽然也涉及 "反驳"的因素，但是这里的 "反驳"，不同于本章 6.2.1 节、6.2.2 节和 6.2.3 节中相关话语所采用的诸如分离策略、基于反驳性类比的归谬法和诉诸对方论证等间接证成策略中的 "反驳"，因为正反论证策略中对反面理由的考虑，是对反方可能持有的反向意见或者质疑态度的一种 "间接反驳"，也是对己方立场的"直接证成"，而前述三种反驳式的间接证成策略中所涉及的是"直接反驳"，目的却是"间接证成"。因此，从所要达到的目的来看，正反论证策略和前述三种间接证成策略，被划分为两类不同的证成性论辩策略。有关 8·19、11·1、11·4、13·15 和 13·16 中具体的策略性操控分析，参见本书 3.4 节。

从王霸之辩中有关"天下安定统一是否历史发展至今的必然趋势"的论辩结构图 4−1 中，可以看到，为了论证支撑主立场（1）"天下安定统一是历史发展至今的必然趋势"，在 3·1 的后半部分，孟子既以写实刻画的方式，从反面描述了"且王者之不作，未有疏于此时者也；民之憔悴于虐政，未有甚于此时者也"，对应于图 4−1 中的分论证（1）.1b.1a"长久没有出现施行仁政治国的贤君了"和（1）.1b.1b"老百姓正受到前所未有的最严重的残暴统治"，也有从正面直接指出"当今之时，万乘之国行仁政，民之悦之，犹解倒悬也"，对应于图 4−1 中的分论证（1）.1b"老百姓热切期盼出现一位贤君来统一天下"。从图 4−1 来看，3·1 中所谈及的反面角度的分论证（1）.1b.1a 和（1）.1b.1b，起到证成正面角度的分论证（1）.1b 的作用，而这些正、反角度的分论证，一起构成了证成主立场（1）的部分依据（具体的策略性操控分析，见本书 4.2 节）。

从王霸之辩中有关"君主是否施行王道仁政，才能使天下安定统一"的论辩结构图 4−2 中，我们也可以看到，1·6 中针对梁襄王有关天下如何实现安定统一，以及由谁来实现安定统一的询问，孟子以七八月间遭遇干旱的禾苗突遇大雨为例，直接点明"今夫天下之人牧，未有不嗜杀人者也"，从反面论述说明了分论证（2.1a）.1c.1b"如今天下的君主就没有不爱杀人的"，又以假设推理的方式（"如有不嗜杀人者，则天下之民皆引领而望之矣"），从正面点明了分论证（2.1a）.1c.1a"天下的人民都愿意跟从不爱杀人的君主"和（2.1a）.1c.1c"一旦出现有不爱杀人的君主，天下的人民就会像浩浩荡荡向下流的水一样归顺于他"，正、反论证一起共同证成其上一级的分立场（2.1a）.1c"只有不爱杀人的君主才能使天下安定统一"，而（2.1a）.1c.1a、（2.1a）.1c.1c 与（2.1a）.1c.

1b 一起对（2.1a）.1c 的论证支撑，构成的是补充性的并列型论辩结构。在 1·5 中，梁惠王叙述了魏国在同齐国、秦国、楚国的交战中屡次败北之后，向孟子寻求复仇之法，对此，孟子没有直接答复梁惠王，而是将论题引向了"施仁政"，并先从正面角度论述国君施行仁政会带来的好处，即"王如施仁政于民，……壮者以暇日修其孝悌忠信，……可使制梃以挞秦楚之坚甲利兵矣"，对应于图 4-2 中的分论证（2）.1c.1b.1b.1a"仁义之师能用棍棒抵御秦楚的坚甲利兵"；然后，从反面角度，叙述敌国国君不施行仁政所导致的后果，即"彼夺其民时，使不得耕耨以养其父母……彼陷溺其民，王往而征之，夫谁与王敌"，对应于图 4-2 中的分论证（2）.1c.1b.1b.1b"非仁政治理下的坚甲利兵不堪一击"；最后，孟子再次从正面角度，点明其论证的要点，即"仁者无敌"，对应于（2）.1c.1b.1b.1a 和（2）.1c.1b.1b.1b 共同论证支撑的分立场（2）.1c.1b.1b"仁政治理下的仁义之师可以轻易击败非仁政治理下的坚甲利兵"，三者构成的也是补充性的并列型论辩结构。整体上看图 4-2 的话，我们也发现，为了论证支撑主立场（2）"君主施行王道仁政，才能使天下安定统一"，孟子选取了正面角度的分论证（2.1a）"有仁德的君主才能使天下安定统一"（1·6、8·28）和（2）.1c"君主施行王道仁政，是保有天下的关键"（7·3），以及反面角度的分论证（2.1b）"君主实行霸道，并不能真正使天下安定统一"（1·7），（2.1a）、（2.1b）和（2）.1c 对主立场（2）的论证构成的也是补充性的并列型论辩结构。关于 1·5、1·6、7·3 和 8·28 中具体的策略操控分析，参见本书 4.3 节。

从经权之辩中有关"君子是否可以降低儒家仁义中道准则的原则性"的论辩结构图 5-1 中，我们也可以看到正反论证策略的反复使用。在 6·1 中，针对弟子陈代引用《志》中"枉尺而直寻"的观点，劝谏孟子"见诸侯"以实现"大则以王，小则以霸"的目标，孟子首先以孔子称赞齐景公招而不往的虞人为例，对应于图 5-1 中的分论证 1.（1b）.1b.1"齐国猎场管理员没有因为害怕受到惩罚，而听从齐景公不恰当的召唤方式（枉尺）来换取自身的生命安全（直寻）"；然后，直接点明"枉尺而直寻"的本质在于"利"字当先，并沿着以"利"为先的思路，提出"如以利，则枉寻直尺而利，亦可为与？"的疑问；接着，孟子又以车手王良拒绝同嬖奚那样前后不一的小人合作为例，对应于图5-1中的分论证1.（1b）.1b.2"像王良这样好的车手，也不屑于因为眼前的好处而放弃驾车的规矩（枉寻）来与嬖奚这样差劲的射手一起做事（直尺）"。其中，1.（1b）.1b.1和1.（1b）.1b.2都属于从反面角度进行的论述，二者可以分别独自支撑图5-1中的分论证1.（1b）.1b"君子不会因为利益而违背仁义中道"。除从反面角度进行的论述之外，在6·1的最后，孟子也从正面角度，以自问自答的方式，先以"如枉道而从彼，何也？"发问，然后直接给出其看法，即"且子过矣：枉己者，未有能直人者也"，这部分对应于图5-1中的分论证1.（1b）.1a"君子不会为了迎合他人而违背中道"。正面的分论证1.（1b）.1a和反面的分论证1.（1b）.1b，一起支撑分立场1.（1b）"君子任何时候都不会违背仁义中道"，构成的也是补充性的并列型论辩结构。整体上看图5-1的话，我们也会发现，为了论证支撑主立场1"君子应该坚守不偏不倚的儒家仁义中道准则"，孟子分别选取了正面角度的分论证1.（1a）"君子应该效法尧舜等圣人的仁义中道准则"（7·1、7·2），以及反面角度的分论证1.（1b）"君子任何时候都不会违背仁义中道"（6·1）和1.1c"正如不使用圆规和曲尺就不能画出方圆一样，君子如果不遵守仁义中道准则就难以做成大事"（7·1），而1.（1a）、1.（1b）和1.1c对主立场1的论证，构成的也是补充性的并列型论辩结构。关于6·1、7·1和7·2中具体的策略性操控分析，参见本书5.2节。

从经权之辩中有关"君子是否只能绝对地坚守儒家仁义中道准则"的论辩结构图5-2中，我们也可以看到，7·17、13·26、2·11（其中具体的策略性操控分析，见本书5.3节），以及图5-2作为一个整体，都使用了正反论证策略。7·17中，针对淳于髡提出的"男女授受不亲，礼与？""嫂溺，则援之以手乎？"这看似两难选择的质疑，孟子首先从反面角度，论述说明"嫂溺不援，是豺狼也"，对应于图5-2中的分论证2.（1a.1b.3）.1b"小叔子如果因为礼德而不去救溺水的嫂子，就是没有人性的豺狼了"，紧接着从正面角度，点明"男女授受不亲，礼也；嫂溺，援之以手者，权也"，后者对应于 2.（1a.1b.3）.1a"男女授受不亲是儒家的礼德"和 2.（1a.1b.3）"在儒家仁义道德中，保持人性中基本的善性要优先于礼德"。在 13·26 中，孟子首先以"杨子取为我"和"墨子兼爱"这两个极端为例，然后对比"子莫执中"的做法，从正面直接指出"执中为近之"，对应于图 5-2 中的分立场 2.1b"坚守儒家仁义中道准则，不能够偏执于一端"，但紧接着从反面指出，"执中无权，犹执一也。所恶执一者，为其贼道也，举一而废百也"，对应于图 5-2 中的分论证 2.1b.1a"坚守仁义道德却偏执一端的做法，不符合真正的儒家仁义中道准则"。在这里，反面角度的分论证 2.1b.1a，构成了证成分立场 2.1b 的部分支撑性论证。整体上来看图 5-2 的话，分立场 2.1b，也是从反面的角度用于支撑主立场 2 的分论证之一。在 2·11 中，齐国讨伐燕国后遭到其他各诸侯国的围攻，齐宣王为此向孟子征询对策。孟子在答复中，首先从正面角度，引述商汤四面征讨受到天下老百姓热切期盼与欢迎的例子，对应于图 5-2 中的分论证 2.1b.（1b.2）.1b"儒家的仁义中道准则支持能让天下安定统一的战争"；然后，对比齐国讨伐燕国的动机与做法，通过反面论述，指出齐国讨伐燕国招致其他诸侯国联合围攻的原因，即"天下固畏齐之强也，今又倍地而不行仁政，是动天下之兵也"，对应于图 5-2 中的分论证 2.1b.（1b.2.1a）"儒家的仁义中道准则反对不以拯救苍生为目的的战争"和 2.1b.（1b.2.1a）.1b"儒家的仁义中道准则反对恃强凌弱的战争"。再从整体上来看图 5-2 的话，为了论证支撑主立场 2"坚守儒家仁义中道准则，需要根据实际情况进行权变而不可执其一端"，孟子分别选取了正面的分论证 2.（1a）"运用儒家仁义中道准则，需要考虑内部各规则之间的差异而进行相应的权变"和 2.1c"儒家仁义中道准则在实际应用中进行权变，所依据的是不同情境下的'义'"，以及反面的分论证 2.1b"坚守儒家仁义中道准则，不能够偏执于一端"，并且，2.（1a）、2.1b 和 2.1c 共同支撑主立场 2，构成的是补充性的并列型论辩结构。

6.3.2　类比论证

在对孟子有关"人禽之辩""王霸之辩"和"经权之辩"的论辩性话语进行分析时，我们也总能发现直接证成性的类比论证策略的使用。6.3.1 节分析了孟子所采用的正反论证的直接证成性论辩策略，其中涉及人禽之辩中将"人性"与"水性"［见图 3 - 2 中的分论证（2）.1b.1 和（2）.1e.（1a）.1］，以及"人性"与"牛山之性"［见图 3 - 2 中的分论证（2）.1e.（1a）.4］进行类比，王霸之辩中将久遭干旱的禾苗突遇大雨与久经虐政的老百姓遇到不嗜杀人的仁君［见图 4 - 2 中的分论证（2.1a）.1c.1c］进行类比，以及经权之辩中将规矩与方圆之间的关系，同仁义中道准则与成大事之间的关系（见图 5 - 1 中的分论证 1.1c）进行类比的论述。乍看之下，人们或许会对"人性""水性"等概念之间何以具有类比性感到困惑。实际上，这里涉及中国古代"类比推理"或"推类"的应用，及其与亚里士多德意义上的"类比论证"之间的差异。

国内学者主要从逻辑学或逻辑史的角度，对中国古代的"推类"理论或者"类比推理"做了大量研究。例如：刘培育明晰了中国古代名辩学与中国古代逻辑之间的关系，并对 20 世纪国内学者有关名辩学的研究同逻辑学和因明学进行了比较，指出"类比推论"或为中国古代名辩学区分于逻辑与因明的最根本的特征。[1] 崔清田就中国古代思想家，如儒家学派的孔子、孟子和荀子，以及墨家学派的墨子及其后学，在"类""推类"等方面的应用与研究做了大致梳理，指出"推类"的依据在于"类同"，并进一步结合先秦的伦理与政治文化环境，探讨了作为中国古代逻辑的主导推理类型的"推类"所产生的背景。[2] 翟锦程等人就近现代学

---

[1]　参见刘培育：《名辩学与中国古代逻辑》，《哲学研究》，1998 年增刊；刘培育：《20 世纪名辩与逻辑、因明的比较研究》，《社会科学辑刊》，2001 年第 3 期。

[2]　参见崔清田：《推类：中国逻辑的主导推理类型》，《中州学刊》，2004 年第 3 期。

界对墨家"类"范畴的研究进行了较全面的梳理，并指出，中国古代的"类"范畴不同于亚里士多德逻辑中的"类"范畴。[1] 晋荣东在综述前人的不同观点与研究结果的基础上，论证说明，中国古代的"推类"在"类"和"理"的工作机制上具有特殊性，同时指出，中国古代逻辑中的"推类"不同于西方逻辑中的"类比推理"。[2] 任晓明从文化的角度，归纳得出了中国古代的"推类"不同于西方的"类比推理"所具有的特殊性质。[3] 谢耘也在前人研究的基础上，就中国古代类比推理的普遍意义、广泛应用、理论基础、推理机制、基本原理及其区别于亚里士多德所提出的类比的特征进行了探讨，尤其明确了中国古代类比推理中"类"的划分依据在于"理"，即不同于以相同种属中两事物之间的相似性作为类比依据的亚里士多德意义上的"类比"，在中国古代，"类比推理"主要建立在中国文化所特有的"类"概念的基础之上，而"类"的划分又以"理"为依据，其中"理"就是"类"所遵循的一般原则，是同一类事物所具有的规范与普遍的共性。也就是说，如果两种事物具有相同的内含的"理"，那么它们就能被归为相同的"类"，而处于同一"类"的事物之间具有类比性，遵循"以类取，以类予"的原则。简而言之，如果依据事物 A 和事物 B 之间所共有的"理"，将 A 和 B 归为同一"类"，那么，已知 A 具有某种特征 X（"以类取"），就可以推断出 B 也具有特征 X（"以类予"）。[4]

值得一提的是：中国古代的"类比"概念，在某种程度上与"比喻类

1　参见翟锦程、王加良：《论近现代时期关于墨家"类"范畴的研究》，《云南师范大学学报（哲学社会科学版）》，2012 年第 3 期。

2　参见晋荣东：《推类等于类比推理吗?》，《逻辑学研究》，2013 年第 4 期；晋荣东：《推类理论与中国古代逻辑特殊性的证成》，《社会科学》，2014 年第 4 期。

3　参见任晓明、刘川：《中国"推类"逻辑的归纳特性剖析》，《福建论坛（人文社会科学版）》，2015 年第 12 期。

4　参见 Xie Yun，"Argument by Analogy in Ancient China"，*Argumentation*，vol. 33，no. 3（Sep. 2019），pp. 323 – 347。

比"（figurative analogy）[1]的概念有重叠；其中，前者以共有的"理"作为划分"类"的基础，而后者以前提和立场中所具有的抽象关系或者一般原则之间的相似性为依据。此外，中国古代的"类比推理"和"比喻类比"，又不同于基于种属关系上的相似性而进行的比较论证。本书对孟子论辩性话语中"类比"现象的分析，建立在前人有关中国古代"类""推类""类比推理"等概念的研究基础之上，同时，结合了语用论辩学框架下的策略操控理念，即融合了"逻辑"和"语用"两个维度。为了与逻辑学和逻辑史视角下的"推类"或"类比推理"概念相区分，本书将孟子话语中以"类同"为基础而进行的类比用法，称为"类比论证策略"，属于孟子为直接证成其立场所采用的论辩策略之一。

在11·2中，我们可以看到，告子和孟子都认同人性与水性之间共有一种"理"，即"二者都会受到外部环境的影响"这一普遍共性；该共性在11·7和11·8中有进一步的举例论证。人性与水性除这一共性之外，在11·2中，孟子还提醒告子，二者具有另一个更基本的共性，即"具有自然倾向"。人性与水性都具有的"会受到外部影响"和"自然倾向"这两大共性，使得人性和水性可以被归为一类，从而相互间具有可类比性。遵循中国古代类比推理中"以类取，以类予"的原则，孟子论证得出图3-2中的分论证（2）.1b.1"没有人缺乏行善的倾向，正如没有水缺乏向下流的倾向一样"。以此类推，11·8中人性与牛山之性进行类比所共有的"理"，就在于二者都会受到外界环境的影响［涉及人禽之辩，见图3-2中分论证（2）.1e.（1a）.4］，1·6中久遭干旱的禾苗突遇大雨与久经虐政的老百姓遇到不嗜杀人的仁君之间所共有的"理"，就是对美好事物的追求［涉及王霸之辩，见图4-2中分论证（2.1a）.1c.1c］，以及7·1中规矩与方圆之间的关系同仁义中道准则与成大事之间的关系所共有的"理"，在于遵循规则准绳的必要性（涉及经权之辩，

1　参见 Bart Garssen，"Comparing the Incomparable：Figurative Analogies in a Dialectical Testing Procedure"，in Frans H. van Eemeren and Bart Garssen，eds.，*Pondering on Problems of Argumentation*，Dordrecht：Springer，2009，pp. 133 - 140。

见图 5 - 1 中的分论证 1.1c）。 这些类比推理在策略操控三个方面的使用，就构成了作为一种直接证成性论辩策略的"类比论证策略"。 其中，对 11 · 2、11 · 7 和 11 · 8 中话语的策略性操控分析，见本书 3.3 节；对 1 · 6 中话语的策略性操控分析，见 4.3 节；对 7 · 1 中话语的策略性操控分析，见 5.2 节。

6.4　小结

本书第 3 章到第 5 章，分别对孟子有关"人禽之辩""王霸之辩"和"经权之辩"三大主题的论辩性话语，进行了分析性重构。 本章根据其中所得出的孟子立场相关的各个论辩结构图（见附录，图 3 - 1 至图 5 - 2），结合策略操控的三个方面，即"潜在论题的选择""受众需求的适应"和"表达技巧的使用"在三大主题各场讨论中的融贯性与重复性使用，全面分析了孟子在三大主题下的论辩性话语语步中所运用的策略性设计，归纳总结出孟子在各场讨论中"论辩阶段"所采用的各种证成性论辩策略，包括"间接证成策略"，如分离策略、基于反驳性类比的归谬法和诉诸对方论证策略，以及"直接证成策略"，如正反论证策略和类比论证策略。

整体上看，各种证成策略都是孟子在其论辩性话语中综合运用了策略操控三个方面的、策略性设计的结果，具体表现为："间接证成策略"主要被孟子应用于人禽之辩的论辩性话语中，一般用于对明示反对者或质疑者的立场进行明示性的反驳，以便实现间接证成孟子自身立场的目的；"直接证成策略"，如正反论证策略，主要被孟子用于"王霸之辩"和"经权之辩"的论辩性话语中，一般用于孟子直接提出自己意欲论证的主题，并且在论证过程中同时提出正面和反面角度的论证理由，其中，反面论证理由的提出，是对潜在反对者或质疑者可能持有的反对意见与质疑态度的直接回应，而类比论证策略则在三大主题的论辩性话语中都有出现。需要注意的是：单纯从逻辑的视角来看，中国古代的类比推理，是建立在以共有的"理"为依据而进行"类"的划分基础之上的，不同于以相同种属中两事物之间的"相似性"作为类比依据的亚里士多德意义上的类比论证；此外，本章中谈及的孟子话语中所运用的"类比论证策略"，是一种证成性论辩策略，建立在现有关于中国古代类比推理的研究基础之上，并综合了逻辑和语用两个维度的、语用论辩学视角下的策略操控三个方面（潜在论题的选择、受众需求的适应和表达技巧的使用）的分析。

结　语

　　本书以国际论证研究领域极富影响力的论证理论——语用论辩学中的
"批判性讨论理想模型"和"策略操控"理念为分析框架，将以合理消除
正反双方之间意见分歧为目的、对应于批判性讨论各个阶段（冲突阶段、
开始阶段、论辩阶段和结论阶段）的话语，都纳入"论辩性话语"的范
畴，对《孟子》文本中孟子与其明示或潜在的反方之间进行的、有关"人
禽之辩""王霸之辩"和"经权之辩"三大主题展开讨论所对应的论辩性
话语，进行了分析性论证重构与策略性设计分析，刻画出了语用论辩研究
路径下孟子论辩思想话语的概貌。　本书的主要发现与创新,具体体现在以
下四大方面：

（一）　提炼出孟子论辩性话语合理性的哲学基础

　　第 2 章从论证的视角，通过分析孟子论辩性话语中分离策略的使用，
以及孟子意欲强调突出的"分离"后的"实质"层面，提炼出了孟子论辩
性话语合理性的哲学基础，即以"人性善"为"一体"的儒家道德形上学
基础，以及以"仁义"和"经权相济下的执中"为"两面"的儒家德行伦
理理性基础和儒家实践伦理理性基础。　论证视角下研究得出的该"一体
两面"的哲学基础，印证了传统的哲学视角和思想史视角下归纳得出的孟
子思想的三大内容，即道德形上学、王道政治学和实践伦理学，以及相应
的人性、政治与实践三大讨论领域。

　　此外，第 2 章也从论证的角度，进一步明晰了"人性善""仁义"
"仁政""经权相济下的执中"等概念在孟子论辩性话语中的相互关系。
其中，"人性善"是孟子论辩性话语所依赖并得以发展的道德形上学基

础，也是由孟子所构建的儒家道德规范；"仁义"是"人性善"的内在体现，是儒家道德规范下的德行伦理原则，而"仁政"是"仁义"这一儒家德行伦理原则在政治领域中的运用；"经权相济下的执中"思想，则是"仁义"之"经"在具体实践情境中进行"权变"的应用指导原则，也就是儒家道德规范下的实践伦理原则。

（二）阐述说明语用论辩方法用于分析孟子论辩性话语的可行性

第3章、第4章和第5章，分别对"一体两面"的孟子论辩性话语合理性的哲学基础所对应的"人禽之辩"（涉及孟子有关"人性善"的论证，也即人性论证）、"王霸之辩"（涉及孟子对"人性善"的内在体现之"仁义"在治国理政方面的作用论证，也即政治论证）和"经权之辩"（涉及孟子对儒家仁义中道准则在实践应用方面的权变论证，也即实践论证）三大主题下的论辩性话语，进行了语用论辩方法下的论证重构与分析。其中，对每一个主题相关的论辩性话语，又根据所涉及意见分歧的不同，划归为不同场次的讨论，并且，同一主题下的各场讨论都是相互关联、逐步推进的，从而将《孟子》文本中有关同一主题的、看似"形散"实则"神聚"的话语进行了有机而系统的整合（见附录，表3-1）。具体而言，"人禽之辩"涉及对三个"单一混合型意见分歧"，即"生是否即为性""人性是否为善"和"仁和义是否都是人性善的内在体现"所展开的三场讨论；这三场讨论是环环相扣的，即有关第一场讨论的结果"饮食男女这一生理层面并非人性的全部内容"（见附录，图3-1），成为第二场讨论的部分出发点，而第二场讨论的结果"人性中存在固有的向善性"（见附录，图3-2），又成为第三场讨论（见附录，图3-3）的部分出发点。"王霸之辩"涉及有关三个"单一非混合型意见分歧"，即"天下安定统一是否历史发展至今的必然趋势""君主是否施行王道仁政，才能使天下安定统一"和"君主施行王道仁政，是否需要摒弃霸道霸政"所展开的三场讨论；其中，第一场讨论的结果"天下安定统一是历史发展至今的必然趋势"（见附录，图4-1），构成了第二场讨论的部分出发点，而第二场讨论的结果"君主施行王道仁政,才能使天下安定统一"（见附录,图 4 - 2）,构成了第三场讨论（见附录,图 4 - 3）的部分出发点。 "经权之辩"涉及两个"单一非混合型意见分歧",依次为"君子是否可以降低儒家仁义中道准则的原则性"和"君子是否只能绝对地坚守儒家仁义中道准则";其中,第一场讨论的结果"君子应该坚守不偏不倚的儒家仁义中道准则"（见附录,图 5 - 1）,构成了第二场讨论（见附录,图 5 - 2）的部分出发点。

此外,依据《孟子》文本记录,一般认为,在第 11 卷前 4 章,即 11 · 1、11 · 2、11 · 3 和 11 · 4 中,孟子与告子之间发生了"四场辩论"。 但是,运用语用论辩方法下所涉及的意见分歧的不同,对立场与论证之间的关系进行梳理后发现,表面上的"四场辩论",实际上只涉及"三场批判性讨论",围绕着的是三个主要的意见分歧,即"生是否即为性"（11 · 3、11 · 4）、"人性是否为善"（11 · 2）,以及"仁和义是否都是人性善的内在体现"（11 · 1、11 · 4）。

另外,一般认为,对孟子话语的论证研究,只适合从逻辑或修辞的角度来进行。 但是,运用语用论辩方法下的论证分析与重构的工具,主要是批判性讨论理想模型和策略操控理念,我们发现,对孟子话语进行论证刻画研究,可以同时融合逻辑[1]和语用两个维度来进行。 从第 3 章到第 5

1　关于逻辑视角在语用论辩学中的具体体现,我们首先需要了解的是:语用论辩学作为一种系统的论证理论,主要是关于论证（argumentation）的,关注的是在合理消除意见分歧的过程中论辩性话语的程序形式与可靠性,而逻辑是关于推理（reasoning）的,主要关注的是潜在于特定推理结果中的论证形式（argument forms）的有效性;与此同时,论证又总是融合推理,论证理论必定包含推理研究的某些方面,不仅是推理的形式化方面,还有与论辩交流直接相关的语用因素,以及推理的非形式化方面。 此外,本书1.1 节有关语用论辩学的概述中也提到,语用论辩学中的"论辩"维度,融合有逻辑的,尤其是新论辩学的有关有效性、一致性以及其他决定理性的要素的规范性与批判性视角,而其中的逻辑视角,主要体现在语用论辩方法分析论辩性话语的过程中对未表达前提的重构,以及对论辩性话语进行评价时所依据的批判性讨论规则之一的逻辑有效性规则,比如在外显化未表达前提时,语用论辩学所采用的启发性出发点,就在于将潜在于论证中的推理重构为逻辑形式有效的论证,其中,前提为真时结论不可以为假,而违反逻辑有效性规则的论辩性语步都被认为是谬误。 参见 Frans H. van Eemeren,"Role of Logic in Analyzing and Evaluating Argumentation",in Frans H. van Eemeren, eds. , *Reasonableness and Effectiveness in Argumentative Discourse*:*Fifty Contributions to the Development of Pragma-Dialectics*, Switzerland:Springer International Publishing AG, 2015, pp. 668, 670。

章的论证重构与分析中我们看到：孟子的论辩性话语，综合运用了"潜在论题的选择""受众需求的适应"和"表达技巧的使用"三方面的策略操控，很好地实现了增强受众对于孟子自身立场的可接受性这一"修辞有效性"目标；与此同时，孟子的论辩性话语还通过运用因果型、征兆型和比较型论证型式，以及单一型、多重型以及累积性和补充性的并列型论辩结构，在清晰论证自身立场的过程中，对明示或潜在的反方所可能持有的反对与质疑做出回应，从而也实现了"论辩合理性"目标。

（三）论证说明，运用语用论辩路径研究孟子论辩性话语可以得到一些新的研究发现

在第 3 章到第 5 章所得出的、孟子对三大主题下各个立场进行论证的论辩结构图的基础上，根据策略操控各个方面在三大主题相关的论辩性语步中的融贯性使用，第 6 章归纳得出了孟子在论证其立场的过程中所采用的策略性设计，具体表现为各种论辩策略的使用，包括孟子所采用的"间接证成策略"，如分离策略、基于反驳性类比的归谬法和诉诸对方论证策略，以及"直接证成策略"，如正反论证策略和类比论证策略。

此外，对孟子论辩性话语中所采用的类比论证策略的分析表明：中国古代的"类比推理"所依据的"类"，不同于西方传统的亚里士多德意义上的"类比论证"所依据的"类"；前者以具有共同的"理"作为"类"的划分依据，而后者以相同种属下的"相似性"作为"类"的划分标准。换言之，在中国古代，即使不属于同一种属的两个事物，只要它们具有共同的"理"，人们就可以将二者放在一起进行类比推理，并依据"以类取，以类予"的原则，将其中一个事物所具有的特征，通过推理应用到另一个事物上。例如：根据"人性"和"水性"都具有"容易受到外界影响"以及"自然倾向"等共同的"理"，将二者进行类比，并通过人们所熟知的"水性"具有天然向下流的倾向，推理得出"人性"也具有天然向善的倾向。

包括孟子话语在内的中国古代话语中所采用的、区别于亚里士多德意义上的类比论证策略，还部分反映出这样一个事实，即在不同的社会文化

背景下，逻辑的确既具有共同性，也有其特殊性。[1]

此外，对孟子话语在分析性描述基础上的论证重构，更加明晰了历史上素有争议的一些论题。例如：孟子在"人禽之辩"中提到的"（人）性善"，究竟是指"性本善""性全善""性向善"，抑或是"性本善"与"性向善"的结合；孟子在"王霸之辩"中要说明的究竟是"贵王贱霸""尊王贬霸"，还是"尊王黜霸"；孟子在"经权之辩"中谈及的"执中"，究竟是指采取中立的道德立场，还是经权相济下的"经主权从"；"义利之辩"，究竟是指"存义去利"，还是指义利共存下的"先公利后私利"；等等。

（四）运用语用论辩理论的分析框架研究孟子论辩性话语，反过来又在一定程度上拓展了语用论辩理论

将当代的论证理论框架——语用论辩学的分析框架应用于孟子论辩性话语的合理性哲学基础的研究，为进一步从哲学层面，拓展语用论辩学在不同社会文化语境下论辩性语步合理性的评判标准奠定了基础，而评判论辩性语步合理性的可靠性标准，需要依据论辩性话语所处的制度性语境（以及文化语境）进行调整，这也正是语用论辩理论将来的发展方向之一[2]。该类研究需要考虑中国古代特有的社会、政治、历史、文化、语言等各方面的语境，比如在战国时期诸侯纷争的社会政治动荡局面下，各家哲学流派不约而同以人性讨论作为"公共话语"的一部分，并且将人性讨论作为建立各自学派的哲学基础，以及先秦时期学术著作普遍存在的诗化编码而非逻辑编码、"形散神聚"等特点。简而言之，本书尝试将语用论辩理论应用于孟子话语的论证刻画研究，不仅有助于丰富现有《孟子》研究的视角与成果，同时，也是对语用论辩理论本身的一种拓展。

《孟子》文本总共包含 260 个章节。虽然本书对孟子话语的论证刻

1　参见温公颐、崔清田主编：《中国逻辑史教程》（修订本），天津：南开大学出版社，2001 年，第 1—9 页。

2　参见 Frans H. van Eemeren, *Argumentation Theory: A Pragma-Dialectical Perspective*, Switzerland: Springer International Publishing AG, 2018, pp. 184 - 185。

画研究，只涉及其中78个章节（见附录，表3－1），但是，第2章所提炼出来的孟子论辩性话语合理性"一体两面"的哲学基础，并基于该基础将《孟子》文本中孟子的论辩性话语划分为人性、政治与实践三大讨论领域，以及相应的"人禽之辩""王霸之辩"和"经权之辩"三大代表性论证主题，基本能够恰如其分地揭示孟子思想的主要方面。尽管如此，对于本书中没有谈及的、《孟子》文本中的其余章节，其中必定包含对本书研究所得出的、孟子有关上述三大主题下各场讨论中立场的论证，具有补充与加强的论辩性话语，还涉及本书中没有谈及的、有关孟子其他论辩主题与立场的论辩性话语，以及本书中尚未涵摄的孟子论辩思想的其他方面。因此，关于孟子论辩思想话语，有必要进行以下方面的后续研究：

首先，从分析层面，继续拓展对《孟子》文本中孟子论辩思想话语的发掘研究。本书对孟子话语的论证刻画研究，涉及孟子有关"人禽之辩""王霸之辩"和"经权之辩"三大主题下论辩性话语的论证重构与策略操控分析，而孟子论辩思想话语涵盖人性论证、政治论证和实践论证三大讨论领域，除以上三大论辩主题之外，还包含其他论辩主题，比如：人性论证领域还有心性论辩、养气论辩等，政治论证领域还有民本论辩、正己论辩等，实践论证领域还有礼乐论辩、良知论辩，等等。因此，在将来的研究中，还应增加对孟子在三大讨论领域下其他论辩主题相关的论辩性话语的论证刻画，包括分析性重构所有主题下孟子的论辩话语，归纳孟子所运用的策略性设计，如典型论证型式、论辩模式和论辩策略，以及总结孟子的论辩风格，从而对孟子的论辩思想话语进行更全面系统的分析。

其次，从理论层面，厘清孟子的论辩谬误观，并构建孟子的论辩理论模型。谬误观是论证理论体系不可或缺的一部分。孟子的论辩谬误观，体现在违背孟子论辩合理观、被孟子所拒斥的具体论辩实践中，比如孟子自述的四种言辞："诐辞知其所蔽，淫辞知其所陷，邪辞知其所离，遁辞知其所穷"（《孟子》3·2），而孟子的论辩理论模型，应该既能体现孟子的论辩合理观和谬误观，又能融合孟子论辩实践中的典型特征。因此，在将来的研究中，结合哲学层面的孟子论辩合理观、理论层面的孟子论辩谬误观和孟子论辩理论模型，以及分析层面对孟子论辩话语的系统分析，将有望系统地构建出孟子论辩思想体系。

此外，由于本书涵盖的只是《孟子》文本中孟子个人的论辩性话语刻画，而在孟子所处的百家争鸣的战国时期以及春秋末期，尤其是那些同孟子一样的学者们，他们是活跃在当时知名的稷下学宫、各诸侯国的王庭以及民间各处的"公共知识分子"，他们的著作，比如《论语》《曾子》《子思子》《孝经》《礼记》《墨子》等，同样不同程度地收录有先秦对话体散文，并且同样具有论辩性色彩。[1] 因此，在将来的研究中，还可以对比参照孟子与诸子百家中其他时人在政治领域和学术领域的论辩性话语，继续使用语用论辩学的分析框架，进一步考查同一领域中相同交际活动类型（比如政治领域中的"游说"和学术领域中的"哲学论述"）的制度性前提条件，包括相应交际活动类型的规约化及其制度性要旨，结合制度性前提条件制约下所使用的策略操控，考查孟子及其他时人所使用的论辩性话语在实现相应制度性要旨方面的情况，得到相关领域、相应交际活动类型下，先秦哲人所使用的典型论辩模式和论辩风格，并进行比较研究，从而勾勒出先秦时期的论辩概貌，为逐步构建中国古代论辩思想体系添砖加瓦。

1　参见陈桐生:《先秦对话体散文源流》,《学术研究》,2017 年第 8 期。

参考文献

一、著作

[1] 蔡元培：《中国伦理学史》，上海世纪出版集团/上海古籍出版社，2011 年。

[2] ［美］陈汉生（Chad Hansen）：《中国古代的语言和逻辑》，周云之、张清宇、崔清田等译，社会科学文献出版社，1998 年。

[3] 陈来：《梁惠王篇》，陈来、王志民主编：《〈孟子〉七篇解读》，齐鲁书社，2018 年。

[4] 陈来、王志民主编：《论语解读》，齐鲁书社，2021 年。

[5] 陈少明：《经典世界中的人、事、物》，上海三联书店，2008 年。

[6] 崔清田：《名学与辩学》，山西教育出版社，1997 年。

[7] 崔锁江：《〈论语〉的整体结构新解》，中国言实出版社，2014 年。

[8] 冯达文：《早期中国哲学略论》，广东人民出版社，1998 年。

[9] 傅斯年：《性命古训辨证》，上海古籍出版社，2012 年（初版1940 年）。

[10] 傅伟勋：《从西方哲学到禅佛教》，生活·读书·新知三联书店，1989 年。

[11] 甘筱青等：《〈孟子〉的公理化诠释》，江西人民出版社，2014 年。

[12] 孔德立：《告子篇》，陈来、王志民主编：《〈孟子〉七篇解读》，齐鲁书社，2018 年。

［13］ 李存山：《尽心篇》，陈来、王志民主编：《〈孟子〉七篇解读》，齐鲁书社，2018 年。

［14］ 欧阳祯人：《先秦儒家性情思想研究》，武汉大学出版社，2005 年。

［15］ 邵秋艳：《早期儒家王霸之辨理论研究》，中华书局，2018 年。

［16］ 王中江：《离娄篇》，陈来、王志民主编：《〈孟子〉七篇解读》，齐鲁书社，2018 年。

［17］ 温公颐：《先秦逻辑史》，上海人民出版社，1983 年。

［18］ 温公颐、崔清田主编：《中国逻辑史教程（修订本）》，南开大学出版社，2001 年。

［19］ 武宏志、周建武、唐坚：《非形式逻辑导论》，人民出版社，2009 年。

［20］ 徐复观：《中国人性论史（先秦篇）》，上海三联书店，2001 年。

［21］ 杨伯峻：《孟子译注（简体字本）》，中华书局，2019 年（第 2 版）。

［22］ 杨伯峻、杨逢彬注译：《论语》，岳麓书社，2000 年。

［23］ 杨海文：《滕文公篇》，陈来、王志民主编：《〈孟子〉七篇解读》，齐鲁书社，2018 年。

［24］ 杨海文：《我善养吾浩然之气：孟子的世界》，齐鲁书社，2017 年。

［25］ 杨泽波：《孟子性善论研究（再修订版）》，上海人民出版社，2016 年。

［26］ 游唤民：《先秦民本思想》，湖南师范大学出版社，1991 年。

［27］ 袁保新：《从海德格尔、老子、孟子到当代新儒学》，武汉大学出版社，2011 年。

［28］ 曾昭式：《先秦逻辑新论（国家哲学社会科学成果文库）》，科学出版社，2018 年。

［29］ 张岱年主编：《中国哲学大辞典（修订本）》，上海辞书出版

社，2014 年。

［30］ 张晓芒：《先秦诸子的论辩思想与方法》，人民出版社，2011 年。

［31］ 张新主：《汉语大辞典》（网络版），http://www. hydcd. com，2020 年 2 月 10 日。

［32］ 朱仁夫、邱绍雄编：《儒学走向世界文献索引（中国孔子基金会文库）》，齐鲁书社，2003 年。

［33］ ［宋］朱熹：《四书章句集注》，中华书局，2018 年。

［34］ Angus C. Graham, *Disputers of the TAO*：*Philosophical Argument in Ancient China*, Illinois：Open Court Publishing Company, 1989.

［35］ A. Francisca Snoeck Henkemans, *Analyzing Complex Argumentation*：*The Reconstruction of Multiple and Coordinatively Compound Argumentation in a Critical Discussion*, 2nd ed., Amsterdam：SICSAT-International Society for the Study of Argumentation ISSA, 1997.

［36］ Agnes van Rees, *Dissociation in Argumentative Discourse*：*A Pragma-Dialectical Perspective*, Switzerland：Springer International Publishing AG, 2009.

［37］ Alan K. L. Chan, *Mencius*：*Contexts and Interpretations*, Hawaii：University of Hawaii's Press, 2002.

［38］ Amy Olberding, eds., *Dao Companion to the Analects*, Dordrecht：Springer, 2014.

［39］ Benjamin I. Schwartz, *The World of Thought in Ancient China*, Cambridge, Massachusetts and London：The Belknap Press of Harvard University Press, 1985.

［40］ Carl Wellman, *Challenge and Response*：*Justification in Ethics*, London and Amsterdam：Southern Illinois University Press, 1971.

［41］ Chad Hansen, *A Daoist Theory of Chinese Thought*：*A Philosophical Interpretation*, New York：Oxford University Press, 1992.

［42］ Chaïm Perelman and Lucie Olbrechts-Tyteca, *The New Rhetoric*：*A*

Treatise on Argumentation, trans. by John Wilkinson and Purcell Weaver, Notre Dame / London: University of Notre Dame Press, 1969.

[43] Douglas Harper, *Online Etymology Dictionary*, https://www.etymonline.com/word/argumentation#etymonline_v_26510, 2020, 2, 10.

[44] Frans H. van Eemeren, *Strategic Maneuvering in Argumentative Discourse: Extending the Pragma-Dialectical Theory of Argumentation*, Amsterdam / Philadelphia: John Benjamins Publishing Company, 2010.

[45] Frans H. van Eemeren, *Argumentation Theory: A Pragma-Dialectical Perspective*, Switzerland: Springer International Publishing AG, 2018.

[46] Frans H. van Eemeren and A. Francisca Snoeck Henkemans, *Argumentation: Analysis and Evaluation*, 2nd ed., New York and London: Routledge, 2017.

[47] Frans H. van Eemeren and Rob Grootendorst, *Speech Acts in Argumentative Discussions: A Theoretical Model for the Analysis of Discussions Directed towards Solving Conflicts of Opinion*, Dordrecht-Holland / Cinnaminson-U. S. A. : Foris Publications, 1984.

[48] Frans H. van Eemeren and Rob Grootendorst, *Argumentation, Communication, and Fallacies: A Pragma-Dialectical Perspective*, New Jersey: Lawrence Erlbaum Associates, Inc. , 1992.

[49] Frans H. van Eemeren, Rob Grootendorst, Sally Jackson, and Scott Jacobs, *Reconstructing Argumentative Discourse*, Alabama: The University of Alabama Press, 1993.

[50] Frans H. van Eemeren and Rob Grootendorst, *A Systematic Theory of Argumentation: The Pragma-Dialectical Approach*, Cambridge: Cambridge University Press, 2004.

[51] James Legge, *The Life and Works of Mencius*, London / Philadelphia: Trübner & Co. , J. B. Lippincott, 1875.

［52］Joachim Kurtz, *The Discovery of Chinese Logic*, Leiden：Koninklijke Brill NV，2011.

［53］Mencius, *Mencius*, trans. by Lau Din Cheuk, London：Penguin Books Ltd.，2004（first published in 1970）.

［54］Stephen Toulmin, *Knowing and Acting*：*An Invitation to Philosophy*, New York：Macmillan，1976.

二、文章

［1］陈洪杏：《"孟告之辩"再读解——辅以语言学角度论证孟子逻辑的一以贯之》，《哲学动态》，2013 年第 8 期。

［2］陈民镇：《"清华简"又新披露了哪些重要文献》，《中华读书报》，2018 年 11 月 19 日。

［3］陈桐生：《先秦对话体散文源流》，《学术研究》，2017 年第 8 期。

［4］陈少明：《"做中国哲学"再思考》，《哲学动态》，2019 年第 9 期。

［5］成中英著，吴蓄芳译：《论东方德行伦理和西方权利伦理的结合——人性和理性结合的道德正当性：权利与德行的相互印证》，《浙江学刊》，2002 年第 5 期。

［6］崔清田：《推类：中国逻辑的主导推理类型》，《中州学刊》，2004 年第 3 期。

［7］郭齐勇：《有关儒学的自觉自识——兼评对儒学的误会与非议》，郭齐勇主编：《儒家伦理争鸣集——以"亲亲互隐"为中心》，湖北教育出版社，2004 年。

［8］韩振华：《孟子是个讲"逻辑"的人吗？ ——基于对西方汉学视角的考察》，《复旦学报（社会科学版）》，2014 年第 1 期。

［9］晋荣东：《权衡论证的结构与图解》，《逻辑学研究》，2016 年第 3 期。

［10］晋荣东：《推类等于类比推理吗？》，《逻辑学研究》，2013 年

第 4 期。

[11] 晋荣东:《推类理论与中国古代逻辑特殊性的证成》,《社会科学》,2014 年第 4 期。

[12] 刘培育:《名辩学与中国古代逻辑》,《哲学研究》,1998 年增刊。

[13] 刘培育:《20 世纪名辩与逻辑、因明的比较研究》,《社会科学辑刊》,2001 年第 3 期。

[14] 刘增光:《汉宋经权观比较析论——兼谈朱陈之辩》,《孔子研究》,2011 年第 3 期。

[15] 马育良:《仁、义与孔孟的经权思想》,《安徽师范大学学报（人文社科版）》,2000 年第 4 期。

[16] 任晓明、刘川:《中国"推类"逻辑的归纳特性剖析》,《福建论坛（人文社会科学版）》,2015 年第 12 期。

[17] 孙中原:《古代百家争鸣的一种有效工具——论墨家的矛盾律与归谬类比》,《中国文化研究》,1999 年第 2 期。

[18] 孙中原:《辩论术、归谬法与逻辑学——论墨家的归谬推理》,中国社会科学网,http://www. cssn. cn/zhx/zx _ ljx/20150 7/t20150702_20635 12. shtml,2015 年 7 月 2 日。

[19] 萧建华:《论儒家伦理的基本特征——兼与刘清平先生商榷》,郭齐勇主编:《儒家伦理争鸣集——以"亲亲互隐"为中心》,湖北教育出版社,2004 年。

[20] 谢耘:《权衡论证:一种语用论辩学的分析》,《逻辑学研究》,2019 年第 5 期。

[21] 熊明辉、妥斯根:《蒙医临床推理的逻辑》,《学术研究》,2018 年第 11 期。

[22] 徐嘉:《论儒家"经权相济"的道德模式》,郭齐勇主编:《儒家伦理争鸣集——以"亲亲互隐"为中心》,湖北教育出版社,2004 年。

[23] 徐克谦:《〈孟子〉"天下之言性也"章探微》,《南京师大学

报（社会科学版）》，2011 年第 2 期。

[24] 闫林琼、吴鹏：《基于语用论辩学的批判性阅读模式研究》，《外国语文（双月刊）》，2016 年第 1 期。

[25] 杨海文：《为〈孟子〉首章鼓与呼》，《中华读书报》，2018 年 3 月 28 日，第 015 版 "文化周刊" 栏目。

[26] 翟锦程、王加良：《论近现代时期关于墨家 "类" 范畴的研究》，《云南师范大学学报（哲学社会科学版）》，2012 年第 3 期。

[27] Angus C. Graham，"The Background of the Mencian Theory of Human Nature"，*Tsing Hua Journal of Chinese Studies*，vol. 6，no. 2（Dec. 1967）.

[28] Bart Garssen，"Comparing the Incomparable：Figurative Analogies in a Dialectical Testing Procedure"，in Frans H. van Eemeren and Bart Garssen，eds.，*Pondering on Problems of Argumentation*，Dordrecht：Springer，2009.

[29] Carine Defoort，"Argumentation and Persuasion in Ancient Chinese Texts：Introduction"，*Oriens Extremus 45*（Jun. 2005）.

[30] David B. Wong，"Is There a Distinction between Reason and Emotion in Mencius？" *Philosophy East and West*，vol. 41，no. 1（Jan. 1991）.

[31] Frans H. van Eemeren，"Argumentation Studies' Five Estates"，in Frans H. van Eemeren，eds.，*Reasonableness and Effectiveness in Argumentative Discourse：Fifty Contributions to the Development of Pragma-Dialectics*，Switzerland：Springer International Publishing AG，2015.

[32] Frans H. van Eemeren，"Argumentative Patterns Viewed from a Pragma-Dialectical Perspective"，in Frans H. van Eemeren，eds.，*Prototypical Argumentative Patterns*，Amsterdam / Philadelphia：John Benjamins Publishing Company，2017.

[33] Frans H. van Eemeren, "Argumentative Style: A Complex Notion", *Argumentation*, vol. 33, no. 2 (Jun. 2019).

[34] Frans H. van Eemeren, "Argument Schemes: Extending the Pragma-Dialectical Approach", in Frans H. van Eemeren and Bart Garssen, eds., *From Argument Schemes to Argumentative Relations in the Wild: A Variety of Contributions to Argumentation Theory*, Switzerland: Springer International Publishing AG, 2020.

[35] Frans H. van Eemeren, "Role of Logic in Analyzing and Evaluating Argumentation", in Frans H. van Eemeren, eds., *Reasonableness and Effectiveness in Argumentative Discourse: Fifty Contributions to the Development of Pragma-Dialectics*, Switzerland: Springer International Publishing AG, 2015.

[36] Frans H. van Eemeren, "The Pragma-Dialectical Method of Analysis and Evaluation", in Frans H. van Eemeren, eds., *Reasonableness and Effectiveness in Argumentative Discourse: Fifty Contributions to the Development of Pragma-Dialectics*, Switzerland: Springer International Publishing AG, 2015.

[37] Frans H. van Eemeren, "Viewing the Study of Argumentation as Normative Pragmatics", in Frans H. van Eemeren, eds., *Reasonableness and Effectiveness in Argumentative Discourse: Fifty Contributions to the Development of Pragma-Dialectics*, Switzerland: Springer International Publishing AG, 2015.

[38] Frans H. van Eemeren and Peter Houtlosser, "Strategic Maneuvering: Examining Argumentation in Context", in Frans H. van Eemeren, eds., *Examining Argumentation in Context: Fifteen Studies on Strategic Maneuvering*, Amsterdam / Philadelphia: John Benjamins Publishing Company, 2009.

[39] Frans H. van Eemeren and Rob Grootendorst, "Analyzing Argumentative Discourse", in Frans H. van Eemeren, eds., *Reasonableness and*

Effectiveness in Argumentative Discourse：*Fifty Contributions to the Development of Pragma-Dialectics*，Switzerland：Springer International Publishing AG，2015.

[40] Frans H. van Eemeren and Rob Grootendorst，"Rationale for a Pragma-Dialectical Perspective"，*Argumentation*，vol. 2，no. 2 （May 1988）.

[41] Henrike Jansen，"Refuting a Standpoint by Appealing to Its Outcomes：*Reductio ad Absurdum* vs. Argument from Consequences"，*Informal Logic*，vol. 27，no. 3 （Sep. 2007）.

[42] Irene Bloom，"Mencian Arguments on Human Nature （Jen-hsing）"，*Philosophy East and West*，vol. 44，no. 1 （Jan. 1994）.

[43] Jin Rongdong，"The Structure of Pro and Con Arguments：A Survey of the Theories"，in J. Anthony Blair and Ralph H. Johnson，eds.，*Conductive Argument：An Overlooked Type of Defeasible Reasoning*，London：College Publications，2011.

[44] Kim Chong Chong，"Xunzi's Systematic Critique of Mencius"，*Philosophy East and West*，vol. 53，no. 2 （Apr. 2003）.

[45] Lau Din Cheuk，"Theories of Human Nature in Mencius and Shyuntzyy"，*Bulletin of the School of Oriental and African Studies*，vol. 15，no. 3 （Oct. 1953）.

[46] Mathew A. Foust，"Confucian Ethics in Western Discourse by Wai-ying Wong （review）"，*Philosophy East and West*，vol. 69，no. 1 （Jan. 2019）.

[47] Niu Zezhen and Zheng Shuhong，"Argumentation in Mencius：A Philosophical Commentary on Haiwen Yang's *The World of Mencius*"，*Argumentation*，vol. 34，no. 1 （Mar. 2020）.

[48] Willard J. Peterson，"The Grounds of Mencius' Argument"，*Philosophy East and West*，vol. 29，no. 3 （Jul. 1979）.

[49] Xie Yun，"Argument by Analogy in Ancient China"，*Argumentation*，

vol. 33, no. 3（Sep. 2019）.

［50］ Xie Yun，"On the Logical Reconstruction of Conductive Arguments"，in Frans H. van Eemeren and Bart Garssen, eds., *From Argument Schemes to Argumentative Relations in the Wild*: *A Variety of Contributions to Argumentation Theory*，Switzerland：Springer International Publishing AG, 2020.

［51］ Xiong Minghui and Yan Linqiong，"Mencius's Strategies of Political Argumentation"，*Argumentation*, vol. 33, no. 3（Sep. 2019）.

［52］ Xu Keqian，"Ren Xing：Mencian's Understanding of Human Being and Human Becoming"，*Dialogue and Universalism*, vol. 25, no. 2（Jun. 2015）.

［53］ Yan Linqiong and Xiong Minghui，"Philosophical Foundation of Reasonableness in Mencius's Argumentative Discourse：Based on the Use of Dissociation"，*Reason to Dissent*: *Proceedings of the 3rd European Conference on Argumentation*, vol. 3（Jun. 2020）.

［54］ Yan Linqiong and Xiong Minghui，"Refutational Strategies in Mencius's Argumentative Discourse on Human Nature"，*Argumentation*, vol. 33, no. 4（Dec. 2019）.

附录

孟子话语的论证刻画相关图表

表 1-1   孟子论辩性话语中"分离策略"的使用及其"实质"层

所反映的合理性哲学基础

孟子论辩性话语中的 合理性概念		原概念	"分离"论证技巧的使用实例	
			新概念 1	新概念 2
			"表象"层	"实质"层
源头	儒家道德 形上学基 础（道德 形上学）	人性 善	人性	生理层面：饮食男女 （11·3、11·4，冲突 阶段）	道德层面：性善（8·19、 5·1、11·6，冲突阶 段）
德行 伦理 体现	儒家德行 伦理原则 （王道政 治学）	仁义	为仁	以力假仁（3·3，开始 阶段）	以德行仁（3·3，开始阶 段）
			人民的 服从	因武力而被迫服从 （3·3，论辩阶段）	因德政而主动归服 （3·3，论辩阶段）
			杀死 君主	谋杀一个统治者（2· 8，论辩阶段）	诛杀违背仁义道德的残暴 之人（2·8，论辩阶段）
			好勇	好小勇（2·3，论辩阶 段）	好大勇（2·3，论辩阶 段）
			好货	为了私人利益而喜欢财 物（2·5，论辩阶段）	为了人民大众的利益而喜 欢财物（2·5，论辩阶 段）
			好色	只是个人层面的喜好女 色（2·5，论辩阶段）	扩展到百姓层面的喜好女 色（2·5，论辩阶段）

（续表）

孟子论辩性话语中的合理性概念			"分离"论证技巧的使用实例		
			原概念	新概念1	新概念2
				"表象"层	"实质"层
实践伦理体现	儒家实践伦理原则（实践伦理学）	经权相济下的执中	追求利	追求一己私利（1·1、2·3、2·5，论辩阶段）	追求公利（2·3、2·5，论辩阶段）
			征伐	为私利而进行的征伐（1·6、2·11、7·14，论辩阶段；1·6、7·14，结论阶段）	为公利而进行的征伐（1·5、2·11，论辩阶段；1·5，结论阶段）

表2-1　本书所引述孟子话语中部分明示的论证指示词

类别	指示词	例子
观点指示词	……而已矣	王亦曰仁义*而已矣*，何必曰利？（1·1） 君子亦仁*而已矣*，何必同？（12·6） 仁义*而已矣*（13·33） 执之*而已矣*（13·35） 君子反经*而已矣*（14·37）
	其如是，……／诚如是也，……	*其如是，*孰能御之？／*诚如是也，*民归之，由水之就下，沛然谁能御之？（1·6）
	其若是，……	*其若是，*孰能御之？（1·7）
	若是，则……	*若是，则*弟子之惑滋甚（3·1）
	无以，则……	*无以，则*王乎？（1·7）
	如此，则……	*如此，则*无敌于天下（3·5）
	然而……	*然而*不王者，未之有也（1·3、1·7、3·5）
	然则……	*然则*王之所大欲可知已／*然则*小固不可以敌大（1·7） *然则*子之失伍也亦多矣（4·4） *然则*舜有天下也，孰与之？（9·5）
	盖……	*盖*亦反其本矣（1·7） *盖*自是台无馈也（10·6）
	之所以……	人*之所以*异于禽兽者几希（8·19） 国*之所以*废兴存亡者亦然（7·3）

（续表）

类别	指示词	例子
观点指示词	其所以……然也	其所以陷溺其心者然也（11·7）
	是故……	是故明君制民之产（1·7） 是故诸侯虽有善其辞命而至者，不受也（3·9） 是故贤君必恭俭礼下（5·3） 是故天子讨而不伐，诸侯伐而不讨（12·7） 是故得乎丘民而为天子（14·14）
	……，是以……	仲尼之徒无道桓、文之事者，是以后世无传焉（1·7） 然而文王犹方百里起，是以难也（3·1） 是以不告也（9·2） 是以未尝有所终三年淹也（10·4）
	故曰……	故曰：仁者无敌（1·5） 故曰：域民不以封疆之界（4·1） 故曰：天不言，以行与事示之而已矣／故曰：天子不能以天下与人（9·5） 故曰，王公之尊贤者也（10·6） 故曰："求则得之，舍则失之"（11·6） 故曰，口之于味也，有同耆焉（11·7） 故曰，五霸者，三王之罪人也／故曰，今之诸侯，五霸之罪人也／故曰，今之大夫，今之诸侯之罪人也（12·7）
	故……	故王之不王，不为也，非不能也（1·7） 故久而后失之也／故事半古之人，功必倍之（3·1） 故君子有不战，战必胜矣（4·1） 故善战者服上刑（7·14） 故闻伯夷之风者／故闻柳下惠之风者（10·1） 故弗却也（10·4） 故有物必有则；民之秉彝也，故好是懿德（11·6） 故凡同类者／故理义之悦我心（11·7） 故苟得其养，无物不长（11·8） 故思其次也（14·37）
	由此观之，……	由此观之，君不行仁政而富之，皆弃于孔子者也（7·14）
	此所谓……	此所谓率土地而食人肉，罪不容于死（7·14）

（续表）

类别	指示词	例子
观点和理由指示词	如……，（则）……	王如知此，则无望民之多于邻国也（1·3） 如有不嗜杀人者，则天下之民皆引领而望之矣（1·6） 王如善之，则何为不行？／王如好货（色），与百姓同之（2·5） 如以利，则枉寻直尺而利／如枉道而从彼，何也？（6·1） 如告，则废人之大伦，以怼父母（9·2）
	若……，则……	若民，则无恒产（1·7）
	今……，则……	今言王若易然，则文王不足法与？（3·1）
	欲……，则……	王欲行王政，则勿毁之矣（2·5）
	……，则……	王速出令，……则犹可及止也（2·11） 不待父母之命、媒妁之言，……则父母国人皆贱之（6·3）
	无……，斯……	王无罪岁，斯天下之民至焉（1·3）
	如……，可……	王如施仁政于民……可使制梃以挞秦楚之坚甲利兵矣（1·5）
	然而……，是……	然而不胜者，是天时不如地利也（4·1）
	所以谓……	所以谓人皆有不忍人之心者（3·6）
	所以……者	君子所以异于人者，以其存心也（8·28）
	其所以……	其所以放其良心者，亦犹斧斤之于木也（11·8） 其所以异于深山之野人者几希（13·16）
	……，是之谓……	放饭流歠，而问无齿决，是之谓不知务（13·46）
	……，斯……	君行仁政，斯民亲其上，死其长矣（2·12）
理由指示词	且……	且王者之不作，未有疏于此时者也（3·1） 且夫枉尺而直寻者，以利言也／且子过矣（6·1）
	……此之谓也	《诗》云："自西自东，自南自北，无思不服。"此之谓也（3·3） 《太誓》曰："天视自我民视，天听自我民听。"此之谓也（9·5）

表 3-1　本书所引述的《孟子》文本章节情况统计

序号	《孟子》文本中被引述的章节	在本书中所处章节位置	所涉及的论证主题
1	1·1	2.4.2, 5.1, 5.3	经权之辩
2	1·3	2.3.1, 4.1, 4.2, 5.1, 5.3	王霸之辩、经权之辩
3	1·4	4.1, 4.2	王霸之辩
4	1·5	2.3.1, 2.4.2, 4.1, 4.3, 5.1, 5.3	王霸之辩、经权之辩
5	1·6	2.4.2, 4.1, 4.2, 4.3, 5.1, 5.3	王霸之辩、经权之辩
6	1·7	4.1, 4.2, 4.3, 4.4, 5.1, 5.3	王霸之辩、经权之辩
7	2·3	2.3.1, 2.3.2, 2.4.1, 2.4.2	
8	2·5	2.3.1, 2.3.2, 2.4.1, 2.4.2, 5.1, 5.3	经权之辩
9	2·8	2.3.2	
10	2·11	2.4.2, 5.1, 5.3	经权之辩
11	2·12	2.3.1, 4.1, 4.2	王霸之辩
12	2·15	2.3.1	
13	3·1	4.1, 4.2, 4.4	王霸之辩
14	3·2	2.3.1, 5.1, 5.3	经权之辩
15	3·3	2.3.1, 2.3.2, 4.1, 4.3, 4.4	王霸之辩
16	3·4	2.3.1	
17	3·5	4.1, 4.3	王霸之辩
18	3·6	2.3.1, 3.1, 3.3, 4.1	人禽之辩、王霸之辩
19	3·7	2.3.1	
20	3·9	5.1, 5.3	经权之辩
21	4·1	4.1, 4.3, 5.1, 5.3	王霸之辩、经权之辩
22	4·3	5.1, 5.3	经权之辩
23	4·4	4.1, 4.2	王霸之辩
24	4·8	5.1, 5.3	经权之辩
25	4·13	4.1, 4.2	王霸之辩

（续表）

序号	《孟子》文本中被引述的章节	在本书中所处章节位置	所涉及的论证主题
26	5·1	2.2.1, 2.2.2, 2.4.1, 3.1, 3.3	人禽之辩
27	5·3	2.3.1, 5.1, 5.3	经权之辩
28	5·4	2.3.1	
29	6·1	4.1, 4.4, 5.1, 5.2	王霸之辩、经权之辩
30	6·3	5.1, 5.3	经权之辩
31	6·9	4.1, 4.2	王霸之辩
32	7·1	2.3.1, 4.1, 4.4, 5.1, 5.2	王霸之辩、经权之辩
33	7·2	2.3.1, 5.1, 5.2, 5.3	经权之辩
34	7·3	2.3.1, 4.1, 4.3, 4.4	王霸之辩
35	7·8	2.3.1	
36	7·10	2.3.1	
37	7·14	2.3.1, 2.4.2, 5.1, 5.3	经权之辩
38	7·17	5.1, 5.3	经权之辩
39	7·26	5.1, 5.3	经权之辩
40	7·27	2.3.1	
41	8·11	5.1, 5.3	经权之辩
42	8·19	2.2.2, 2.3, 3.1, 3.3, 3.4	人禽之辩
43	8·20	2.4.1, 5.1, 5.3	经权之辩
44	8·26	3.1, 3.2	人禽之辩
45	8·28	4.1, 4.3	王霸之辩
46	9·2	5.1, 5.3	经权之辩
47	9·5	4.1, 4.2, 4.3	王霸之辩
48	10·1	5.1, 5.3	经权之辩
49	10·3	2.3.1	
50	10·4	5.1, 5.3	经权之辩
51	10·6	5.1, 5.3	经权之辩
52	11·1	3.1, 3.4	人禽之辩

（续表）

序号	《孟子》文本中被引述的章节	在本书中所处章节位置	所涉及的论证主题
53	11·2	3.1, 3.3	人禽之辩
54	11·3	2.2.2, 3.1, 3.2	人禽之辩
55	11·4	2.2.2, 3.1, 3.2, 3.4	人禽之辩
56	11·6	2.2.1, 2.2.2, 2.3.1, 3.1, 3.3	人禽之辩
57	11·7	3.1, 3.3	人禽之辩
58	11·8	3.1, 3.3	人禽之辩
59	11·11	2.3.1	
60	11·20	5.1, 5.2	经权之辩
61	12·6	5.1, 5.3	经权之辩
62	12·7	4.1, 4.3, 4.4	王霸之辩
63	13·15	2.3.1, 3.1, 3.4	人禽之辩
64	13·16	3.1, 3.3, 3.4	人禽之辩
65	13·26	2.4.1, 5.1, 5.3	经权之辩
66	13·30	4.1, 4.3	王霸之辩
67	13·33	5.1, 5.3	经权之辩
68	13·35	5.1, 5.3	经权之辩
69	13·41	2.4.1, 5.1, 5.2	经权之辩
70	13·46	5.1, 5.3	经权之辩
71	14·4	2.3.1	
72	14·5	5.1, 5.3	经权之辩
73	14·13	4.1, 4.3, 4.4	王霸之辩
74	14·14	4.1, 4.3	王霸之辩
75	14·16	2.3.1	
76	14·28	4.3, 5.3	王霸之辩、经权之辩
77	14·31	2.3.1	
78	14·37	2.4.1, 5.1, 5.3	经权之辩

（1）（饮食男女这一生理层面并非人性的全部内容）（11·3）
　　（1）.1a "白"并非白色物体所指谓的"白"（11·3）
　　　　（1）.1a.1a 白羽中的"白"与白雪和白玉中"白"的属性是一样的（11·3）
　　　　（1）.1a.（1b）作为类名，指代白色属性的"白"，不同于指代具有该属性
　　　　　　　　的白色物体（11·3）
　　（1.1b）（人性之"性"并非如犬之"性"，或者牛之"性"所指的生理层面的
　　　　　　内容）（11·4）
　　　　（1.1b）.1a 犬之性与牛之性相同（11·3）
　　　　（1.1b）.1b 人之性不同于牛之性（11·3）
　　　　［（1）.1a-（1.1b）］'（作为类名的"白"和"性"具有可类比性）（11·
　　　　　　3）

图 3-1　人禽之辩中有关"生是否即为性"的论辩结构图

（2）（人性中存在固有的向善性）
　　（2）.1a 恻隐之心连同羞恶之心、辞让之心以及是非之心，是每个人都生而具备
　　　　　的情感（3·6、11·6）
　　　　（2）.1a.1 任何人突然间看到一个小孩快要掉落井中时，会产生恻隐之心
　　　　　　　　（3·6）
　　（2）.1b 人有行善的自然倾向（11·6）
　　　　（2）.1b.1 没有人缺乏行善的倾向，正如没有水缺乏向下流的倾向一样
　　　　　　　　（11·2）
　　　　　　（2）.1b.1.1 当舜听到或者观察到一件善事时，他要行善的自然潜能就
　　　　　　　　　　像江河决堤一样不可抑制地被激发出来（13·16）
　　（2）.1c 正如《诗经》和孔子所说，热爱理义这一美好的品德是人们共同的倾向
　　　　　（11·6）
　　（2.1d）（我们都具有成为圣人的潜能）
　　　　（2.1d）.1a 属于同一类别的事物之间具有相似性（11·7）
　　　　（2.1d）.1b 圣人与我们属于同类（11·7）
　　　　（2.1d）.1c 圣人只是先于我们发现存在于我们每一个人心中的理义而已
　　　　　　　　（11·7）
　　（2）.1e 一个人做出不善的事，并不是他的本性使然（11·6、11·7）
　　　　（2）.1e.（1a）（一个人做出不善的事是由外界环境导致的）（11·2）
　　　　　　（2）.1e.（1a）.1 人会受到外界影响而做出不善的事，就像水受到外力
　　　　　　　　　　而越过我们的额头，或者反向山上流一样（11·2）
　　　　　　（2）.1e.（1a）.2 大多数的年轻人在灾年而不是丰年时变得暴力（11·7）
　　　　　　（2）.1e.（1a）.3 在相同的时间和地点播种的大麦，会由于土壤的肥沃
　　　　　　　　　　程度不同和接受雨露滋养的多寡不同，而出现生长不
　　　　　　　　　　均匀的现象（11·7）
　　　　　　（2）.1e.（1a）.4 牛山因为外部因素的干扰，而从草木繁茂变得贫瘠荒
　　　　　　　　　　芜（11·8）
　　　　（2）.1e.1b 一个人做出不善的事是由于自暴自弃（11·8）

图 3-2　人禽之辩中有关"人性是否为善"的论辩结构图

（3）（仁和义都是人性善的内在体现）

　　（3）.1 与损害杞柳而制成杯子和碗不同，仁和义并非是通过损害一个人而从人
　　　　　性中制造出来的（11·1）

　　（3）.2 仁和义都是人人生而具备的德性（13·15）

　　　　（3）.2.1a 在不需要经过学习或思考的情况下，人们就能亲爱那些与他们关
　　　　　　　　系亲近的人（"仁"的体现）（13·15）

　　　　（3）.2.1b 在不需要经过学习或思考的情况下，人们就能尊敬长辈（"义"
　　　　　　　　的体现）（13·15）

　　　　　（3）.2.1b.1 对年长者的尊敬之情存在于一个人的心中，就像亲爱自己
　　　　　　　　　　的弟弟和喜欢烤肉这些内在的情感一样（11·4）

　　（3）.3 舜在听到或者观察到一次善行之后，就遵循自己内心的仁义之情，开始
　　　　　表现出想要行善的自然倾向（8·19、13·16）

图3-3　人禽之辩中有关"仁和义是否都是人性善的内在体现"的论辩结构图

（1）（天下安定统一是历史发展至今的必然趋势）

　　（1.1a）（按照治乱循环的规律，现在该是天下重归太平的时候了）（4·13、
　　　　　6·9）

　　　　（1.1a）.1a 每五百年就会出现一位贤明的君主，让混乱的天下重现太平
　　　　　　　　（4·13）

　　　　（1.1a）.1b 自周公统一天下至今，已经过去七百多年了（4·13）

　　（1）.1b 老百姓热切期盼出现一位贤君来统一天下（3·1）

　　　　（1）.1b.1a 长久没有出现施行仁政的贤君了（3·1）

　　　　（1）.1b.1b 老百姓正受到前所未有的残暴统治（3·1）

　　　　　（1）.1b.1b.1 国君的粮食、财物丰盈，而老百姓捱饥受饿，尸横遍
　　　　　　　　　　野，逃散四方（1·3、1·4、2·12、4·4）

　　　　［（1）.1b.1a-（1）.1b.1b］'（贤君能够让老百姓过上安定和平的生活）

　　（1）.1c 老百姓的意愿就是老天的旨意，不可违背（9·5）

**图4-1　王霸之辩中有关"天下安定统一是否历史发展至今的必然趋势"
　　　　的论辩结构图**

（2）（君主施行王道仁政，才能使天下安定统一）

　　（2.1a）（有仁德的君主才能使天下安定统一）

　　　　（2.1a）.1a 仁人是爱别人的人（8·28）

　　　　（2.1a）.1b 爱别人的人，别人也总是爱他（8·28）

　　　　（2.1a）.1c 只有不爱杀人的君主才能使天下安定统一（1·6）

　　　　　（2.1a）.1c.1a 天下的人民都愿意跟从不爱杀人的君主（1·6）

　　　　　（2.1a）.1c.1b 如今天下的君主就没有不爱杀人的（1·6）

（2.1a）.1c.1c 一旦出现有不爱杀人的君主，天下的人民就会像浩浩荡荡向下流的水一样归顺于他（1·6）

（2.1b）（君主实行霸道，并不能使天下真正安定统一）

（2.1b）.1a 仅以一国的武力很难与其他各诸侯国抗衡（1·7）

（2.1b）.1a.1a 小国不能跟大国抗衡（1·7）

（2.1b）.1a.1b 少数不能跟多数抗衡（1·7）

（2.1b）.1a.1c 弱国不能跟强国抗衡（1·7）

（2.1b）.1b 即使用武力征服了他国，也并不能让人心悦诚服（3·3）

（2.1b）.1c 没有不仁者而得到天下的先例（14·13）

（2）.1c 君主施行王道仁政，是保有天下的关键（7·3）

（2）.1c.1a 发政施仁的君主以德服人，可以让天下的人民自愿归附于他（3·3）

（2）.1c.1a.1a 行仁政的国君能够尊贤使能，天下的人才就会高高兴兴地汇聚到他的朝堂上为其效力（1·7、3·5）

（2）.1c.1a.1b 行仁政的国君能够让货物有积存之地而不征税，依法收购积压的货物而不至于滞销，天下的商人就会高高兴兴地来市场做生意（1·7、3·5）

（2）.1c.1a.1c 行仁政的国君能够在检查站进行稽查而不征收手续费，天下的旅客就会高高兴兴地取道他的国家（1·7、3·5）

（2）.1c.1a.1d 行仁政的国君能够让农人帮助耕种公田而不收其私田之税，天下的农人就会高高兴兴来田野耕种（1·7、3·5）

（2）.1c.1a.1e 行仁政的国君能够对民居不征收额外的雇役钱和税赋，天下的老百姓就会高高兴兴地来居住（1·7、3·5）

（2）.1c.1b 施行仁政的国君是无敌于天下的（1·5）

（2）.1c.1b.1a 施行仁政的国君会得到很多人的支持与帮助（4·1）

（2）.1c.1b.1b 仁政治理下的军队可以轻易击败非仁政治理下的坚甲利兵（1·5）

（2）.1c.1b.1b.1a 仁义之师能用棍棒抵御秦楚的坚甲利兵（1·5）

（2）.1c.1b.1b.1b 非仁政治理下的坚甲利兵不堪一击（1·5）

（2）.1c.1b.（1c）（施行仁政的国君可以让邻国的老百姓仰慕钦服，从而不战而胜）

（2）.1c.1b.（1c）.1a 邻国老百姓会像仰望父母一样地仰望行仁政的君主（3·5）

（2）.1c.1b.（1c）.1b 如果邻国的君主率领他的老百姓来攻打行仁政的君主，就相当于率领他的子弟来攻打他们的父母（3·5）

（2）.1c.1b.（1c）.1c 自古以来，没有攻打自己的父母而成功的先例（3·5）

（2）.1c.1c 无敌于天下的国君才是上天派来统一天下的人（3·5）

图4-2　王霸之辩中有关"君主是否施行王道仁政，才能使天下安定统一"的论辩结构图

（3）（君主施行王道仁政，需要摒弃霸道霸政）

    （3.1）（在是否施行仁义道德方面，霸道与王道有本质上的不同）

        （3.1）.1a 霸道实则凭借的是武力，只是假借仁义之名来统一天下（3·3）

        （3.1）.1b 王道以道德推行仁政来使天下人归服（3·3）

    （3.2）（在能否令人心悦诚服方面，霸道与王道有本质上的不同）

        （3.2）.1a 霸道以力服人，只是让人口服但心不服（3·3）

        （3.2）.1b 王道以德服人，真正能让人口服且心服（3·3）

            （3.2）.1b.1 孔子的七十多位弟子对孔子的诚服（3·3）

    （3.3）（在是否遵循先王之道方面，霸道与王道是反向而行的）

        （3.3.1a）（先王之道就在于施行王道仁政）

            （3.3.1a）.1 尧和舜施行仁政而令天下大治（7·1）

            （3.3.1a）.2 夏禹、商汤和周文王施行仁政而得到天下（7·3）

        （3.3.1b）（行霸道者都是反先王之道而行的）

            （3.3.1b）.1a "春秋五霸"是违背"三王"之道的罪人（12·7）

                （3.3.1b）.1a.1a "三王"时代，天子用武力只是声讨而不征伐，
                      诸侯只是征伐而不声讨（12·7）

                （3.3.1b）.1a.1b "春秋五霸"联合一部分诸侯对不听话的诸侯进
                      行讨伐（12·7）

            （3.3.1b）.1b 如今的诸侯（包括"战国七雄"）连"春秋五霸"都不
                如（12·7）

                （3.3.1b）.1b.1a "春秋五霸"尚能遵循葵丘会盟时订立的五条盟
                      约（12·7）

                （3.3.1b）.1b.1b 如今的诸侯连"春秋五霸"的盟约都做不到了
                      （12·7）

    （3.4）（在实现功业的大小方面，霸道与王道不能同日而语）

        （3.4）.1a 行霸道只能称霸于诸侯（6·1）

            （3.4）.1a.1 管仲长久专一地用霸道辅佐齐桓公，也只是帮助齐桓公称
                霸诸侯（3·1）

            （3.4）.1a.2 晏婴用霸道辅佐齐景公，让齐国再次称霸诸侯（3·1）

        （3.4）.1b 行王道能使天下安定统一（6·1）

图4－3　王霸之辩中有关"君主施行王道仁政，是否需要摒弃霸道霸政"
       的论辩结构图

1 君子应该坚守不偏不倚的儒家仁义中道准则（13·41）

1.（1a）（君子应该效法尧舜等圣人的仁义中道准则）

1.（1a）.1a 尧舜等圣人是施行仁义中道的人（7·1）

1.（1a）.1b 正如圆规和曲尺是方圆的极致，圣人代表的是为人的极致（7·2）

[1.（1a）.1a-1.（1a）.1b]'（尧舜等圣人是君子理应效法的对象）

1.（1b）（君子任何时候都不会违背仁义中道）

1.（1b）.1a 君子不会为了迎合他人而违背中道（6·1）

1.（1b）.1a.1 高明的工匠不会因笨拙的工人而改变或废弃绳墨规矩（11·20、13·41）

1.（1b）.1a.2 神箭手羿不会因拙劣的射手而改变开弓张弛的正确程度（11·20、13·41）

1.（1b）.1b 君子不会因为利益而违背仁义中道（6·1）

1.（1b）.1b.1 齐国猎场管理员没有因为害怕受到惩罚，而听从齐景公不恰当的召唤方式（"枉尺"）来换取自身的生命安全（"直寻"）（6·1）

1.（1b）.1b.2 像王良这样好的车手，也不屑于因为眼前的好处而放弃驾车的规矩（"枉寻"）来与嬖奚这样差劲的射手一起做事（"直尺"）（6·1）

1.1c 正如不使用圆规和曲尺就不能画出方圆一样，君子如果不遵守仁义中道准则就难以做成大事（7·1）

1.1c.1 诚如离娄的过人视力和公输班的高超技巧，如果不用圆规和曲尺，也画不出方圆（7·1）

1.1c.2 诚如盲人音乐家师旷聪敏的耳力，如果不用六律，也不能校正五音（7·1）

图5-1　经权之辩中有关"君子是否可以降低儒家仁义中道准则的原则性"的论辩结构图

2 坚守儒家仁义中道准则，需要根据实际情况进行权变而不可执其一端（14·5）

2.（1a）（运用儒家仁义中道准则，需要考虑内部各规则之间的差异而进行相应的权变）

2.（1a）.1a 儒家的仁义中道准则在实际应用中涉及先后缓急的问题（13·46）

2.（1a）.1a.1 像尧舜这样的智者没有不知道的，但他会急于当前的重要事务（13·46）

2.（1a）.1a.2 像尧舜这样的仁者是爱护人的，但他会先爱自己的亲人与贤人（13·46）

2.（1a.1b）（儒家的仁义中道准则在实际应用中涉及等级层次的问题）

2.（1a.1b）.1 在丧葬礼仪中，三年的大丧要优先于缌麻三月和小功五月的小丧（13·46）

2.（1a.1b.2）（在儒家仁义中道准则下，孝道要优先于其他的伦理原则）

2.（1a.1b.2.1a）（在儒家仁义道德中，为人之孝道要优先于为天子之道）（13·35）

2.（1a.1b.2.1a）.1 舜的父亲杀了人，作为天子的舜选择放弃天下而背着父亲逃离（13·35）

2.（1a.1b.2.1b）（在儒家仁义道德中，孝德要优先于礼德）

2.（1a.1b.2.1b）.1a 舜没有告诉父母而娶妻（9·2）

2.（1a.1b.2.1b）.1a.1 舜如果告诉父母就不能娶妻（9·2）

2.（1a.1b.2.1b）.1b 男女嫁娶应当遵循父母之命、媒妁之言的礼德（6·3）

2.（1a.1b.2.1b）.1c 男女结婚生子是孝德中最为重要的伦常（7·26）

2.（1a.1b.3）（在儒家仁义道德中，保持人性中基本的善性要优先于礼德）（7·17）

2.（1a.1b.3）.1a 男女授受不亲是儒家的礼德（7·17）

2.（1a.1b.3）.1b 小叔子如果因为礼德而不去救溺水的嫂子，就是没有人性的豺狼了（7·17）

2.1b 坚守儒家仁义中道准则，不能够偏执于一端（13·26）

2.1b.1a 坚守仁义道德却偏执一端的做法，不符合真正的儒家仁义中道准则（13·26）

2.1b.1a.1 伯夷是无论内在还是外表上都坚守仁义道德的圣人，却太过清高而显得狭隘（3·2、3·9、10·1）

2.1b.1a.2 柳下惠是内心坚守仁义道德的圣人，却外表过于随和而显得不够庄重（3·9、10·1）

2.1b.1a.3 伊尹是能坚守仁义道德且非常有责任心的圣人，但仍偏执于一端（3·2、10·1）

2.1b.（1b）（坚守仁义道德原则的同时，根据实际情况进行权变而不偏执于一端的做法，才符合真正的儒家仁义中道准则）

2.1b.（1b.1）（孔子善于在坚守仁义道德原则的同时进行权变）

2.1b.（1b.1）.1a 孔子在遵循仁义道德原则的前提下，会根据实际情况选择是否担任官职（3·2、10·1、10·4）

2.1b.（1b.1）.1b 孔子找不着坚守仁义中道的人交往，经过权衡后就退而求，其次找狂者或者狷者交往了（14·37）

2.1b.（1b.2）（儒家的仁义中道准则并非绝对地反对战争与征伐）

2.1b.（1b.2.1a）（儒家的仁义中道准则反对不以拯救苍生为目的的战争）（2·11）

2.1b.（1b.2.1a）.1a 儒家的仁义中道准则反对以杀人为手段乃至目的的战争（1·6、7·14）

2.1b.（1b.2.1a）.1b 儒家的仁义中道准则反对恃强凌弱的战争（2·11）

2.1b.（1b.2）.1b 儒家的仁义中道准则支持能让天下安定统一的战争（2·11）

2.1b.（1b.2）.1b.1 儒家的仁义中道准则支持以仁义之师讨伐非仁义的国君（1·5、4·1）

2.1b.（1b.2）.1b.1.1 儒家的仁义中道准则支持讨伐不依天命而私相授予王位的国君（4·8）

2.1b.（1b.3）（在儒家的仁义中道准则下义与利并不是绝对对立的）

2.1b.（1b.3.1a）［儒家的仁义中道准则并不反对获得财富（利）］

2.1b.（1b.3.1a）.1a 施行仁义与获得财富并不是相互对立的（5·3）

2.1b.（1b.3.1a）.1b 施行王道仁政就是要让老百姓拥有足够的财富（1·3、1·7）

2.1b.（1b.3.1a）.1c 施行王道仁政的君主在满足老百姓财富方面的基本需求之后，能够更容易让老百姓修治儒家的仁义道德（1·3、1·7）

2.1b.（1b.3.1b）［儒家仁义中道准则允许在保证公利（义）的前提下获取私利］

2.1b.（1b.3.1b）.1a 国君基于国家长治久安的考量，应该优先考虑仁义而非利益（1·1）

2.1b.（1b.3.1b）.1b 国君如果能让人民也享受到财物与美色带来的快乐，就可以被允许私下享受财物和美色（2·5）

2.1c 儒家仁义中道准则在实际应用中进行权变，所依据的是不同情境下的"义"（8·11）

  2.1c.（1a）（对于不同情境下"义"的理解不能偏执一端）

    2.1c.（1a）.1a 拿取不属于自己的东西，这是符合"义"的（13·33）

    2.1c.（1a）.1b 将拿取不属于自己的东西的人都称为强盗，这就走向"义"的极端了（10·4）

      2.1c.（1a）.1b.1 长者赠送礼物时，不用追问礼物得来是否符合"义"，而只需怀揣恭敬之情并按照赠礼与受礼的礼仪接受即可（10·4）

  2.1c.（1b）（对于受礼问题，需要根据不同情境下的"义"进行权变性的考量）

    2.1c.（1b）.1a 孟子离开齐国时因无急需又不想收受贿赂，而没有接受齐王的馈赠（4·3）

    2.1c.（1b）.1b 孟子离开宋国时因有急需，而以行李盘缠的名义接受了宋王的馈赠（4·3）

    2.1c.（1b）.1c 孟子离开薛国时因有急需，而以打造防身武器的名义接受了薛王的馈赠（4·3）

    2.1c.（1b）.2a 未出仕的士人在有困难的情况下，可以偶尔接受国君特殊性的接济（10·6）

    2.1c.（1b）.2b 未出仕的士人在无功的情况下，不可以经常接受国君一般性的赏赐（10·6）

图 5 - 2　经权之辩中有关"君子是否只能绝对地坚守儒家仁义中道准则"的论辩结构图

后　记

　　《孟子话语的论证刻画研究》的诞生，牵涉的不仅有实践层面，比如写作过程中的字斟句酌和出版前的反复校核，还有精神层面，比如书稿完成前的困惑、煎熬，等待匿名评审期间的忐忑不安，得到初步认可时的短暂欣喜和冷静后的信心不足，直到经过多渠道求证后，才终于有足够的勇气让书稿付梓。

　　本书出版前这段曲折的心路历程，与我的学科背景有关。本科阶段，我学习的是英语专业，科技英语方向；硕士研究生阶段，我攻读的是外国语言学与应用语言学专业，选择的是语用学方向的课题。进入江苏大学外国语学院工作，直到攻读博士学位之前的 12 年，我先后尝试从事英语教学、语法学、语用学、功能语言学、词典编纂等领域的研究，但是，我逐渐发现自己对于语言习得与语言本体研究（比如词汇和句法层面的研究）始终兴趣不大，对更大的语言单位——话语——作用于社会实践的研究更感兴趣。于是，2014 年 9 月，我加入吴鹏博士的团队，开始了解论辩话语研究，并且在接触语用论辩理论时，想到的第一个问题就是：什么样的论辩才是合理的呢？因此，我精读的语用论辩理论中的第一部分内容，就是有关合理观的阐述和该理论对论证合理观的选择，也是该理论在哲学层面的核心内容。语用论辩理论所选择的批判理性主义合理观，以及其在论辩合理性的基础上融入修辞有效性的理念，都非常符合我个人所认同的处事理念，即看待不同意见，首先以理性、公正、批判性讨论的态度就事论事，不受权势、地位等外在因素的掣肘，在此基础上，再同时考虑修辞有效性，即受众接受问题。简而言之，读博之前，我的学科背景主要是语言学，感兴趣的研究领域是话语研究，所接触到的语用论辩理论融合了语用学、论辩学、话语研究、非形式逻辑等多学科的视角和知识。 然而，从论证的视角，运用语用论辩理论的分析框架研究儒家"亚圣"孟子的话语，这一选题同时牵涉话语研究、中国哲学和逻辑学等多学科领域的知识和研究背景，甚至触及中西融通的问题，因为语用论辩理论是源起于现代西方的一种论证理论，而孟子的话语涉及中国古代文本，如何有机地融合不同学科的知识，将现代的论证研究方法应用于中国古代话语研究，避免出现"两张皮"的现象，是我需要解决的首要问题，也是课题研究在方法论层面的问题。 要解决这个问题，就需要对用于论证研究的语用论辩方法和孟子的话语这两大方面进行全面系统的了解。

2014 年 10 月至 2018 年 10 月期间，语用论辩理论的主要创始人弗朗斯·范爱默伦（Frans H. van Eemeren）教授数次受邀来中国做学术报告。 我利用同教授在各类研讨会见面的机会，就理论本身及其应用向教授提问，但是总觉得还有许多疑团未解。 终于，2018 年年底，我得以赴荷兰阿姆斯特丹大学访学。 在接下来一年的学习期间，除了极少数情况之外，我有机会每周一次向范爱默伦教授就所读文献尽情提问，教授也总是以最大的耐心给予细致解答，让我对语用论辩理论和研究方法有了系统的学习和深度的理解，同时也让我深切感受到范爱默伦教授作为学术大师的风范和人格魅力。 此外，我还受到范爱默伦教授团队中其他核心成员的指点和帮助，比如：巴特·哈森（Bart Garssen）博士为我办理入荷访学的琐碎事宜，还和弗朗西斯卡·史努克－亨克曼斯（A. Francisca Snoeck Henkemans）教授一起，在研究工作陷入困境时，给予我莫大的鼓励，并为我指点迷津，助我渡过了异国他乡最艰难的时期；还有科琳娜·安多内（Corina Andone），她安排我在阿姆斯特丹大学人文学院举办的研讨会上发言，让我有机会向荷兰的朋友们介绍孟子及其思想话语，也为我的荷兰访学之行画上了圆满的句号。 对于他们的帮助，我始终感恩于心。 系统学习语用论辩理论后，我终于融贯地理解了语用论辩理论在方法论层面的四个出发点原则，分别是功能化、社会化、外显化和论辩化；也就是说，该理论将"论证"视为以合理消除意见分歧为目的和以批判性讨论的方式，在论证各方之间所进行的交际与互动性言语行为，并且只关注与消除意见分歧相关的、明示表达出来的话语，或者根据语境知识、背景知识以及语用的和逻辑的推理所能得出的隐含的话语，而不关注论证者的心理活动。 这种基于言语行为理论和理性言语交流理论的批判理性主义论证观，并不会受到中西语言差异和古今时代差别的限制。 尽管如此，语用论辩方法是否就可以用于研究孟子的话语呢？ 还需要对"孟子的话语"进行全方位考察。

关于"孟子的话语"，首先需要界定其概念范畴及其话语属性。 由于《孟子》是孟子晚年同他的两位弟子万章和公孙丑共同编辑记录的孟子本人或者孟子同他人的对话和言论，其中除了可以明确判定为他人的话语之外，其他部分的话语都可以相信是"孟子的话语"。 《孟子》文本中孟子的话语具有论辩属性，这一点可以从文本中找到众多或明示或隐含的线索，前述正文中已有详尽阐述，此处不再赘言。 其次，就是确定《孟子》文本版本和对其中孟子话语的解读。 《孟子》文本自诞生至今两千多年来，历经多次演变，文本注疏与解读版本众多，前人已从训诂、文献考证和义理层面对其展开了广泛探讨：自西汉刘向的《孟子注》开始，历经两汉、唐宋、明清直至近现代，相关疏证与解读有近 270 本，其中广为人知的就有东汉赵岐注、北宋孙奭疏的《孟子注疏》，南宋朱熹注的《孟子集注》，清代焦循疏证的《孟子正义》，现代杨伯峻的《孟子译注（简体字本）》，以及当代孟子研究院陈来和王志民主编的《〈孟子〉七篇解读》，等等。 现有的注疏与解读版本众多，必然就会出现不同版本对同一段孟子话语可能产生的不同的解读。 因此，如何选取《孟子》文本版本以及对相关文本的解读，也是课题研究之初就需要考虑的问题。 前面介绍过我攻读博士学位之前的学科背景，由于我前期并没有系统学习过中国哲学，对《孟子》文本和孟子其人的了解也仅限于早年语文科目学习中的只言片语，而从头学习了解《孟子》中相关的训诂、考据和义理知识，然后凭借自身的习得可以更安心地在不同版本之间进行判断和选择，这样看似很诱人，但显然是不现实的，毕竟精力有限啊。 困于这看似两难的困境，犹疑了一段时间之后，有一天我豁然开朗：就连大科学家牛顿都承认，自己是"站在巨人的肩膀上"才能比别人看得更远，后来者的研究又何尝不需要借助前人的"肩膀"（研究成果）呢？　况且，我的课题研究对象并非《孟子》文本中的字词，而是由字词和各种语境因素一起构成的更大的语言单位——孟子的话语。　想明白了这一点之后，我开始向专门研究《孟子》数十年的杨海文教授请教，并且在接下来的整个学期都旁听了杨老师给中国哲学专业本科生开设的"《孟子》文本选读"课程，最后决定以现代杨伯峻先生的《孟子译注（简体字本）》（中华书局，2008年第1版，2019年第2版）为《孟子》文本解读的蓝本，同时结合孟子研究院七位特聘专家（陈来、王志民、杨海文、王中江、梁涛、孔德立和李存山）编写的《〈孟子〉七篇解读》（齐鲁书社，2018年版），辅以参考南宋朱熹的《四书章句集注·孟子集注》（中华书局，2018年版）。　其中，新鲜出炉的匣装全套《〈孟子〉七篇解读》，是编写者之一的杨老师赠送给我的，附赠的还有杨老师独著的《我善养吾浩然之气：孟子的世界》（齐鲁书社，2017年版）。　最后，我还需要确定的是，孟子与或明示或隐含的反方之间开展论辩性交流的目的，是否也是语用论辩方法所关注的论证的目的，即为了合理消除论证各方之间的意见分歧。其中，需要注意的是：语用论辩方法所谈及的"合理消除意见分歧"，不同于"解决冲突"，因为"解决冲突"的方式可能是投票、抽签、第三方裁断等，但是，只有在依据规范化的批判性讨论程序的基础上，参与论证的各方就某议题所持立场达成一致结论的情况下，才能说"合理消除"了各方关于该议题的意见分歧。　综合孟子所处战国中期学术、政治和社会的历史大背景——学术界百家争鸣、诸侯国之间战乱频仍，以及孟子周游列国和著书立说的目的来看，我们不难理解，包括孟子在内的、当时游走于各诸侯国之间的"公共知识分子"都怀有相似的目标，那就是借助论辩性话语，说服诸侯国国君接受自身的社会政治主张，同时对或明示或潜在反方所持有的质疑态度或者反对意见做出回应。　从这个意义上看，孟子的论辩性话语正是孟子为了消除他自身与或明示或隐含的反方之间就不同议题所持有的意见分歧、通过与反方开展批判性交流与讨论而生成的话语。　至此，我认为自己解决了课题研究在方法论层面可能存在的问题，至少可以算是"自圆其说"了吧。　但是，需要说明的是，语用论辩方法可以对论辩性话语进行重构分析、论证识别和论证评价，而我所设定的课题研究范围仅限于重构分析和论证识别方面，也就是只涉及《孟子》文本中孟子论辩性话语的描述性维度，并没有考虑其规范性维度，即评价层面的问题。

接下来，我一边研读文献，一边报名参加课题相关的学术会议，并借着学术会议的阶段性日程安排，不断督促自己完善写作，同时也不断修正课题的整体研究思路。 于是，从初步想法、搜集资料，到痛苦构思、逐个码字，然后收集意见、怀揣希望投稿、大修大改乃至几近崩溃，总历时近两年，我的第一篇孟子论辩性话语研究的英文文章终于得以见刊，发表在国际论证研究领域的前沿刊物 *Argumentation*（SSCI 和 A&HCI 双索引）上。 这两年，也是我不断弥补自己前期在中国哲学学科领域背景知识匮乏的关键时期。 同年，我的另一篇英文文章被收录进 *Proceedings of the Third European Conference on Argumentation Volume III*（《第三届欧洲论证会议论文集第三卷》）；其中，欧洲论证会议（ECA）是继国际论证研究会议（由国际论证研究协会 ISSA 主办，始于 1986 年荷兰，每四年一届，至今举办至第十届）和加拿大安大略论证研究会议（OSSA）之后，国际论证研究领域第三大国际性学术研讨大会。 当博士论文进入预答辩阶段，预答辩委员会的老师们给我提出了非常中肯的修改意见。 在此，我表示由衷的感谢。 其中，杨海文教授认为，文中"一体两面"的结构合理、恰如其分，基本能够揭示孟子思想的主要方面。 来自《孟子》研究专家杨老师的点评，让我得到了极大的心理安慰，因为对于《孟子》文本中孟子思想话语的整体把握，以及在孟子主要思想的基础上，从论证的视角提炼孟子的论辩性话语合理性的哲学基础，是我的课题研究中最大的难点，而提炼得出的"一体两面"的哲学基础，正是整部论文的基础，其重要性堪比一座大厦得以屹立的基石。 尽管如此，在论文送外审、等待匿名评审专家的反馈意见期间，我一直心怀忐忑：评审专家能够在较短的时间内，根据文中现有的表述，理解并接受我借用国际论证领域的研究方法来研究中国古代的孟子话语吗？ 终于，在论文送审后第 23 天，我盼来了三份匿名的评阅书，评阅结果分别是 A、A 和 B，其中总评为 B 等级的论文是需要修改后才能进行最终答辩的。 三份评阅书，其中有对我已做工作的高度认可，也有对文中表述不清晰或者讨论不完整之处的中肯意见，还有对语用论辩方法应用于孟子话语研究的不理解，而这最后一点也正是我之前最担心的方面。 无论是哪一种意见，都为我继续完善博士论文提供了宝贵的修改指引，在后面长达两小时四十分钟的最终答辩环节，我发挥得游刃有余，甚至觉得无论是"答"还是"辩"，都还不太过瘾，总有意犹未尽的感觉。 最后，在答辩决议中，答辩委员会一致认为，我的博士论文达到优秀等级，这为最终获评校级优秀博士学位论文奠定了基础。在此，感谢答辩委员会的各位师长们对后学的鼓励！ 至此，课题研究成果获得了阶段性的认可，让我短暂欣喜之余，仍觉底气不足，因为前期发表的相关文章都是英文版的，我的课题研究牵涉中国哲学、逻辑学等，实属跨学科研究，匿名评审和答辩环节所接触到的国内学界范围有限，而研究成果最终要以中文形式出版，因此，如何尽可能多地获得国内中国哲学界和逻辑学界的认可，成了我接下来两年多时间里努力的方向。

我开始以已完成的孟子论证研究为基础，申报研究课题，同时投稿参加国内中国哲学界中与儒学相关以及逻辑学界中与中国古代逻辑与论辩研究相关的学术研讨会。 书写并不断完善课题申报书的过程，也是进一步思考如何完善现有研究和推进将来研究的过程，而由于疫情防控等因素，各类学术会议或者延期举办，或者由原计划的线下转为了线上形式。 幸运的是，在杨海文教授的鼓励和推荐下，我参加了由尼山世界儒学中心孟子研究院主办的、人数受限的线下"儒家人文思想暨第三届国际青年儒学论坛"，并且获得了接下来旁听由孔德立教授组织并主持的"孟子思想及其在历代的影响学术研讨会"的宝贵机会。 我非常感激孔老师在疫情防控期间的特别关照。 我投稿参加儒学论坛的文章获得了孟子研究院颁发的三等奖，而尤其让我感到欣慰的是获奖证书上所列出的"评审组专家：陈来、王志民、王中江、梁涛、杨海文、孔德立、刘瑾辉"，这些在中国哲学和国学研究领域显赫的名字，于我更是一种昭示：过去两年来，我极力寻求机会，希望让更多人能够了解到整体融贯地研究中国古代论辩性文本的新视角和新方法，这一期冀终于得到了来自国内哲学界的正面回应。

此外，我还成功出席了一场线上中国逻辑史全国学术研讨会，汇报的文章题目是"中国古代论辩思想的语用论辩路径探讨：以《孟子》为例"，并且在投稿数个月之后，收到《逻辑学动态与评论》的录用通知。遗憾的是，收到录用通知时，书稿已经决定出版了，而文章中的实例分析部分与书稿中部分内容有重叠。于是，在感激刊物编辑老师和匿名评审专家们的同时，我不得不婉拒了这次宝贵的发表机会。但是，正如我在邮件回复中所说的那样：于我而言，贵刊对文章的认可，是对语用论辩方法这一新的研究视角和研究方法用于挖掘中国古代论辩思想的认可，对源于西方的现代论证理论用于中国古代论辩性文本研究的认可，也是中国的逻辑学科接受"中西互鉴"研究范式的又一积极信号。这些，于我已是极大的抚慰了。至此，来自国内哲学界和逻辑学界的初步认可，终于让我积聚起更多的勇气和信心，可以更加安心地出版书稿了。

且行，且学，且思。生活、学习和思考，于我从来都是一体的。《孟子话语的论证刻画研究》，从接受选题到最后成书出版，前后历时五年多。这段时间，是课题研究的时长，也是我个人的生活和研究相互交融的一段生命历程。五年多来，我时常沉浸于孟老夫子"扬民本，倡性善，养浩然，立人格，顶天立地'大丈夫'"的理想境界，同时又不得不被拉回到所栖身的现实世界，甚至经常有种似乎处于现实世界的另一个平行时空中身心分离的感觉。这种游离于现实世界和理想境界之间的体验，让我不禁感叹：现实理性和理想信念之间的平衡，仍将是我未来很长一段时间都将面对的课题啊。也许，成熟离我太遥远，成长才是常态吧。无论是生理、心理，还是见闻、学识，人都是变动不居的。《孟子话语的论证刻画研究》当前所能呈现出来的面貌亦是如此；将来回首，必定能够发现其中的不完美之处，但是，我自觉已经尽全力了，这也就够了吧。

此为后记。

补于癸卯年正月十八